For Teachers of the Japanese Language
TIPS 77

日本語教師のための
TIPS 77 ③

音声教育の実践

河野俊之 著
Toshiyuki Kawano

シリーズ監修
當作靖彦・横溝紳一郎

Kurosio
くろしお出版

TIPS シリーズの刊行にあたって

「日本語教師のための TIPS 77」シリーズは、日本語教育に関わる方々が、日本語教育のいろいろな分野の知識を整理したり、アイデアを得たりするリソースとなることをめざしています。自分の教室にすぐに応用できる知識・アイデアを提供する本シリーズは、多様な読者の方々に対応できる内容となっています。たとえば、日本語教育に長年携わっている方々にとっては、ご自分の知識を整理、確認するのに使えるでしょう。一方で、日本語教育にこれから携わる方々や、経験が少ない方々にとっては、新しい知識や明日のクラスのアイデアを得るための情報源となるでしょう。大学や教師養成機関では、副読本や参考書として使用できます。また、日本語教育関係者のみならず、英語教育・国語教育といった「ことばの教育」の関係者にとっても役立つ内容が、豊富に含まれています。

本シリーズには、以下のような特徴があります。

・専門知識がなくても内容が分かるように、専門用語を避け、やさしく説明しつつ、重要な点が分かるように書かれている。
・教室での実際の教育活動にすぐに役立つように、実践的、応用的な側面を強調している。
・それぞれの TIPS の説明は短めで、素早く読める。
・必要に応じて、図・グラフ・表・フローチャートなどを入れ、内容を分かりやすくしている。
・TIPS は、教育活動にすぐ応用が利く 77 本を厳選している。
・執筆者は、各分野の第一線の実践者・研究者である。

本シリーズの各書が提供する TIPS は、「知っておいてほしい」「知っておくと得をする」「知っておかなければならない」などの情報が満載です。本シリーズを通じて、日本語教育という分野の奥深さと幅広さを実感してくだされば幸いに存じます。

監修者
當作靖彦・横溝紳一郎

はじめに

　本書内にもありますが、私は必ずしも自分から音声教育に進んだわけでもないし、それ以前に、自分から日本語教育に進んだわけではありません。しかし、教育とは直接、人に対して責任のある仕事なので、能力がないなりに、真摯に取り組んできたつもりです。その中で、学習者や同僚にいろいろほめられたり、感謝されたり、頼りにされたりすることで、自分が認められるようでうれしくて、さらに努力しようと思ってきました。

　今でも、大学院浪人時代の本当につらかったことはずっと頭から離れません。お金に困っていたこともありますが、それよりも、誰も自分のことなんか気にかけていない、自分なんていなくなっても誰も気づかないんじゃないか、むしろ、いなくなったほうが迷惑をかけなくてすむんじゃないかと、ずっと自分の存在を認めることができませんでした。そんな自分が、日本語教育をすることで、ほめられたり、感謝されたりするのですから、うれしくてがんばらないはずがありませんでした。

　しかし、ほめられたりするだけで満足したわけではありません。うまく教えられないこともたくさんあり、いや、うまく教えられないことのほうが多かったように思います。そのときは、自分で授業を振り返って考えたり、教材や参考書などを調べたりしました。その中でも音声教育は、いろいろ調べても納得がいかないことが多く、「自分が知りたいのはそんなことじゃない！」と、研究と教育現場のずれの大きさを常に感じていました。そのような思いから、音声教育の研究や実践を始めたように思います。また、それと同時に、生身の人間である教師の存在意義が最も問われるのも音声教育であり、そのためにも音声教育の研究や実践が重要だと思っています。

　本書の執筆依頼をいただいたときに、音声教育で困っている教師に絶対に役立つものにしようと思いました。しかし、それは「明日の授業に役立つ」ことだけを指しているのではありません。音声教

育で役立つものと言うと、こうやって教えるとうまく発音矯正できるというような方法が思い浮かびますが、それではうまくいかないことは、参考書を調べた経験などからいやと言うほど痛感しています。「唯一絶対の教授法はない」は、もちろん、音声教育にも当てはまります。明日の授業に役立つだけでなく、明日の授業について自分で考えるヒントになることや、あさって、しあさって、1年後、10年後、30年後の授業にも役立つことをできるだけ具体的に書いたつもりです。本書が、音声教育を実践するのをためらっている先生方の背中を押すのに役立ち、その結果、よりよい音声教育につながっていくことに貢献できれば、この上ない幸いです。

　本書では、8つの外国語話者の日本語の誤用が扱われています。その録音にご協力くださった、外語ビジネス専門学校日本語学科、興和日本語学院、聖潔大学校日語日文学科、ミドルベリー大学日本語学校、国際交流基金カイロ日本文化センター、ヨルダン大学、学校法人HIRO学園のみなさん、金子真弓先生、水越隆之先生、相澤由佳先生、ポール・ガニェ先生、村上吉史先生、中山裕子先生、丸井合先生、川口直巳先生、奥村匡子先生ほかたくさんの方々に感謝いたします。また、そのほかの音声や映像、写真にご協力くださった方々にも感謝いたします。

　監修者の當作靖彦先生、横溝紳一郎先生にも感謝します。コメントをいただきながら、「それはまだまだこれから研究と実践を通して明らかにしていくことであって、本に書くことはできないんだ！」というものがかなりありました。もっともっと努力して、少しずつでも感謝を形にしたいと思います。

　最後に、なかなか執筆が進まない私を本当に温かく、かつ、的確にご支援くださった、くろしお出版の原田麻美さんに心から感謝いたします。

2014年2月
河野俊之

お読みいただく前に

　本書の音声や映像は、以下のWEBサイトより配信します。

　　http://onseik.9640.jp/

(1) 音声について

　本書では、日本語音声、外国語音声、日本語学習者の誤用というさまざまな音声が扱われています。特に、Chapter 4では、「ぞうか」→「じょうか」のように、「本来、発音するべき日本語音声」→「日本語学習者の誤った音声」の順に掲載しています。「日本語学習者の誤った音声」は、上のWEBサイトをご覧ください。特に、Chatper 4の「日本語学習者の誤った音声」は、単語や文を見せて実際に読んでもらったもので、誤りをあえて発音してもらったものは一切ありません。単語や文を読ませる方法は、ふだんの会話よりも、音声の誤用がかなり少ないことは経験上も言えますし、研究でも明らかになっています。このことから、Chapter 4の「日本語学習者の誤った音声」は、当該学習者には、かなり誤りやすいものだと考えられます。

(2) 映像について

　本書では、発音指導の際に分かりやすく伝えるための教師のジェスチャーや、学習者による学習の際の動きなどが紹介されています。それらは言葉による説明のみでは分かりにくいので、写真を多く用いています。しかし、ジェスチャーの多くは、動きを伴うので、写真だけでは分かりにくいものも多いです。そこで、上のWEBサイトに、写真に該当する映像を載せています。

　本書でのTipsごとに、音声、映像をまとめていますので、本書を読み進めながら参照してください。

(3) 参考となる WEB サイトについて

　Tips 42 で扱う国際音声記号の音声を実際に聞きたいときは、163ページ末にも載っている、以下の WEB サイトを参照してください。

- 「国際音声字母」
  http://www.coelang.tufs.ac.jp/ipa/index.htm
- 「A Course in Phonetics」
  http://www.phonetics.ucla.edu/course/chapter1/flash.html
- 「Public IPA Chart」
  http://web.uvic.ca/ling/resources/ipa/charts/IPAlab/IPAlab.htm

　また、Tips 44～Tips 59 の外国語音声を実際に聞きたいときは、226 ページにも載っている、以下の WEB サイトを参照してください。

- 「東外大言語モジュール」
  http://www.coelang.tufs.ac.jp/modules/index.html
- 世界言語研究センター「高度外国語教育独習コンテンツ」
  http://el.minoh.osaka-u.ac.jp/flc/index.html

　なお、Tips ごとに参考文献が掲載されていますが、ほかに参考としたものもあります。

(4) 免責事項

　本書の内容および URL 等は、執筆時点(2014 年 2 月)においてのものであり、予告なく内容が変更されることがあります。

　音声や映像の視聴に伴うソフトのインストール、設定変更によるいかなる損害についても、著者およびくろしお出版は、責任を負いかねます。

目 次

TIPS シリーズの刊行にあたって..3
はじめに..4
お読みいただく前に..6

Chapter 1　音声教育の実際について考えるための TIPS......11

1. 音声教育のニーズについて考えてみよう..12
2. 発音がいい学習者とはどういう学習者なのか考えよう......................14
3. 発音への関心を持たせるにはどうしたらいいか考えよう..................17
4. 音声教育の問題点について考えてみよう..20
5. 「何が違うか分からない」「方法が分からない」について考えよう....23
6. 「学習者にいやがられる」について考えよう......................................26
7. 「分かったけどできない」について考えよう......................................29
8. 「通じればよい」について考えよう..32
9. 「元に戻る」について考えよう..35

Chapter 2　自己モニターを活用した音声教育を考えるための TIPS..39

10. 言い分けの独自の基準を考えよう　自己モニター１......................40
11. 聞き分けの独自の基準を考えよう　自己モニター２......................43
12. 聞き分けの練習について考えよう　自己モニター３......................46
13. 聞き分けの独自の基準作りについて考えよう　自己モニター４...51
14. 言い分けの練習について考えよう　自己モニター５......................56
15. 発音チェックについて考えよう　自己モニター６..........................61
16. 活動や教材を点検してみよう　自己モニター７..............................66
17. e ラーニングを活用しよう　自己モニター８..................................72

Chapter 3　プロソディーの教育を考えるための TIPS..........77

18. プロソディーグラフの効果について考えよう..................................78
19. プロソディーグラフの描き方と使い方について考えよう..............82
20. ヤマの重要性を理解しよう　ヤマ０..86
21. ヤマを聞く練習をしてみよう　ヤマ１..89
22. ヤマを言う練習をしてみよう　ヤマ２..92
23. 短い文のヤマのルールを身に付けさせよう　ヤマ３......................95

24. 長い文のヤマのルールを身に付けさせよう　ヤマ4 98
25. 無限にある文のヤマの教え方を考えよう　ヤマ5 100
26. イントネーションを教える意義を考えよう
    イントネーション0 103
27. 基本的な文末イントネーションを教えてみよう
    イントネーション1 106
28. 「か」の文末イントネーションを教えてみよう
    イントネーション2 109
29. 文末イントネーションとアクセントを教えてみよう
    イントネーション3 112
30. さまざまな文末イントネーションを教えてみよう
    イントネーション4 116
31. 文頭イントネーションを教えてみよう　イントネーション5 ... 121
32. アクセントとその指導方法について考えよう　アクセント0 ... 124
33. 動詞のアクセントについて考えよう　アクセント1 127
34. イ形容詞のアクセントについて考えよう　アクセント2 131
35. 複合語のアクセントの教え方を考えよう　アクセント3 135
36. アクセントを教える意義について考えよう　アクセント4 139
37. 長い音、短い音の導入を考えよう　リズム1 143
38. フットを用いた教え方を考えよう　リズム2 146
39. リズム型の決め方を考えよう　リズム3 149
40. リズムの具体的な教え方を考えよう　リズム4 152
41. 母音の無声化と鼻濁音を教えることについて考えよう 155

Chapter 4　学習者の音声を考えるためのTIPS 159

42. 国際音声記号の見方を知ろう 160
43. 日本語の音声を知ろう 164
44. 中国語の音声と誤用の傾向を知ろう 168
45. 中国語話者のための練習方法を考えよう 172
46. 韓国語の音声と誤用の傾向を知ろう 175
47. 韓国語話者のための練習方法を考えよう 179
48. 英語の音声と誤用の傾向を知ろう 182

49. 英語話者のための練習方法を考えよう 186
50. ベトナム語の音声と誤用の傾向を知ろう 189
51. ベトナム語話者のための練習方法を考えよう............................... 193
52. タイ語の音声と誤用の傾向を知ろう 196
53. タイ語話者のための練習方法を考えよう 200
54. アラビア語の音声と誤用の傾向を知ろう 203
55. アラビア語話者のための練習方法を考えよう............................... 207
56. ポルトガル語の音声と誤用の傾向を知ろう 210
57. ポルトガル語話者のための練習方法を考えよう........................... 214
58. インドネシア語の音声と誤用の傾向を知ろう 217
59. インドネシア語話者のための練習方法を考えよう 221
60. 知らない言語の音声を知る方法を考えよう 224
61. 知らない言語の話者の誤用の傾向を知ろう 227
62. 母語別の誤用の傾向を知ることについて考えよう 229
63. 母語別にこだわらない音声教育を考えよう 232

Chapter 5　よりよい音声教育を考えるための TIPS 237

64. シャドーイングについて考えよう 238
65. モデル会話を音声教育に活用しよう 242
66. ディクテーションについて考えよう 246
67. 文が言えないときの対応について考えよう 250
68. 音声と四技能の関係について考えよう 254
69. 教室内外で音声を使用するときの精神面について考えよう 257
70. 音声教育はどういう時期に行えばいいのか考えよう 260
71. 「教材がない」について考えよう 263
72. 音声学の学び方について考えよう 266
73. 「私は標準語話者ではないから…」について考えよう 269
74. 音声教育に関する教師のビリーフについて考えよう 272
75. 音声教育の実践の共有について考えよう 275
76. 音声教育ができる教師とはどういう教師か考えよう 278
77. 音声教育を行う勇気について考えてみよう 281
　　本書で扱った 9 言語の国際音声記号対応表 286

Chapter 1

音声教育の実際について
考えるための TIPS

TIPS! 1 音声教育のニーズについて考えてみよう

自分のクラスの学習者には、音声教育のニーズがないという教師が多くいます。本当に音声教育のニーズがないのか考えてみましょう。

音声教育を行うべきかどうかについて、日本語教師はさまざまな意見を持っているようです。音声教育は必要ないという人さえいます。一体、学習者は、どの程度音声教育を望んでいるのでしょうか。実際に自分が担当する学習者に、「自然な発音・イントネーションで話すことができるようになりたいか」と聞いてみると、「はい」と答える学習者が多いように思います。しかし、「いいえ」と答える学習者がいるのも事実です。それはなぜなのでしょうか。

「いいえ」という回答の理由として、「通じればいい」と思っている学習者もいるかもしれませんが、それよりも、授業やテストの影響を受けて、「いいえ」と回答する学習者のほうが多いでしょう。発音に関することがテストで出題されない、さらに、授業でもほとんど扱われなければ、自然な発音・イントネーションで話せるようになりたいとは、あまり思わないでしょう。

それでも、自然な発音・イントネーションで話せるようになりたい、という学習者は少なくありません。日本語学習者に聞いた学習したいこと57項目のうち、「自然な発音・イントネーションで話す」が必要度の順位で第2位となったという調査結果もあります[1]。

[学習したいこと上位8位]
(1) 敬語を使って話をする。
(2) 自然な発音・イントネーションで話す。

(3) 研究論文・レポートを書く。
(4) 新聞・雑誌を読む。
(5) 教科書・専門書を読む。
(6) 漢字・熟語を身に付ける。
(7) 電話で受け答えをする。
(8) 仕事場で日本語を使い、コミュニケーションをする。

このように、音声教育を望んでいる学習者は少なくありません。

ここで、他の学習項目と比べてみましょう。例えば、第3位に、「研究論文・レポートを書く」があります。「研究論文・レポートを書く」というニーズを持つ可能性があるのは、大学などへ進学した学習者だけです。それに対して、「自然な発音・イントネーションで話す」というニーズを持つ可能性があるのは、すべての学習者に当てはまります。つまり、分母が非常に大きいと言えます。

また、音声を学習することは、「自然な発音・イントネーションで話す」だけでなく、聞く能力にも大きく影響します。それだけでなく、「研究論文・レポートを書く」ことや「新聞・雑誌を読む」こと、つまり、書いたり、読んだりすることの基礎として、単語や漢字を学習したり、文法などを身に付ける際にも、音声の学習は必要となります。

自分が教える/教えている学習者に、自然な発音・イントネーションで話すことができるようになりたいかどうかを聞いてみることは、私たち日本語教師にとって十分に価値があるでしょう。

POINT
- **学習者の音声教育に対するニーズは高い。**
- **自分の学習者に、「自然な発音・イントネーションで話す」ことができるようになりたいかどうか聞いてみよう。**

1 日本語教育学会編(1991)『日本語教育機関におけるコースデザイン』凡人社、p.34.

2 発音がいい学習者とはどういう学習者なのか考えよう

同時に日本語の学習を始めたのに、すぐ発音がよくなる学習者と、なかなかよくならない学習者がいます。その違いはなぜ起こるのか考えてみましょう。

アメリカの大学で勉強する英語学習者61名の、発音の正確さと20の因子との相関関係を調べた研究があります[1]。対象となった20の因子は、以下の通りです。

(1) アメリカに住み始めた年齢
(2) 英語で初めて意味のあることが言えた年齢
(3) アメリカに住んでいる年数
(4) 家でどれぐらい英語を話すか
(5) 職場や学校でどれぐらい英語を話すか
(6) どれぐらい英語話者と住んでいるか
(7) 英語のクラスをどのぐらい受けたか
(8) 英語の集中クラス(毎日4時間など)をどのぐらい受けたか
(9) 英語の発音のクラスをどのぐらい受けたか
(10) ネイティブスピーカーによる英語のクラスをどのぐらい受けたか
(11) 母語は何か
(12) いくつの言語ができるか
(13) 性別
(14) 道具的動機(私の場合、よい仕事を得るためには英語の発音がいいことが必要だ)を持っているか
(15) 社会的動機(私の国における私の社会的地位は、英語の発音

で決められることが多い)を持っているか
(16) 統合的動機(アメリカで友達を作るのに役立つから、英語の発音を上達させることは重要である)を持っているか
(17) 文化受容度(もしアメリカ人の知り合いが私をアメリカ人として考えるようになったらうれしい)
(18) 自分の英語の発音への関心度
(19) 発音模倣能力(無意味語を模倣する能力)
(20) 性格が外向的か内向的か

このうち発音の正確さと関係が深かったのは、以下の4つでした。

① (11) 母語は何か
② (19) 発音模倣能力
③ (3) アメリカに住んでいる年数
④ (18) 自分の英語の発音への関心度

「発音がいい学習者」は、このような因子を持っている可能性が高いようです。この結果から言えることは何でしょうか。

まず、「(7) 英語のクラスをどのぐらい受けたか」「(8) 英語の集中クラスをどのぐらい受けたか」「(9) 英語の発音のクラスをどのぐらい受けたか」などが入っていないことから、発音を向上させるのに授業は役立っていないと言えそうです。ちょっと残念ですが、確かに、日本語教育でも、上級学習者のほうが中級学習者より発音がいいとは必ずしも言えないのではないかと考えると、納得がいきます。

次に、上の4つの因子に関して、教師ができることを考えてみましょう。例えば、今、あなたが、アメリカの大学の英語教師だとします。そして、自分の担当するクラスの学生のうちの1人が、「私は英語の発音がうまくなりたいんですが」と相談に来たとします。

そのとき、「(11) 母語は何か」について、教師が「あなたの母語が〇〇語だからです。今日から母語を△△語にしなさい」などと言う

ことはできません。母語を変えさせることはできないからです。

また、「(19) 発音模倣能力」とは、ある意味、その人がすでに持っている能力です。例えば、お笑いタレントのタモリさんは、「四カ国親善麻雀」[2] など、いろいろな外国語音をそれらしく発音できるので、間違いなく、発音模倣能力が高いでしょう。しかし、みながそのような能力を持っているわけではないので、教師が「まず、発音模倣能力を身に付けなさい」と言っても意味がありません。

さらに、「(3) アメリカに住んでいる年数」ですが、これは、変えることができます。しかし、教師として、「あなたはアメリカに来てまだ1年しかたっていないから、英語の発音がよくないんですよ。あと3年したらよくなりますよ」と言うのも、なぐさめにはなるかもしれませんが、目の前にいる学習者には、あまり意味がないでしょう。

つまり、これらの3つの因子は、学習者、教師にとって、変えることができないものだと言えるでしょう。

一方、「(18) 自分の英語の発音への関心度」はどうでしょうか。学習者はもちろん変えることもできますし、教師もそれに間接的に働きかけることができます。詳しくは、Tips 3 で見ていきましょう。

POINT

▶ 学習者の発音をよくするために教師ができることは、自身の発音への関心を高めさせることである。

▶ 学習者に対して、自身の発音への関心を高めさせる方法を考えてみよう。

---

1 Purcell, E. and R. Suter (1980) Predictors of pronunciation accuracy: A reexamination. *Language Learning*. 30/2, pp.271-287.
2 CD『タモリ』SONY Music Direct.

TIPS 3 発音への関心を持たせるにはどうしたらいいか考えよう

学習者の発音をよくするには、学習者に対して、自身の発音への関心を高めさせることが重要です。そのために、教師はどうしたらいいのか、考えてみましょう。

　Tips 2で、学習者自身の発音の関心を高めさせることが重要であることが分かりました。では、そのために何ができるでしょうか。
　このようなことを考える際には、逆のことを考えてみることがヒントになるものです[1,2]。まず、以下について考えてみましょう。

　学習者が自分の発音への関心を持たないのはどういうときか。

　「関心を持たない」を「やる気が出ない」と置き換えてみます。そして、これは、自分が何かに対して、関心を持たないときや、やる気が出ないときはどういうときか、発音に限らず、考えてみます。
　まず、Tips 1で述べたように、発音に関することがテストで出題されなければ、関心を持たないかもしれません。テストのみでなく、授業でも扱われなければ、関心を持たないでしょう。ただ、特に時間を取って音声教育をしていなくても、学習者の発音がよくないと思ったときに、もう一度言わせるという活動でも、学習者は発音について意識するかもしれません。しかし、発音がよくないにも関わらず、教師が特に何もフィードバックしないことがあります。それに対して学習者は、「自分の発音には問題がなかった／ないんだ。だから、発音に気を付ける必要はないんだ」と思うのではないでしょうか。つまり、何も言わないことも「発音に問題がない」ということを伝える、肯定的フィードバックになっているのです。

また、学習者は発音が上手になりたいと思っているのに、「確かに発音がいいとは言えないけど、通じるから大丈夫」と安易に言ってしまう教師もいます。それでは、学習者自身の発音への関心を弱め、学習者の限界を教師が決めてしまうことになるのです。

　発音への関心を高めるには、学習者自身が教室外で発音の問題で困る体験を持つことなどのほかに、教師としては、音声教育を行うこと、それも、質の高い音声教育を行うことが重要です。そこで、今度は、音声教育の質について、考えてみましょう。自戒の念も込めて、行いがちなよくない音声教育の実際例を振り返りながら考えてみましょう。

　まず、面白くなければ、やる気が起こらないものです。発音を学びたいと思っていても、発音を学ぶ活動が、非常に緊張した状態で行われ、面白くなければ、関心が薄れてしまうでしょう。

　また、これから何かを達成しようとすることと比べ、自分の能力が明らかに劣っているときは、やる気が起こらなくなるものです。発音を学ぶことがとてつもなく難しいだろうと思い、さらに、何をどうやって勉強したらよいかが分からなければ、なおさらでしょう。

　それから、自分の能力が伸びているという実感がなければ、なかなか根気が続きません。教師が一生懸命指導し、学習者が一生懸命勉強していても、学習者自身で発音がよくなっているということが実感できなければ、次第にやる気が薄れていくでしょう。特に音声の学習は、単語の学習と違って、なかなか自分の能力が伸びているという実感が持ちにくいものです。単語であれば、後で忘れてしまうとしても、少なくとも、その時点では、「この時間に、何語勉強した」と実感を持つことができます。文法でも、「今日は、この文法項目を覚えた」とか、練習問題を行って正解すれば、自分の能力が実感できるでしょう。一方、音声については、モデル音声と自分の発音が違っていることは分かっても、それがどのように違っているのか、また、練習することによって、モデル音声に近づいているのかどうか、なかなか実感できないものです。

これらのことから、学習者に発音させ、正しくないときには、それを教師が伝え、ときどきモデル音声を与えながら、また、発音させるという方法は、大きな問題があると考えられます。

また、特に外国語学習の場合は、実際に役立つかどうかも重要です。発音がよくなってきたのではないかと自分で思っていても、実際に教室外で、コミュニケーションがよりスムーズになったなどという体験がなければ、やはり関心が薄くなってしまうでしょう。

「学習者が自分の発音への関心を持たないのはどういうときか」について、いろいろ考えてみましたが、それと逆のことをやると、学習者に自分の発音への関心を持たせることにつながります。

実際に、ここまで挙げた「悪い授業例」とは逆の授業とは、どんなものなのか考えてみましょう。

音声教育というと、音声教育にのみ通用する職人芸的なテクニックがあり、それを教師がいかに身に付けるかというのが重視されているようです。しかし、上で考えたことから、そのような、音声教育にのみ通用する魔法のような方法を追求するのではなく、もっと広く、日本語教育全般や教育全般などで、ごく当たり前のことを地道に行うことが重要だということが分かります。学習者のやる気を高めるための、さまざまな工夫にチャレンジしてみましょう[3]。

POINT

▶ 学習者自身の発音の関心を高めさせるためには、教師が実際に効果的な音声教育を行うことが重要である。

▶ 音声教育にのみ通用する職人芸的なテクニックを目指すのではなく、ごく当たり前のことを地道に行ってみよう。

1　ジョン・F. ファンズロー(1992)『逆をやってみよう―Dr. ファンズローの英語教授法―』サイマル出版、pp.3-67.
2　日本語教育学会編(1996)『タスク日本語教授法』凡人社、p.179.
3　横溝紳一郎(2011)『クラスルーム運営』くろしお出版、pp.29-31.

TIPS! 4 音声教育の問題点について考えてみよう

実際に音声教育をしていると出合う問題点を、まずは挙げてみましょう。Tips 4 以降で、その解決方法について考えていきましょう。

実際に音声教育をしていると、いろいろな問題点に出合います。実習生やほかの教師の授業を観察していて、また、私自身も授業をしていて、以下のような問題点に出合ったことがあります。

(1) 偉人の方法でだめ
  前の時間に学習者の発音の誤用があったので、先行研究を調べて、そこで紹介されている方法で発音矯正をしてみたけど、発音が直らなかった。
(2) 学習者による
  発音矯正をしてみて、クラスの半分の学習者の発音は直ったが、残り半分の学習者は直らなかった。
(3) 何がどう違うのか分からない
  学習者の発音が何となく正しくないというのは分かったが、正しい発音とどう違うのかが分からなかった。
(4) 矯正方法が分からない
  学習者の発音がどのように正しくないのかは分かったが、どうやって発音矯正をしていいのか、即座に分からなかった。
(5) 媒介語ができない
  正しい発音の仕方を説明したかったが、「軟口蓋(なんこうがい)」を学習者の母語で何と言ったらいいのか分からなかったなど、媒介語が使えないので、学習者に説明することができなかった。

(6) 媒介語が理解されない
正しい発音の仕方を学習者の母語で説明したが、理解されなかった。
(7) 分かったけどできない
口腔断面図(こうこうだんめんず)を使うなどして、学習者が説明を理解したように見えたが、その通りに発音することができなかった。
(8) 学習者にいやがられる
発音矯正をしていると、学習者がいやそうな態度や恥ずかしそうな態度を取った。
(9) 元に戻る
「つ」を「ちゅ」と言っていたのをうまく発音矯正することができたが、休み時間の後、また「ちゅ」になってしまった。

このような問題点に出合ったときに、多くの教師は以下のように考えるようです。

自分は発音矯正が苦手である。
↓
効果的な矯正方法を持っている人がいる。
↓
その効果的な矯正方法を知りたい。
↓
それを身に付けたら、自分も発音矯正が得意になるだろう。

しかし、日本語教師全員がこのように思っているとしたらどうでしょうか。日本語教育では、「唯一絶対の教授法はない」、つまり、どの学習者に対しても、どの教師がどのような状況で指導しても効果がある教え方はないということは、耳にタコができるほど言われています。それなのに、なぜ、誰にでも通用するような効果的な音声教育の方法があると思ってしまうのでしょうか。

それはおそらく、教師がどうやって教えたらいいのか分からない、お手上げ状態だからだろうと思います。また、文法なら、本来教えるべき文法項目をきちんと教えていなければ、学習者や同僚教師から非難を受けたりする恐れがありますが、音声教育はそのための授業時間を特に設けていないことから、「あの先生は、音声をきちんと教えていない」などと非難されることもなく、音声教育に真摯に向かい合わなくても、特に問題が起こらないためかもしれません。

　しかし、誰にでも通用するような効果的な音声教育の方法など存在しません。そのため、各教師が音声教育に真摯に向かい合わなければ、音声教育はよくならないのです。

　ここで、まずは、先ほどの(1)、(2)について、考えてみましょう。

(1)　偉人の方法でだめ
(2)　学習者による

　これらについても、「唯一絶対の教授法はない」という言葉で解決できそうです。このことは、日本語教育では当たり前のように言われています。しかし、音声教育では「唯一絶対の教授法」があるという期待が大きいと感じます。ほかにも、音声教育では当たり前でないことがたくさんあります。

　Tips 5 からは、(3)〜(9)の問題点について、音声教育でしか通じない誤った常識ではなく、日本語教育全般や教育全般で通じる本当の意味での常識をもって見ていきましょう。

POINT

- **誰にでも通用するような効果的な矯正方法を誰かが持っているわけではないことを理解しよう。**
- **音声教育に正面から真摯に取り組んでみよう。そして、そのためには、本当の常識をもって考えてみよう。**

TIPS! 5 「何が違うか分からない」「方法が分からない」について考えよう

学習者の発話が期待する音声と違うけれども、何が違うか分からない、どう教えたらいいか分からないということがあります。どうしたらいいか考えてみましょう。

　授業で、教科書にあるドリルを行っていたとします。そのときに、「おもしろいですが、むずかしいです」と言うべき順番が韓国語話者に当たりました。その学習者の発音が、期待する発音と違いました。しかし、学習者の発音をきちんと把握することができなかったり、それが教師の期待する発音と何がどう違うのかが分からなかったりということがよくあります。養成講座などで音声学を学んで、音声学の知識は一通り持っているはずなのに、です。

　また、何がどう違うかが分かったので、正しい発音を教えようと思っても、教え方が分からないということもあります。

　これらの問題についてはどうしたらいいでしょうか。Tips 4 で、ほかの分野の常識を参考にすることで、音声教育の常識を考え直してみることができるということを述べました。そこで、例えば、文法教育の常識を参考にして考えてみましょう。

　文法教育というと、どういうイメージでしょうか。「窓が開けてあります」を例とします。文法教育の場合は、「明日は、『～てあります』を教える」のように学習項目が前もって決まっています。一方、音声教育ではどうでしょうか。ひらがなを教えるのに合わせて、「明日は、『つ』の発音を教える」などということはありますが、これは、ひらがなという文字教育が中心です。つまり、音声教育では、ふつう、授業中に学習者が正しく発音できなかったときに、急にそれが学習項目として取り上げられます。

文法教育では、ふつう、学習項目が授業の前に決まっており、そのため、教師はその準備ができます。また、学習者も、教科書を見て予習したり、学習項目を意識したりすることができます。文法教育において、授業の前に学習項目が決まっているのは、そのほうが計画的に指導でき、効率がよいからです。

　私が上級クラスを教えていたときに、休み時間に、面識のない学習者が「窓が開けてあります」の用法を聞いてきたことがありました。私はプロの日本語教師なので、初級のクラスで「～てあります」を教えることはできます。ですが、そのときは、急に聞かれたため、知識を頭の奥のほうから引っ張り出すのに時間がかかりました。また、教具の準備ももちろんしておらず、効果的な例文も思い出せませんでした。そして、その学習者と面識がないことから、その学習者がどんな単語を知っており、また、どんな文法項目を身に付けているのかが分からなかったので、教具の準備や効果的な例文を提示するのは不可能だったのです。そして、「窓が開けてあります」の用法を聞いてきた意図は何だったのかも分かりませんでした。「～ています」の用法は知っていて、それと「～てあります」との違いを知りたいのか、ただ単に、「窓を開けます」との違いを知りたいという程度なのか、さらには、「窓を開ける」と「窓が開く」から説明しないといけないのかも分かりません。

　急に教えるというのは、文法教育であっても、このように、さまざまな困難点があります。急であっても教えられなければプロの教師として失格である、とは絶対にならないでしょう。

　前ページの「おもしろいですが、むずかしいです」のような場合に、その誤用をとらえて発音矯正をすることはよくあります。これは、授業中に急に学習項目が決まるということです。このようなことは、音声教育では一般的であっても、実は、常識から外れていて、計画的に指導していったほうがよいのではないかと考えられます。カリキュラムの中に、音声を計画的、組織的に教える部分を作りましょう。もちろん、学習者が誤った発音をした場合に、モデル音声

を提示し、それをリピートさせてみることはあってもよいと思いますが、効果がないときは、そこで切り上げ、違う機会に時間を取って指導するとよいでしょう。そうすることで、教師は心理的な準備や教材などの事前準備ができます。

「何が違うか分からない」については、授業を録音・録画しておいて、その音声を後でじっくり聞くことで対応できる場合もあります。そのほかには、母語別の誤用の傾向を知っておくことも重要だと思います。例えば、韓国語話者は「むずかしいです」についてどのような誤用の傾向があるでしょうか。

語頭のマ行　　→ バ行
ザ行　　　　　→ ジャ行
語中の無声音　→ 有声音
スの母音　　　→ 平唇の/ウ/

これらの傾向から、「むずかしいです」が「ブジュガジデッサ」となる誤用が考えられます。しかし、実際は、「む」を完全に「ブ」と発音するというよりも、「ム」と「ブ」の間とでもいうような発音をするものです。そのため、聞き逃してしまうこともあります。もちろん、思い込みは困りますが、上のような誤用の傾向を知っていれば、意識して聞くので、そのような聞き逃しも少なくなります。母語別の誤用の傾向は、Chapter 4「学習者の音声を考えるためのTIPS」で扱います。

POINT

▶ カリキュラムの中に、音声を計画的、組織的に教える部分を作ろう。
▶ 学習者の音声をきちんととらえるために、母語別の誤用の傾向を知っておこう。

TIPS! 6 「学習者にいやがられる」について考えよう

教師が一生懸命、リピートさせたり、説明をしたりしているのに、当の学習者がいやそうな態度を取ることがあります。それについて、その原因から考えてみましょう。

　クラス形式に限りませんが、発音指導のために、一生懸命、何度かリピートさせたり、説明しているのに、当の学習者がいやそうな態度を取ったり、恥ずかしそうな顔をしたりして、「もうやめてほしい」と訴えていると思うときがあります。そのようなことがあった場合、多くの教師は、以下のことを考えるようです。

(1)　いやがるのはほかの学習者が見ているからだろうから、授業後に残して指導するべきだ。
(2)　いやがるから、音声教育をしない。

　(1)については、2つの理由で賛成できません。
　1つ目の理由は、時間に関することです。まず、授業後に残して指導するのは、教師にとって時間的な負担になります。また、学習者も居残りをさせられるのは、いやなのではないでしょうか。できれば、授業時間外に指導するのは避けたいものです。
　もう1つの理由は、マンツーマンだと、クラスでほかの学習者がいることのメリットがなくなることです。
　以前、英会話学校の広告で、ネイティブの英語教師1名と日本人の生徒1名が手錠でつながれているものがありました。マンツーマンだから会話せざるをえず、それによって英会話力がアップすることを言いたいのだと思いますが、マンツーマンだと緊張してしまっ

たり、話題がなくなったりして、逆効果だと思いました。マンツーマンよりも、集団や組織で学習したほうが、より効果的なことがあります。よい組織は、1 + 1 = 2ではなく、3になったり、4になったりします。集団になると個々人がばらばらに行動するのではなく、構成員と協力しながらよりよい成果が生まれるものです。これをグループダイナミックスといって、CLL(Community Language Learning)やサイレントウェイなどでも活用されています[1]が、そのような難しいことを持ち出さなくても、例えば、自分一人では挫折してしまいそうなことが、仲間がいることで、根気が続いて達成できたという経験は誰でも持っているのではないでしょうか。

また、授業で、自分が当てられていないときに、完全に休憩しているということはなく、教師とその学習者とのやり取りを見ながら参考にしたり、学習者の発言を聞きながら自分の答えとの照合を行ったりしているはずです[2]。マンツーマンではその機会を奪ってしまうことになります。

さらに、勉強で分からないことがあったときに、先生ではなく、友達に教えてもらうことで、よく分かったという経験はないでしょうか。マンツーマンだと、直接、間接を問わず、クラスメートで教え合うこともできません。音声教育では、クラスメートで教え合うこともあまりないかもしれませんが、それはあまり行っていないだけで、実際には、教え合うことは可能だと考えています。それについては、Tips 13 (53ページ)で述べますが、このように、音声教育をクラスで行うことのメリットはたくさんあると考えられます。

次に、(2)について考えましょう。ちょっと意地悪な質問ですが、例えば、学習者が文法や漢字を勉強するのをいやがったとします。そのとき、「学習者がいやがるから文法を教えないことにする」ということはあるでしょうか。決してそのようなことはないと思います。文法は教えて当然だと思うし、漢字は、どうして漢字が必要かを説明し、説得するのではないでしょうか。そう考えると、音声だけ、教えないことを選ぶのはおかしなことだと考えられます。もし

かしたら、「学習者がいやがる」ことを、音声を教えることができないことの言い訳に使ってしまってはいないでしょうか。

ではここで、言い訳をするのではなく、音声教育で、なぜ学習者がいやがるのかを考えてみましょう。こんなことが考えられます。

(1) ほかの学習者に見られていて、間違えたら馬鹿にされるのではないかと思う。
(2) 発音をよくするために、何をしたらいいのかが分からない。
(3) 発音を勉強する必要性を感じない。
(4) 発音を学んでいても、伸びたかどうかが分からない。

効果的な音声教育をするためには、これらを1つひとつ解決していけばよいでしょう。例えば、間違えたら馬鹿にされるのではないかと思うのは本人だけで、ほかの学習者が馬鹿にすることはふつうはありません。それについて話し合ったりして、クラスをよりよい雰囲気にしたらよいのではないでしょうか。ほかの理由については、次のTips 7以降でも考えていきましょう。

POINT

▶ **音声教育をクラスで行うことのメリットを生かす方法を考えよう。**

▶ **学習者が音声教育をいやがる理由を考え、1つひとつ解決していってみよう。**

---

1 横溝紳一郎(2011)『クラスルーム運営』くろしお出版、pp.29-31.
2 柳町智治(2006)「教室における知識・情報のネットワーク―入門フランス語クラスでの調査から―」上野直樹・ソーヤーりえこ編『文化と状況的学習―実践、言語、人工物へのアクセスのデザイン―』凡人社、pp.154-170.

TIPS! 7 「分かったけどできない」について考えよう

学習者に発音の仕方を、図や身ぶり手ぶりも使って説明し、学習者もそれを理解したけれども、正しく発音できないということがあります。どうすればよいでしょうか。

　教師の説明がよくないから、学習者ができないということがよくあります。私自身、日本語の授業をしていて、例えば、「は」と「が」の使い分けや、「ね」「よ」や「～んです」の使い方については、もっとよい説明の仕方があるんじゃないかといつも思います。一方、発音の仕方については、教師が説明しても、それを学習者が理解できないから正しく発音できないということもあります。また、正しい発音の仕方について学習者が教師の説明を理解したけれども、正しく発音できないということも、音声教育の場合は少なくありません。

　ただ、「分かったけどできない」ということは音声教育に限ったことではありませんし、さらに、外国語教育に限ったことでもありません。例えば、鉄棒の逆上がりはどうでしょうか。教える人は、肘を伸ばさず体を鉄棒から離さないとか、片足で勢いよく蹴ることなどについて説明します。子供はそれらの説明が理解できたからといって、すぐにできるようになるとは限りません。音声教育においても、成果を急がないで、安心して考えたり練習したりする時間を作ってあげることも大切[1]なのではないかと思います。では、具体的にどうしたらいいでしょうか。

　逆上がりであれば、教えてもらってもすぐにできないのが当然で、空いている時間に1人で練習するのがふつうでしょう。そこで、教えられたことを思い出しながらそれができているかを考えて試行錯

誤していくのではないでしょうか。それでもなかなかできなくて、また教えてもらったりするでしょう。それに対して、音声教育の場合はどうでしょうか。

「分かったけどできない」学習者に対して、すぐに「センスがない」という烙印（らくいん）を押してしまっていないでしょうか。確かにセンスがないのかもしれませんが、授業中や授業外で、学習者が試行錯誤できるように、十分な練習の機会が与えられているでしょうか。

また、安心して練習できるようになっているでしょうか。学習者は間違えたらクラスメートに馬鹿にされるかもしれないと思っていないでしょうか。また、自分だけで授業時間を使うのは申し訳ないと思っていないでしょうか。それでは、安心して十分に試行錯誤することはできません。また、学習者が正しい発音ができないことで、教師がすぐにあきらめていないでしょうか。あるいは、がっかりした気持ちをあからさまに表情や態度に出してしまっていないでしょうか。

学習者が家などで1人で練習するときについてはどうでしょう。まず、学習者は1人で練習できるのかという問題があります。

文法学習なら、学習者用の文法解説書を読んで勉強することができます。一方、発音の場合は、発音の仕方についての解説書はありますが、あくまでも教師用参考書という位置づけです。そのため、学習者は、授業で教師に説明されたことや指導されたことを元に練習しなければなりませんが、それを正確に覚えているということはまずないでしょう。また、誤って覚えていることもあるのではないでしょうか。さらに、「ず」を「ジュ」と発音してしまっていて、それを急に矯正されたしても、実は、何が問題なのかさえも分かっていないこともあるでしょう。そのような状態で、1人で練習できるはずがありません。

また、単語や漢字の学習なら、見本を見ながら何度も書いて勉強することができます。一方、発音の場合は、「ず」や「むずかしいです」を何度も繰り返し発音しようと思っても、それらのモデル音

声が収録された教材に手軽にアクセスできるわけではありません。

　また、文法については、既製教材の問題を解いて、正解を確認することができます。単語や漢字については、学習者同士で問題を作って、解き合うこともできます。一方、音声についてはどうでしょうか。「ぞ」か「じょ」かなどの聞き分けに関しては音声付きの教材があればできるでしょう。ただ、そのような教材はあまり整備されていません。聞き分けるほうはともかく、言うことについては、それが正解だったかどうかを、学習者自身が判断できるでしょうか。さらに、文全体のイントネーションやアクセントが問題だった場合、モデル音声がなくてはそれと比べることもできません。

　このように考えると、「分かったけどできない」ときには、学習者が試行錯誤をしながら、時間をかけて、自分で学習を進めていくことが重要であるのに、それに対するサポートができていないのが問題だということが分かります。そのときの授業やその後の授業で、教師がどのようなサポートをしていくかを考えることや、教材のモデル音声を手軽に聞けるようにすることなど、さまざまなサポートを整備していくことが重要です。それをしていないのに、「分かったけどできない」ことについて、嘆いているだけでは、教師の役割は果たせていないのでないでしょうか。

POINT

▶ 「分かった」から「できる」までに時間がかかることがある。
▶ 学習者が1人で練習できるように、教師や教材ができることを考えてみよう。

1　青木直子・尾崎明人・土岐哲(2001)『日本語教育学を学ぶ人のために』世界思想社、p.188.

TIPS! 8 「通じればよい」について考えよう

音声教育について、「通じればよい」という理由で、そんなに厳しくしなくてよいのではないかという意見があります。まずは、その意見について考えてみましょう。

「『水』を『ミジュ』と発音してしまっても、実際に、日本人に通じないことはない。音声教育にあまり時間も取れないし、そんなに発音を厳しく指導する必要はないんじゃないか」と考える教師もいます。このことについて、2つの点から考えてみましょう。

まず、通じるかどうかを決めるのは、本来、教師ではないということです。教師が通じると思っても、その学習者が外で実際に日本人と話していて通じるのでしょうか。

教室内で、教師が、学習者の言っていることが理解できるからといって、教室外で、日本人と、教室とは違う文脈で、違う語を使っても通じるという保証はないのです。音声教育は、本来、それを保証するための指導をするべきではないでしょうか。

もちろん、教師は、ただ単に自分が理解できるかどうかではなく、一般の日本人も理解できそうかどうかを考えて、判断するものでしょう。しかし、そうやって判断した学習者の音声は、本当に教室の外で「通じる」でしょうか。

例えば、「難しいです」を「ムジュカシイデス」と言っても通じるかもしれません。特に、「そうですか。韓国の方ですか。日本語の勉強、大変ですね。日本語、難しいですか」と聞かれ、それに対して、「ムジュカシイデス」と答えた場合は、ほぼ間違いなく通じるでしょう。しかし、「日本の生活はどうですか」と聞かれて、「大変だ」という意味で「ムジュカシイデス(難しいです)」と答えた場

合は、想定内の単語ではないので、聞き取ってもらえないこともあるのではないでしょうか。

そして、さらに問題となるのは、誤った発音が1か所であるとは限らないということです。さらに、「ブジュガ￤ジデッサ」のように、アクセントも違う言い方で言ったらどうでしょうか。文脈があっても、聞き取るのはかなり困難なのではないでしょうか。そして、文脈を含め、話し手と聞き手の共通理解が少ない場合は、さらに困難になります。

もう1つは、「通じる」とは何かです。レストランで「ミジュ、ください」と言えば、「水、ください」のことだと分かり、水を持ってきてくれるでしょう。しかし、学習者が日本語を使うのは、このようなその場限りの場面ばかりとは限りません。日本の大手自動車会社の工場長がタイからの技術研修生に会ったときに、「わたチ…じどうチャ…」などと話しているのを聞いて、引率の日本人に、「この人たちは本当に仕事ができるのか」と心配そうに言ったという話があります[1]。これは、発音の問題が、能力や人格の判断にまで及んでいることを表しています。日本語教師としては、発音の問題は能力や人格とは関係ないことを一般日本人に対して啓蒙していくことも必要でしょうが、なかなか難しいでしょう。例えば、飛行機を降りるときに、外国人のCAに「アリガトウゴジャイマシタ」と言われたら、やはり、ちょっと違和感があるのではないでしょうか。そのようなことについて、「違和感を持つべきではない」と啓蒙するのはおかしなことだと思います。

ある女子大学でこのようなことがありました。

有名大学院出身のアメリカ人の先生がいらっしゃいました。その先生は、英語の授業を主に担当していたのですが、当時、55歳ぐらいで、学科長をしていて、とても威厳のある方でした。その先生は授業ではもちろんですが、学生と接するときは常に英語を使っていました。しかし、大学の書類は、漢字も使い、日本語で書いていました。その書類を見た学生が「〇〇先生の字、かわいいー!」など

と言っているのを聞きました。これは、決してマイナス評価ではないかもしれません。しかし、私だったら、「かわいい」などとは思われたくはありません。「通じる」とは、伝えたいことが伝えられることはもちろんですが、それだけでなく、伝えたくないことは伝わらないことも合わせて「通じる」だと思います。「かわいい」とは決してマイナス評価ではないかもしれませんが、上の先生も、女子学生に「かわいい」などとは思われたくないだろうと思います。

　漢字だと、筆順を誤っても、十分理解してもらえる、つまり、通じると思います。そのため、筆順を厳しく指導しないということはあるでしょう。さらに、「成」の最後の「、」がなくても通じるでしょう。しかし、これは「、」を入れるように指導するのではないでしょうか。ほかにも、例えば、「日本語」を「日木語」などと書いても通じると思いますが、これもやはり、正しい漢字を指導するでしょう。文法でも、「赤い本」を「赤いの本」と言っていたら指導するのではないでしょうか。そうだとすると、「通じるから、厳しくする必要がない」のではなく、実は、指導ができないから、そういう言い訳をしているにすぎないのではないかとも考えられます。

　「通じるから厳しくする必要がない」かどうかは、きちんと音声教育ができるようになってから議論するべきです。まずは、きちんと音声教育ができることを目指しましょう。

POINT

- ▶ **通じるだけが学習者の目標なのかを再検討してみよう。**
- ▶ **教室外でも通じることを保証するのが音声教育の目的であり、教室で教師に通じたからといって、教室外でも通じるとは限らない。**

1　土岐哲（2010）『日本語教育からの音声研究』ひつじ書房、p.242.

TIPS! 9 「元に戻る」について考えよう

> 授業中にうまく発音矯正できたのに、休み時間の後、また元の発音に戻ってしまうということがあります。「元に戻る」とはどういうことなのか考えてみましょう。

「つ」を「チュ」と言っていたので、授業中に10分ぐらいかけてうまく発音矯正できたとします。学習者も疲れたようなので、休み時間にしました。その後、確認のために、「つ」を言わせてみると、また「チュ」になってしまっていました。このようなときに、多くの教師は、「せっかくできるようになったのに戻ってしまった」と思います。「どうして元に戻ってしまったんだろう。音声教育って難しいなあ」「せっかくできるようになってもすぐ元に戻ってしまうものだ」「定着するための練習をもっとするべきだった」などとも考えるでしょう。しかし、その前提となる「できるようになった」「元に戻った」というのがどういうことかを考えてみましょう。

「できるようになった」とは教師が期待する発音を学習者がしたことであり、「元に戻った」とは教師が期待する発音を学習者が一時したが、その後、それをしなくなったことを指しているようです。しかし、教師が期待する発音を学習者がしたことを、そのまま「できるようになった」と言ってもいいのでしょうか。

例えば、私はドイツ語を勉強したことがないのですが、英語の "I love you." に相当する、ドイツ語の „Ich liebe dich." を習っているとしましょう。そのときに、先生に「10回言ってみてください」と言われて、10回言ったあとに、「6回目だけがよかったから、それをもう一度言ってください」と言われたらどうでしょうか。6回目の音声をもう一度言える人はいないでしょう。しかし、6回目の音

35

声では、教師が期待する発音を学習者がしていたのですから、特に6回目で終わらせていたら「できるようになった」と言ってもいいようにも思いますが、やはりそうは言えません。このことから考えると、教師が期待する発音を学習者がたまたましただけであり、いわゆるまぐれの恐れがあります。まぐれだとすると、その学習者が次にはすぐに教師が期待するのとは異なる発音をしてしまうことは容易に予想できます。

　では、どうしたらいいのでしょうか。

　モデル音声を与え、それを繰り返させるだけの音声指導では、学習者が何をどうしたらいいかが分からず、持っている能力を最大限に発揮できていないことが多いようです。しかし、そのような状態であっても、学習者はいろいろ考えているはずです。例えば、韓国人日本語学習者は「ぞ」の発音が苦手で、「ジョ」のようになってしまいます。そのとき、教師が「違います。『ぞ』」と言えば、学習者は最初に言っていた「ぞ」と違うように発音するはずです。教師には、やはり「じょ」に聞こえるとしても、学習者は、まったく同じように発音するということはなく、「先生がだめだと言っているから、よく分からないけど、違うように発音しないといけない」と思って、違うように発音しようとします。それがうまくいかないことも多いでしょうが、うまくいって、「今の、いいですよ」と言われれば、「あ、こんなふうに発音すればいいのか」と考えて、それをコンスタントに発音しようとするはずです。

　学習者の発音がうまくいかないときは、

(1) 間違った発音と違うように発音しようと思っても、違うように発音することができていない。
(2) 違うように発音したけれども、教師が期待する範囲の発音にはなっていない。

ということが考えられます。しかも、学習者が何度言い直しをして

も、違うように発音した音が発せられるだけで、教師が期待する範囲の音に全然入ってこないこともあります。

正しい発音でできるようになる、そして、元に戻らないようにするためには、学習者が、

(1) 違うように発音することを、今まで以上に意識する。
(2) 違うように発音した場合には、それ以前と何をどのように変えたかを考える。
(3) 違うように発音する方法について、そのバリエーションを増やす。
(4) 教師からOKが出た発音については、常にその発音の仕方ができているか自分の口の中を観察する。

ことなどが必要になります。学習者が、これら(1)〜(4)をすることを「自己モニター」と呼ぶのですが、それについては、Chapter 2「自己モニターを活用した音声教育を考えるためのTIPS」で触れます。

一方、学習者がこれらをすることを支援するのが教師の役割となります。それについても、次のTipsから触れていきます。

POINT

▶「元の発音に戻る」というのは、教師からの見方にすぎない。
▶「元の発音に戻る」のを防ぐには、学習者が発音の仕方を意識することが重要である。

---

1 小河原義朗(1997)「発音矯正場面における学習者の発音と聞き取りの関係について」『日本語教育』92、日本語教育学会、pp.83-94.

Chapter 2

自己モニターを活用した
音声教育を考えるための TIPS

TIPS! 10 言い分けの独自の基準を考えよう
自己モニター 1

> 音声教育では自己モニターを活用することが重要です。自己モニターとは何か、自己モニターを活用するとはどういうことなのか考えてみましょう。

　自己モニターを活用した音声教育では、「学習者自身が自己のパフォーマンスのどこが問題であるかを認識し、妥当な発音基準を模索しながらそれを元にした適切な自己評価を通して発音を自己修正する[1]」ことが重要です。これを詳しく説明したいと思います。

　学習者の母語によって、苦手な発音があります。例えば、韓国人日本語学習者は「ぞ」の発音が苦手で、「ジョ」のようになってしまいます。しかし、英語の"r"と"l"の言い分けができる日本人もいるのと同じように、韓国人日本語学習者でも、「ぞ」「じょ」の言い分けができる人もいます。「ぞ」「じょ」の言い分けが正しくできる韓国人日本語学習者は、各自が、教師から習ったわけではない、以下のような「独自の基準」を持って言い分けていることが明らかになっています[2]。

(1) 口の中で舌の位置を変える。
(2) 「ぞ」は歯茎、「じょ」はそれよりも広く舌を付けて発音する。
(3) 「じょ」は舌が下がっている感じで発音する。
(4) 「ぞ」は舌に力を入れ、「じょ」は普通にする。
(5) 「じょ」は力が入るが、「ぞ」は入らない。
(6) 「ぞ」は「ず」から「ぞ」へ、「じょ」は「し」から「じょ」へ発音を移行させる。
(7) 「ぞ」は「そそ」から「ぞ」に移行させる。

「ぞ」[dz]
調音点：歯茎
調音法：破擦
声帯振動：有声

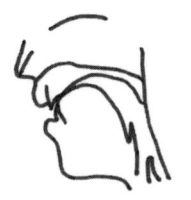

「じょ」[dʑ]
調音点：歯茎硬口蓋
調音法：破擦
声帯振動：有声

　音声学では、「ぞ」と「じょ」は、調音点（どこで発音するか）のみの違いで、「ぞ」のほうが「じょ」よりも舌が前方に付くとされています。調音法（どのように発音するか）は違いがなく、破裂に摩擦が続く破擦音です。声帯振動（発音するとき、声帯を振動させるか否か）も違いがなく、両方、声帯振動があります。音声学の観点と、学習者の独自の基準とを比べてみましょう。

　(1)は、「ぞ」と「じょ」の調音点が違うので、舌の位置を変えるというのはその通りだと思います。しかし、上のような口腔断面図を見せても、必ずしも正しく発音できるようにならないという経験は、多くの教師がしていることです。このことから、教師が教え込むのではなく、学習者が自身で感じ取ること、つかみ取ることが重要であると言えるでしょう。

　(2)は、調音点にも言及していますが、それだけではなく、舌が歯茎や口蓋に接している面積に注目しています。確かに、「ぞ」は舌の先が上に狭い面積で付いていますが、「じょ」は舌の先よりはちょっと奥のほうが広い面積で上に付いています。

　(3)は、調音点ではなく、舌の形に注目しています。(2)とも関係しますが、単に調音点という口内の上部だけでなく、舌に注目することも重要です。

　(4)、(5)は、力の強弱に注目していますが、この2つは矛盾してい

るように感じられます。2つをもう少し詳しく見ていきましょう。

どちらの基準が正しいかですが、正しいかどうかは、音声学的に理論的に決められるものではありません。正しく発音できているかどうかが大切です。(4)の独自の基準を持っている学習者も、(5)の独自の基準を持っている学習者も、正しく発音できているので、どちらも正しい独自の基準です。

また、よく見ると、力が入っている部位について、(4)は舌と述べていますが、(5)は特に言及がありません。そのため、力が入る部位が「(4)は舌、(5)は喉」などと異なっているのかもしれません。さらに、「(4)は舌の真ん中あたり、(5)は舌の先」など、同じ舌でもその中で位置が異なっているのかもしれません。実際の教育の際は、教師が、「どこに力が入っていますか」という問いかけをすることが重要だと言えます。

(6)は、同じザ行の中でも比較的簡単で自分ができる日本語の発音から、(7)は、母語の韓国語にある発音(ソ)から移行させるという方法を用いています。

このように、正しく発音できる学習者は、教師に教えてもらったわけではない、自身で考えた独自の基準を持っていて、それを元に発音しているのです。これを音声教育で大いに活用することが重要です。

POINT

▶ **言い分けができる学習者は、教師から教えてもらったわけではない、独自の基準を持っている。**

▶ **教師が教え込むのではなく、学習者が自分で独自の基準を考えるための支援をしよう。**

1　小河原義朗(2009)「多様化する日本語教育における音声教育の目標と教師の役割をとらえ直す」河野俊之・小河原義朗編『日本語教育の過去・現在・未来　第4巻　音声』凡人社, pp.48-69.

2　小河原義朗(1997)「発音矯正場面における学習者の発音と聞き取りの関係について」『日本語教育』92、日本語教育学会、pp.83-94.

TIPS! 11 聞き分けの独自の基準を考えよう
自己モニター2

> 聞き分けは、学習者に教え込むことができないため、自己モニターを活用することが重要です。聞き分けの独自の基準にはどのようなものがあるのでしょうか。

　Tips 10 のように、正しく発音できる学習者は、教師から教えてもらったわけではない、自身で考えた独自の基準を持っていて、それを元に発音しています。しかし、発音することに関しては、「舌をここに付ける」のように、教師が教え込むことはまったく不可能というわけではないこともあります。それに対して、聞き分けについては教え込むことができません。教師が、「舌がここに付いているように聞こえますよね」と言っても無意味です。

　私が中国語を習ったとき、「無気音 – 有気音」の発音について、先生が口の前にティッシュペーパーを垂らして、「無気音はティッシュペーパーが動かない。有気音はティッシュペーパーが大きく動く」と教えてくださいました。その後、我々学習者も同じように、口の前にティッシュペーパーを垂らして練習しました。確かにそれで言い分けができるようになるかもしれませんが、それでは、話し手の口の前にティッシュペーパーを垂らさない限り、「無気音 – 有気音」の聞き分けができるようにはなりません。

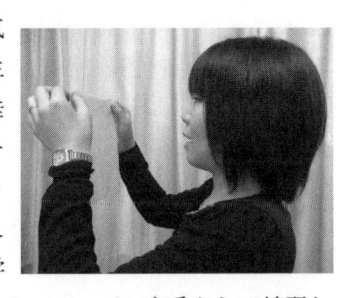

　そして、実は、中国語話者も「無気音 – 有気音」を発音するときにティッシュペーパーが動かなかったり、大きく動いたりするほど、発音を区別するわけではありません。

「ぞ」「じょ」の言い分けが正しくできる韓国人日本語学習者は、下のような、教師から習ったわけではない、独自の基準を持って、聞き分けていることが明らかになっています[1]。

(1) 「ぞ」は「ズ〜」という雑音みたいなものが入るが、「じょ」はない。
(2) 「ぞ」は音が止まる感じがし、「じょ」は摩擦的な音が感じられる。
(3) 「ぞ」は急に終わる感じがするが、「じょ」は柔らかく滑らかに終わる感じがする。
(4) 「ぞ」は口の中が丸く感じられる。
(5) 「ぞ」は英語の「Z」、「じょ」は「J」のように聞こえる。

これらについてまず思うのは、日本語母語話者など、日本語音声を外国語として習得した経験がない人は、(5)以外は思い付かないだろうということです。前ページで述べたように、聞き分けは、教師が教え込むことはできません。そのため、今までは、学習者への丸投げ、つまり悪い意味での学習者任せになっていたと考えられます。学習者に任せるしかないのならば、教師は最善を尽くして学習者を支援しなければならないのです。それについては、Tips 12 以降で触れたいと思います。

さて、聞き分けの独自の基準についても、言い分けの独自の基準と同様に、矛盾していると思われるものがあります。(2)と(3)は同じことを言っていて、これらと(1)は反対のように思えます。ただ、これらもどこの時点のことを言っているのかは分かりません。(1)は「ぞ」「じょ」の子音部分のことを言っていて、(2)、(3)は「ぞ」「じょ」の母音部分のことを言っているということも考えられます。

(4)は、「ぞ」のほうが「じょ」よりも、舌の中ほどと口蓋との間が大きいので、そのことで「丸く感じられる」と言っているのかもしれません。しかし、これは、言い分けではなく、聞き分けの独自

の基準なので、その推測が必ずしも正しいとは思えません。

(5)は、学習者が聞き分けられる外国語の音声を基準にしています。外国語の発音ができるならば、それも有効でしょう。ただし、学習者が外国語の発音ができるかどうか確認する必要があるでしょう。

上で、聞き分けの独自の基準は、日本語母語話者など、日本語音声を外国語として習得した経験がない人は、ほとんど思い付かないと述べました。そこで、日本語学習者の聞き分けの独自の基準を集めるという研究が必要となります。聞き分けができない学習者がそれを参考にして、聞き分けができるようになるかもしれないからです。しかし、独自の基準を集めるときに、聞き分けができない学習者の独自の基準を集めても、あまり意味がないのは言うまでもありません。それらを参考にしても、誤った聞き分けになってしまう恐れが大きいからです。しかし、実は、聞き分けができる学習者の独自の基準を単純に集めても、あまり意味がないことがあります。「勘がいい」「耳がいい」とよく言われる学習者は、特に何も考えずにできてしまっていることがあるからです。それは、日本語母語話者の独自の基準を集めることがあまり意味のないことと似ているでしょう。そうではなく、できなかった学習者ができるようになったときの独自の基準を集めることが必要なのです。そのため、独自の基準を集めるには、授業時間がいちばんです。授業時間に、聞き分けや言い分けができる学習者や、できるようになった学習者の独自の基準を聞いてみましょう。

POINT

▶ 独自の基準は決して特別なものではなく、成否は別として、どの学習者も行っている。

▶ 特に聞き分けの独自の基準は、教師には教えられないことを理解し、学習者の支援に回ろう。

1 小河原義朗(1997)「発音矯正場面における学習者の発音と聞き取りの関係について」『日本語教育』92、日本語教育学会、pp.83-94.

TIPS! 12 聞き分けの練習について考えよう
自己モニター3

> 「自己モニターを活用して発音を勉強してください」と教師に言われても、学習者は戸惑うだけです。どうしたらいいか、まずは、聞き分けについて考えてみましょう。

　言い分け・聞き分けで「独自の基準を考えて言って／聞いてみましょう」と言うだけでは、教師の役割を果たせていません。
　ここでは自己モニターを活用した音声教育の手順の一例を取り上げます。韓国語話者等が苦手な「ぞ＝A」と「じょ＝B」を例とします。

1-1 A, Bのモデル音声を学習者に聞かせる。
1-2 A, Bのいずれかの音を提示し、AかBの札を上げさせる。
1-3 A, Bのいずれの音を提示したかを、A, Bの札で示す。
1-4 独自の基準を書き留めさせる。
1-5 各自が考えた独自の基準を発表させる。

　単純に手順を踏むだけでは、なかなかうまくいかないので、ここではやるべきこととやるべきでないこと(DOs & DON'Ts)を述べていきます。非常に小さいこと、当たり前のこともありますが、実際にやってみると難しいものもあります。頭では分かってもなかなかできないこともありますが、気にしないでください。

1-1 A, Bのモデル音声を学習者に聞かせる。
　まずは、今回の学習項目である音声を聞かせます。そのとき、その音声をA, Bに当てはめるので、それを板書します。

このときに気を付ける点は以下の通りです。

(1) A，B及び、それに対応する音を板書する。

A，B及び、それに対応する音を板書しないと、どちらがどちらの音だったのかを学習者も教師も忘れてしまうことがあります。

また、ペンかチョークが3色以上あれば、Aは赤、Bは青、ふつうに書くのは黒（あるいは白）にできて、分かりやすいでしょう。

(2) ペアで聞かせる。

学習者が苦手な音だけを聞かせるのではなく、2つの音を聞かせることで、音の違いが分かりやすくなります。

(3) 十分に聞かせる。

1-2の聞き分けができるかのチェックに進んでもいいと学習者が思うまで、十分に聞かせます。時間の節約のために、早めに切り上げて、聞き分けのチェックに進んでみたら、実は、聞き分けができず、またモデル音声を聞かせる段階に戻ってしまい、かえって時間がかかることがあります。

(4) 間を空けて、学習者を見ながら、ゆっくり聞かせる。

学習者が独自の基準を考えながら聞くためには、考える時間が必要です。また、間を空けないと、前の音と比べて判定してしまい、1つの音だけを提示されたとき、正しい聞き分けができない恐れがあります。

(5) A, Bの札を左右、正しく持つ。

板書では、Aを左、Bを右に書くはずです。教師はふつう、黒板を背に、学習者に向かって授業を行いますので、学習者から見ると、左にA、右にB、つまり、教師は、右手にA、左手にBの札を持ちます。逆にすると、混乱するかもしれませんし、混乱しなくても、無駄なことに注意を向かせるべきではありません。

1-2 A, Bのいずれかの音を提示し、AかBの札を上げさせる。

教師がA, Bのいずれかの音声を提示し、学習者は、どちらに聞こえたかを札で答えます。

このとき、以下の点に気を付けます。

(1) モデル音声の出し方について配慮する。

例えば、「腿」と「桃」の聞き分けの練習で、①のようなふつうの言い方でなく、②のように、高低の幅を極端に大きくしたり、強さを不自然に付加した言い方をすることがあります。

①　　　も　　　　も　　　　　②　　　も　　　　　　も
　　も　　　　　　　　　　　　　　　も　　　　も

極端な言い方なら聞き分けられても、ふつうの言い方が聞き分けられるとは限りません。ふつうの言い方の音声が聞き分けられることが目標のはずです。しかし、ふつうの言い方が聞き分けられないときに、ふつうの言い方で何度練習しても進展が期待できません。

そのときは、極端な言い方で練習して、それが聞き分けられるようになったら、ふつうの言い方で練習するという方法もあります。

(2) いろいろな音声を聞かせる。

教師1人の、1種類の音声だけでは十分ではなく、さまざまな音声を聞かせたいのですが、教室ではなかなかできないと思います。これについてはTips 17で触れます。

(3) 学習者がA, Bの札を左右逆に持たないようにする。

1-1の(5)で述べたのと同じですが、学習者は、左手にA、右手にBの札を持ちます。

1-3 A, Bのいずれの音を提示したかを、A, Bの札で示す。

教師がA, Bのいずれの音声を提示したかを札で示します。そして、1-2から1-3を繰り返し、誤りが多ければ1-1に戻ります。

このときに気を付ける点は以下の通りです。
(1) コーラスとソロを使い分ける。

すぐ聞き分けができる学習者と、なかなか聞き分けができない学習者がいます。そのときに、聞き分けができない学習者だけに札を上げさせる方法もありますが、それだと、その学習者にプレッシャーを与えてしまいます。そうではなく、学習者全員に札を上げ

させ、教師は当該学習者だけを観察するという方法もあります。

　また、できない学習者が札を上げなくなることがありますが、それは、「分からない」ということなので、無理に札を上げさせないほうがいいでしょう。

(2) 完璧にならなくても、ある程度で切り上げる。

　次に言い分けの練習をするのですが、そのためには絶対に聞き分けができなければならないということではありません。ただ、活動として、聞き分け→言い分けのほうがやりやすいのでそうしています。聞き分ける能力と言い分ける能力のどちらが先に養成されるのか、あるいは、養成されるべきかについて、結論は出ていません。言い分けられるようになってから聞き分けられるようになるということも考えられます。また、次ページの1-4以降で、ほかの学習者の独自の基準を知ることで、それらを参考にして聞き分けられるようになることも考えられます。決して完璧になるまで次に進んではいけない、ということではありません。

　また、聞き分けができなくて、「では、これは次回、やりましょう」とすることもあり得ます。それによって、学習者、教師ともに、さまざまな準備ができるはずです。例えば、学習者は、それらの音について、教室内外で、いろいろ気を付けて聞くことも多いでしょうし、聞き分けができる学習者に聞き分けの基準などのアドバイスを求めることもあるでしょう。

POINT

- ▶ 学習者が学習に集中できるように音声教育の環境を整えよう。
- ▶ 学習者の集中力を考慮し、それが続くような工夫をしよう。
- ▶ きちんと手順を踏むことは重要である。
- ▶ 「勇気ある撤退」もあることを心に留めておこう。

TIPS! 13 聞き分けの独自の基準作りについて考えよう 自己モニター4

> 自己モニターを活用した音声教育では、聞き分けができるようになったら、独自の基準を言葉にし、共有します。その方法について考えてみましょう。

引き続き、聞き分けの練習の手順について、やるべきこととやるべきでないこと(DOs & DON'Ts)を含めて述べていきます。

1-4 独自の基準を書き留めさせる。

聞き分けられるようになったら、「AとBは、どう違いますか」と問いかけ、聞き分けの独自の基準を書き留めさせます。

このときに気を付ける点は以下の通りです。

(1) 学習者に問いかけ、独自の基準を考えさせる。

学習者の様子を見て、聞き分けられるようになったと判断したら、「AとBは、どう違いますか」と問いかけ、独自の基準を考えさせます。

(2) 独自の基準を書き留めさせる。

　独自の基準を考えさせた後、それをすぐに言わせるのではなく、まずは、書き留めさせます。すぐに言わせるのではなく、書き留めるのは、さまざまな理由・目的があります。

① 自分の頭の中を整理するため：頭の中だけで考えてもなかなか進まないことがよくあります。
② いきなり日本語で発表するのは、日本語能力に関して負担が大きすぎるため：書き留める際は、学習者の母語でかまいません。後で学習者がそれを日本語に変換することは、いきなり日本語を話すことよりも容易でしょう。
③ まずは1人で考えてから、みんなで話し合うことで独自の基準を1人で考えるトレーニングをするため：目標は教室以外でも1人で学習できるようになることなので、そのためには、独自の基準を1人で考えられるようになる必要があります。

　また、このとき机間巡視をして、どのようなことを書いているかを見て、状態に応じて、学習者と話すことも有効です。

(3) 聞き分けられていない間は、独自の基準作りを強要しない。

　聞き分けられていない状態のときであっても、学習者が自主的に独自の基準を考えることは必ずしも無駄ではありません。その段階で考えている独自の基準が明らかになれば、ほかの独自の基準を考えてみる土台になるかもしれません。また、1-5でほかの学習者の独自の基準を聞いて、自分の独自の基準と比べることで、よりよい独自の基準を考えられることもあります。あくまでも、これらを、学習者が自主的に行う場合はいいのですが、それを強要してはなりません。さらに、その独自の基準をほかの学習者の前で発表させるのは問題が大きいでしょう。

(4) 独自の基準を教師が先に提示しない。

　音声学的な知識のほかにも、聞き分けができるようになった学習

自己モニターを活用した 音声教育を考えるための TIPS

者が考えた独自の基準を教師が知っていたら、できない学習者のために、それを提示したくなるものです。しかし、それでは、ほかの成功した学習者の独自の基準を元にして聞き分けができるようになったにすぎません。それでは、そのような補助がないときにも独自の基準作りができる保証はまったくなく、むしろ、学習者が自分で独自の基準を作ることを阻害してしまう恐れがあります。

1-5 各自が考えた独自の基準を発表させる。

各学習者が書き留めた独自の基準を発表させ、みんなで共有します。教師は、その独自の基準をより明確にします。

このときに気を付ける点は以下の通りです。

(1) 独自の基準を学習者に話し合わせる。

教師が介入しないことで、学習者自身で考える機会が持て、授業時間外での自律学習や協働学習につながると考えられます。しかし、まだ学習者が自己モニターを活用した音声教育という活動に慣れていないうちは、この段階をスキップし、教師が司会を務めたほうが、うまくいくことが多いようです。

次の(2)で独自の基準を発表させるときに、どのような順序で発表させるかを決めるために、学習者の話に耳を傾けましょう。

(2) 独自の基準を発表させ、それについて、学習者にさらに問いかけることにより、独自の基準の内容を明確にする。

独自の基準を発表させるだけでいいこともありますが、その内容を明確にさせるために、まず、学習者の話すことをよく聞いて、必要なら板書したりして、明確でないことについては、「どういうことですか」「〜ということですか」のように、問いかけていきます。これは生身の人間である教師にしかできないことです。

なお、学習者によっては、独自の基準を明確にできないことがあります。そのときは、無理に独自の基準を完全に明確にさせないほうがいいでしょう。言い分けの独自の基準が明確になることで、聞き分けの独自の基準も明確になることもありますし、そのあとにさまざまな音について学習することで、独自の基準を作ることに慣れ、当該音声の独自の基準が明確になっていくこともあります。

(3) 独自の基準を誘導しない。

教師は、自分が予想する、または期待する独自の基準に無理やり誘導しないようにしなければなりません。そのためには、教師は、学習者の話をよく聞くこと、焦らないことが必要です。また、逆説的かもしれませんが、教師は、音声学をよく勉強し、予想されることをできるだけ広く考えることも必要です。

(4) 学習者の独自の基準について、教師が「音声学的におかしい」等と言わない。

学習者の独自の基準をあからさまに否定することは、絶対に避けるべきです。音声学的には納得がいかない独自の基準もあるかもしれませんが、学習者が安心して試行錯誤できる環境を作らなければなりません。

この後、もう一度聞き分けの練習をすれば、聞き分けができなかった学習者は、ほかの学習者の独自の基準を参考にして、できる

ようになることがあります。また、聞き分けができていた学習者も、独自の基準を変化させることがあります。独自の基準についてあれこれ考えることは、ほかの音を学習者自身で学習するときに大いに役立ちます。

手順を踏むと同時に、表面的な手順だけでなく、学習者の状況を正確に把握することが重要です。また、学習者主体であるからこそ、そのために、教師はどのような支援ができるかが重要になります。

POINT

▶ **手順を踏むだけでなく、手順にとらわれず、臨機応変に進めることが重要である。**

▶ **学習者の表情、行動、様子などをよく観察し、学習者の状態や、何を考えているかを把握しよう。**

TIPS! 14 言い分けの練習について考えよう
自己モニター5

> 聞き分けは、大人数クラスでもできますが、言い分けは、1人ひとりに対応するため、時間がかかると言われます。言い分けの練習について考えてみましょう。

言い分けの練習の手順についても、教師がやるべきこととやるべきでないこと(DOs & DON'Ts)を含めて述べていきます。

2-1 学習者が、A, Bのいずれかの音を言う。
2-2 A, Bのいずれの音を言ったつもりかを、学習者が札で示す。
2-3 A, Bのいずれの音に聞こえたかを、教師が札で示す。
2-4 独自の基準を書き留めさせる。
2-5 各自が考えた独自の基準を発表させる。

2-1 学習者が、A, Bのいずれかの音を言う。

まず、間を空けて、モデル音声をもう一度ゆっくり聞かせます。その後、A, Bのどちらかを言わせます。

このときに気を付ける点は以下の通りです。

(1) いきなり発音させない。

　聞き分けの練習と言い分けの練習を異なる日にするなど、時間が離れているときは、いきなり発音させるべきではありません。まずは聞き分けの練習の振り返りなどを行ってもいいでしょう。

　一方、聞き分けの練習の直後であっても、いきなり発音させるのではなく、もう一度モデル音声を聞いたほうが、学習者は安心するようです。

　十分に聞かせた後、各学習者にA, Bのどちらかを言わせる前に、コーラスなどで、リピートさせることもあります。

(2) A, Bどちらを言うかは学習者に任せる。

　教師がA, Bどちらを言うかを指示すると、学習者は受け身になってしまうかもしれません。

　そして、A, Bのどちらを言うかを教師が指示すると、その後の判定が、「Aのつもりで言っているんだろうな」などと、甘くなる恐れがあります。

(3) 学習者が複数いる場合は、順番を考慮する。

　できない学習者から言わせるのはよくありません。また、できる学習者を先にすることで、ほかの学習者にとって聞き分けの練習がさらにでき、言い分けのリハーサルができることにもなります。

(4) 考える時間を十分に与える。

　独自の基準を考えながら言わせるためには、考える時間が必要です。続けざまに言わせると、考える時間が取れません。また、2–3で、ほかの学習者が判定する場合は、やはり、独自の基準を考えながら聞くので、十分な時間が必要です。

2-2 A, Bのいずれの音を言ったつもりかを、学習者が札で示す。

　A, Bのどちらかを言った後、どちらのつもりで言ったかを、学

習者自身に札で示させます。なお、2-2と2-3は前後させる、あるいは、同時に行うこともできます。

2-3 A, Bのいずれの音に聞こえたかを、教師が札で示す。

教師がどちらに聞こえたかをA, Bの札で示します。学習者が複数いて、聞き分けができるのであれば、ほかの学習者もA, Bの札で示します。

このときに気を付ける点は以下の通りです。
(1) 無理に活動を進めない。

様子を見ながら進めましょう。後で、ほかの学習者の独自の基準を参考にして、できるようになることもあります。

(2) 判定を甘くしない。

(3) 無理やりにAかBだけで判定しない。

　例えば、A＝「つ」と、B＝「す」であれば、「す」は言えるとしても、「つ」を「トゥ」と言う学習者がいます。そのときに、「Aのつもりで言っている」というのは分かりますが、それでAの札を上げてはいけません。そのようなときは、AとBの札を両方上げるか、腕で「×」を示すか、「×」を板書して、それを示すか、聞こえた通りに仮名で書いて、それを指すとよいでしょう。

(4) 学習者の発音の変化に敏感になる。

　学習者は教師にネガティブな評価をされると、「じゃあ、次は発音の仕方を変えてみよう」と思って、そのようにしようとするはずです。そのときに、いつまでも同じ評価では、学習者の意欲を削いでしまいます。難しいですが、少しでもよくなったら、「まだだめだけど、さっきよりもよくなった。さっきと何をどう変えたのか」と問いかけることで、よりよい独自の基準を考えるのにつながります。

　この後、聞き分けの練習の1-4、1-5と同様に、

2-4 独自の基準を書き留めさせる。
2-5 各自が考えた独自の基準を発表させる。

へと続きます。独自の基準作りについて、聞き分けと違い、特に気を付けなければならないのは次の通りです。

(1) 独自の基準を覚えておくように指示する。

　聞き分けの独自の基準については、全員が同時に聞き分けのチェックを行って、実際に聞き分けができることが確認できたら、そのまま独自の基準を書き留める段階に移ることができます。しかし、言い分けについては、学習者が複数いる場合は、学習者全員に

ついて同時に言い分けのチェックを行うことはできません。最初に言い分けのチェックが終わった学習者は、全員の言い分けのチェックが終わるまで待っていなければなりません。そのため、自分が言い分けられた時の独自の基準を覚えておく必要があります。2-2の言い分けのチェックを始めるときに、「後で、独自の基準を言ってもらうので、覚えておいてください」と伝えておきます。

　また、聞き分け、言い分けともに、学習者は母語の発音の影響を受けやすいものです。例えば、言い分けの独自の基準で、「Bはふつうにする」とか、聞き分けの独自の基準で、「Aは何となく気持ちの悪い響きがある」などというのがよくあります。これは、その母語話者にとっては、Bはふつうに言ったら自然にその音になるということだったり、Aは母語には存在しない音で違和感があるなどということだと考えられます。このように、発音を学習する際のリソースとして、母語は学習者にとって非常に大切な位置を占めています。そこで、学習者の母語の発音に関する情報を知っておくことも有効です。もちろん、日本語の音声について、教師は一通り勉強していると思いますが、さらに研鑽を続けていくことも必要です。

POINT

- ▶ 学習者の指名順を工夫しよう。
- ▶ 聞き分けができるようになれば、学習者同士でも発音をチェックし合うことができることを活用しよう。
- ▶ 授業後でもよいので、学習者の母語の音声について勉強しよう。

1　河野俊之(2009)「音声教育に必要な教師の能力―教育実習をもとにして―」河野俊之・小河原義朗編『日本語教育の過去・現在・未来　第4巻　音声』凡人社、pp.186-203.

TIPS! 15 発音チェックについて考えよう
自己モニター6

> 文法や語彙力のテストはあっても、発音については、テストをしないほうが多いでしょう。必須ではありませんが、発音チェックについて考えてみましょう。

発音チェックは必須ではありませんが、自己モニターを活用した音声指導の前に、あらかじめ学習者の発音について把握しておくと、指導がより効果的になります。

0-1 発音チェックリストを見て、読ませ、それを録音する。

学習者に 62 ページの発音チェックリストを見て、読んでもらい、それを録音します。発音チェックリストは、さまざまな母語の学習者の誤用を、ある程度網羅したものです。

0-2 録音したものを、発音チェックリストを用いて、学習者自身でチェックさせる。

63 ページのリストを使います。録音したものを学習者本人に聞かせて、自分でチェックさせます。網掛けの部分が問題なければ○、ペアになっている右側の間違いなら×、問題はあるが、各右ペアにある間違いでないときは、●を付けます。

発音チェックリスト(発音編)

1	ぞうか(増加)	ずこう(図工)	じょうか(浄化)
2	かんぞう(肝臓)	ぼうず(坊主)	かんじょう(感情)
3	きゃく(客)	きょう(今日)	きやく(規約)
4	でんき(電気)	でぐち(出口)	てんき(天気)
5	いてん(移転)	おいてください(置)	いでん(遺伝)
6	つきです(月です)	つうがく(通学)	すきです(好きです)
7	まつい(松井)	かつ(勝つ)	ますい(麻酔)
8	つうしん(通信)	つうきん(通勤)	ちゅうしん(中心)
9	でんつう(電通)	むつう(無痛)	でんちゅう(電柱)
10	ほそいです(細いです)	ほんしゃ(本社)	おそいです(遅いです)
11	きほん(基本)	いほう(違法)	きおん(気温)
12	にせんえん(2000円)	きんえん(禁煙)	にせんねん(2000年)
13	らく(楽)	らんぼう(乱暴)	だく(抱く)
14	なら(奈良)	みられる(見られる)	なだ(灘)
15	だきます(抱きます)	だんせい(男性)	なきます(泣きます)
16	こだい(古代)	しょうだん(商談)	こない(来ない)
17	しょうじき(正直)	しょっき(食器)	そうじき(掃除機)
18	かんしょう(干渉)	いっしょう(一生)	かんそう(感想)
19	なく(泣く)	なんかん(難関)	らく(楽)
20	みない(見ない)	ひなた(日向)	みらい(未来)
21	がいしゃ(外車)	がんたん(元旦)	かいしゃ(会社)
22	ようか(8日)	こうかい(後悔)	ようが(洋画)
23	しじ(指示)	しんたい(身体)	ちじ(知事)
24	かします(貸します)	おんし(恩師)	かちます(勝ちます)
25	じかん(時間)	じんこう(人口)	ちかん(痴漢)
26	てちょう(手帳)	いちょう(胃腸)	てじょう(手錠)
27	やま(山)	かいよう(海洋)	じゃま(邪魔)
28	おります(降ります)	かお(顔)	うります(売ります)
29	よそう(予想)	きょうよう(教養)	ゆそう(輸送)
30	えき(駅)	こえ(声)	いき(息)

自己モニターを活用した 音声教育を考えるための TIPS

発音チェックリスト（チェック編）

1	☐ ぞうか／じょうか	☐ ずこう／じゅこう	☐ じょうか／ぞうか
2	☐ かんぞう／かんじょう	☐ ぼうず／ぼうじゅ	☐ かんじょう／かんぞう
3	☐ きゃく／きやく	☐ きょう／きよう	☐ きやく／きゃく
4	☐ でんき／てんき	☐ でぐち／てぐち	☐ てんき／でんき
5	☐ いてん／いでん	☐ おいて／おいで	☐ いでん／いてん
6	☐ つきです／すきです	☐ つうがく／すうがく	☐ すきです／つきです
7	☐ まつい／ますい	☐ かつ／かす	☐ ますい／まつい
8	☐ つうしん／ちゅうしん	☐ つうきん／ちゅうきん	☐ ちゅうしん／つうしん
9	☐ でんつう／でんちゅう	☐ むつう／むちゅう	☐ でんちゅう／でんつう
10	☐ ほそいです／おそいです	☐ ほんしゃ／おんしゃ	☐ おそいです／ほそいです
11	☐ きほん／きおん	☐ いほう／いおう	☐ きおん／きほん
12	☐ にせんえん／にせ(ん)ねん	☐ きんえん／きねん	☐ にせんねん／にせんえん
13	☐ らく／だく	☐ らんぼう／だんぼう	☐ だく／らく
14	☐ なら／なだ	☐ みられる／みだれる	☐ なだ／なら
15	☐ だきます／なきます	☐ だんせい／なんせい	☐ なきます／だきます
16	☐ こだい／こない	☐ しょうだん／しょうなん	☐ こない／こだい
17	☐ しょうじき／そうじき	☐ しょっき／そっき	☐ そうじき／しょうじき
18	☐ かんしょう／かんそう	☐ いっしょう／いっそう	☐ かんそう／かんしょう
19	☐ なく／らく	☐ なんかん／らんかん	☐ らく／なく
20	☐ みない／みらい	☐ ひなた／ひらた	☐ みらい／みない
21	☐ がいしゃ／かいしゃ	☐ がんたん／かんたん	☐ かいしゃ／がいしゃ
22	☐ ようか／ようが	☐ こうかい／こうがい	☐ ようが／ようか
23	☐ しじ／ちじ	☐ しんたい／ちんたい	☐ ちじ／しじ
24	☐ かします／かちます	☐ おんし／おんち	☐ かちます／かします
25	☐ じかん／ちかん	☐ じんこう／ちんこう	☐ ちかん／じかん
26	☐ てちょう／てじょう	☐ いちょう／いじょう	☐ てじょう／てちょう
27	☐ やま／じゃま	☐ かいよう／かいじょう	☐ じゃま／やま
28	☐ おります／うります	☐ かお／かう	☐ うります／おります
29	☐ よそう／ゆそう	☐ きょうよう／きょうゆう	☐ ゆそう／よそう
30	☐ えき／いき	☐ こえ／こい	☐ いき／えき

例えば、「ぞうか」を「ぞうか」と言っていたら、もちろん、○です。「じょうか」と言っていたら、×です。「ぞうか」を「じょうか」ではなくて、「そうか」「しょうか」などと間違えていたら、●を付けます。そして、その際、どう言っているように聞こえるか、学習者に直接聞くとよいでしょう。

0-3 録音したものを、発音チェックリストを用いて、教師もチェックする。

　録音したものを、学習者だけがチェックするのではなく、教師もチェックします。それを元に、授業でどの項目を扱うのか、どういう順番で扱うのかなどを考えます。また、この際、「ぞうか」→「ぞっか」など、対象となっていない間違いもチェックします。

　発音チェックの目的は、学習者がどういう発音が苦手かを知り、何をどのような順序で教えるかを考えることです。しかし、それだけなら、0-2は必要ないはずですが、これを行うことで、学習者自身がその誤りに気づくことがあります。
　また、発音について誤用の多い学習者は、自身の発音した誤っている音声を正しくないと判定する能力が低いことが多いものです。

このことから、正確に発音ができるようになるためには、まず、正確に聞くことができること、特に、自身の発音した音声を正確に判定できるようになることが必要だと考えられます。

一方、発音に誤用の多い学習者が、自身の発音した誤っている音声を誤っていると判定している項目もあります。そこで、そのように判定できる音声のほうが、聞き分けはもちろん、言い分けも簡単にできるようになる可能性が高いと考えられます。その音声を先に扱うとよいでしょう。

また、音声教育の問題点として、学習者自身が向上したかどうかが分かりにくいということがありますが、録音したものを学習者自身が後で聞くことで、向上を実感することもできるでしょう。

POINT

▶ 学習者の発音チェックをして、教える順番を考えよう。

▶ 学習者の音声を録音して、それを学習者自身に評価させてみよう。

▶ 学習者に自分の音声を聞かせて、学習の伸びを実感させよう。

TIPS! 16 活動や教材を点検してみよう
自己モニター7

> 自己モニターを活用した音声教育の実践について、手順を踏むのが難しいとよく言われます。ガニェの9教授事象を用いて、自分の授業や教材を点検してみましょう。

すでに述べたように、自己モニターを活用した音声教育では、きちんと手順を踏むことが重要です。本来、その手順は特殊で不自然なものではなく、ごく自然なものであると考えられます。しかし、自己モニターを活用した音声教育を実践している先生方の話を聞くと、実際にはそのように受け取られておらず、手順を踏むのが難しいと言われることがあります。

そこで、自己モニターを活用した音声教育活動の手順について、ガニェの9教授事象に照らし合わせて、点検してみましょう。

ガニェは、人間の学習過程を反映した形で、授業や教材を組み立て、説明の方法を工夫し、作業を課していくと、効果的な授業ができ、効果のある教材が作れると考えています[1]。その指導過程が9つの事象に分けられており、ガニェの9教授事象と呼ばれています。逆に言うと、これらの事象が踏まえられていなかったり、同じ事象が繰り返されすぎたりすると、効果的でなくなるのです。

ガニェの9教授事象は、以下の通りです。ここでは、長方形の面積の教え方を例にします[2]。

(1) 学習者の注意を喚起する:縦と横のサイズが違う2冊の漫画本を見せてどちらが大きいかと問いかける。
(2) 授業の目標を知らせる:どちらの本も長方形であることに気づかせて、長方形の面積を計算する方法が今日の課題である

ことを知らせる。
(3) 前提条件を思い出させる：長方形の相対する辺が平行で、角が直角であることを確認する。また、前の時間に習った正方形の面積の計算を思い出させる。
(4) 新しい事項を提示する：長方形の面積の公式(面積＝縦×横)を提示し、この公式をいくつかの例に適用してみせる。
(5) 学習の指針を与える：正方形の面積の公式と長方形の場合とを比較させ、どこが違うのかを考えさせる。同じ所、違う所に着目させ公式の適用を促す。
(6) 練習の機会を作る：これまでの例で使わなかった数字を用いて、縦と横の長さの違う長方形の面積をいくつか自分で計算させる。
(7) フィードバックを与える：正しい答えを板書し、答えを確認させる。間違えた児童には、誤りの種類に応じてなぜ違ったのかを指摘する。
(8) 学習の成果を評価する：簡単なテストで学習の達成度を調べて、できていない児童には手当てをすると共に次の時間の授業の参考にする。
(9) 保持と転移を高める：忘れたと思えるころにもう一度長方形の面積の出し方を確認する。また、平行四辺形や台形の面積の出し方を考えさせる。

こう見てみると、授業の組み立て方について、ごくごく当たり前のことのように思います。しかし、その当たり前のことがなかなか難しく、教師が知らない間に雑になっていて、きちんと段階を踏むことができていないということがあるのです。また、教材がきちんと段階を踏まえていないのに、それをそのまま使用してしまっていることもあるでしょう。

では、ガニェの9教授事象に照らし合わせて、自己モニターを活用した音声教育の問題点などを考えてみましょう。

(1) 学習者の注意を喚起する：「今日は、『つ』と『す』を勉強します」では、学習者の注意を喚起することにはなりません。例えば、発音チェックで、学習者が正しく発音できなかった音声を聞かせるなどすることが考えられます。ただし、それだけでは、自分ができない、あるいはできない人がいることは分かりますが、それができるようになることでどのような利点があるのかを示すことはできないので、注意を喚起するまでにはならない恐れもあります。

例えば、「日本からブラジルまで、さんじゅうにちかんかかります」という学習者の音声を聞かせます。そして、本当は「32時間」であるという種明かしをすることで、「じ」→「チ」の音声的な誤用で、誤解が生まれることを示します。また、「いすすすすんでください」という学習者の音声を聞かせます。そして、その正しい文を推測させてみて、正しく推測できないことがあることを示し、「つ」→「ス」の音声的な誤用で、意味が通じないときがあることを示します。このようにすることで、注意を喚起することができるでしょう。音声項目別でなく、発音を学ぶ意義について、みんなで話し合ってみることも、注意の喚起と言えます。しかし、すべての誤用が意味が通じないことになるわけではないので、注意の喚起とは具体的にどうすることなのか、ほかにもいろいろ考えてみましょう。

(2) 授業の目標を知らせる：Tips 5 で述べたように、従来の音声教育では、ふつう、授業中に学習者が正しく発音できなかったときに、急にそれが学習項目として取り上げられます。しかし、自己モニターを活用した音声教育では、学習項目が前もって決められており、活動の最初に学習項目となる音声を板書し、モデル音声が示されるので、これは問題ないと考えられます。

(3) 前提条件を思い出させる：例えば、「つ」と「す」の聞き分け、言い分けができることの前提条件とは何でしょうか。文型積み上げ式の教科書では、文型の提出順がだいたい決まっています。それは、

ある文型がある文型の前提条件になっていると考えられているからでしょう。音声教育でも、どの項目がどの項目の前提条件となりうるかについて、自己モニターのしやすさや独自の基準の類似性、音声的な類似性、習得順序などから検討していく必要があるでしょう。

「つ」が「ス」や「チュ」になってしまう学習者が多くいます。「ツ」は、Tips 63 でも述べているように、もともと難しい音であるため、あとに回したほうがいいと考えられます。

例えば、「つ」-「す」の言い分けができない学習者には、同じ破擦音-摩擦音である「ちゅ」-「しゅ」を発音させて内省させることもできます。また、「ぞ」-「じょ」の言い分けができない韓国語母語話者に対して、まず、同じ歯茎音-歯茎硬口蓋音の関係であり、韓国語にもある「ノ(노)」-「ニョ(뇨)」を発音させて、それらの言い分けの独自の基準を内省させる、つまり、「ぞ」-「じょ」の前に「の」-「にょ」を扱うことが考えられます。しかし、これはあくまでも音声学的に考えられる前提条件であり、実際には、自己モニターのしやすさや独自の基準の類似性など、さまざまなことが考えられます。何が前提条件なのか、まだまだこれから考えていかなければなりません。

(4) 新しい事項を提示する：「『つ』と『す』」など、その授業で扱う音声項目を提示することだと考えれば問題ありません。しかし、授業で扱う音声項目について自己モニターを活用して、聞き分け、言い分けができるようになることとすると、それらは、練習を通して試行錯誤によって学習者自身が習得していくもので、教師によって提示される形式知—文章、図表、数式などによって説明・表現できる知識—ではないので、提示すること自体が不可能です。

(5) 学習の指針を与える：学習者が聞き分け、言い分けが正しくでき、独自の基準を考えられたときは問題ないのですが、聞き分け、言い分けがうまくできなかったり、独自の基準を考えられなかった

りしたときには、教師はヒントを与えなければなりません。そのヒントの例は、74ページに載せていますが、どのようなヒントを与えるかは、教師の力量―学習者の状態を観察し、判断する能力―によるところが大きいでしょう。

(6) 練習の機会を作る：特にクラス授業の場合は、みんながある程度大丈夫だと教師が判断したところで次の活動に進みます。実際には、もっとモデル音声を聞きたい、あるいは、もうモデル音声は聞く必要がないので次の活動に進んでほしいと考える学習者がいることも考えられます。学習者が何を望んでいるかを把握するのは、教師の力量によるところが大きいでしょう。そして、それを把握したとしても、授業時間の問題で、それができないこともあるでしょう。

また、もともと、練習量が少ない音声教材も多いです。例えば、「ぞうか」－「じょうか」を聞き分ける練習で、3問中2問正解したとしても、「聞き分けができている」と断言することはできません。教材に3問しかなければ、教師が練習を増やすべきです。ほかにも、3問正解したとしても、もっとたくさん練習したい学習者はたくさんいます。練習を強いてはいけませんが、練習の機会は、学習者の身近にできるだけ多く用意しておきたいものです。

(7) フィードバックを与える：言い分け、聞き分けの正誤を学習者に示すことに関しては、従来よく見られる「問題なければ、特に教師の反応もなく、次に進む」という方法に比べ、正誤を札で示せば、フィードバックをきちんと与えていると言えます。ただし、言い分け、聞き分けの正誤でなく、独自の基準に対するフィードバックについては、なかなか難しく、「(5) 学習の指針を与える」「(8) 学習の成果を評価する」と同様に、教師の技量に大きく左右されます。ただ、これらは、自己モニターを活用した音声教育だからということではなく、日本語教育活動の中で、教師が何をどのように行えばいいかという課題の1つです。

(8) 学習の成果を評価する:「つ」と「す」の聞き分け、言い分けができるようになったら、「つ」と「す」を含んだミニマルペアである、「つきです」-「すきです」や「つうがく」-「すうがく」などの練習をします。これらの過程ですでに「学習の成果を評価する」活動が終わっていると考えられます。しかし、さらに、「ついたち」「つかいます」「つめたい」「すいようび」「すいます」「すずしい」など、「つ」と「す」が含まれ、使用頻度の高い単語で練習するとよいでしょう。この際、使用頻度の低いミニマルペアに固執する必要はありません。

(9) 保持と転移を高める:音声教育では、指導項目が授業だけで扱われるため、学習者が1人で復習しにくいことなどから、保持と転移が大きな課題です。常に自分の発音を点検することや、自分の発音の向上を実感することが重要で、それには、Tips 15 で述べたような、音声学習のポートフォリオが効果的だと考えられます。ポートフォリオとは、自身の学習の記録をまとめたものですが、音声学習の場合は、紙媒体だけでは、音声が記録できないことなどから、パソコンやスマートフォンなどを活用するとよいでしょう。

POINT

- ▶ **活動がうまくいかないときは、ガニェの9教授事象を用いて、自分の活動を点検してみよう。**
- ▶ **自分の授業での教え方だけでなく、音声教育活動や教育活動全体の根本的な問題についても考えてみよう。**

---

1 ガニェ・ウェイジャー・ゴラス・ケラー(2007)『インストラクショナルデザインの原理』北大路書房, pp.218-236.
2 鈴木克明(2002)『教材設計マニュアル―独学を支援するために―』北大路書房, p.79.

TIPS! 17 eラーニングを活用しよう
自己モニター8

> 音声教育では、eラーニングの活用も有効です。自己モニターを活用した音声教育の観点から、eラーニングについて考えてみましょう。

　eラーニング(e-learning)とは、パソコンなどの電子機器を用いた学習のことです。eラーニングの長所の1つは、機材と環境さえ整っていれば、好きなときに、好きな所で、好きなだけ学習できることです。eラーニングについて、自己モニターを活用した音声教育を行う場合で考えてみましょう。下の表は、自己モニターを活用した音声教育について、学習者1人がeラーニングを用いて学習したとき(eラーニング)と、教室で生身の人間である教師から教わって学習したとき(教室活動)を、Tips 16で触れたガニェの9教授事象を基準として比較したものです。

ガニェの9教授事象	eラーニング	教室活動
(1) 学習者の注意を喚起する。	?	?
(2) 授業の目標を知らせる。	○	○
(3) 前提条件を思い出させる。	?	?
(4) 新しい事項を提示する。	○	△
(5) 学習の指針を与える。	△ / ×	△
(6) 練習の機会を作る。	○	△
(7) フィードバックを与える。	△ / ×	△
(8) 学習の成果を評価する。	○	△
(9) 保持と転移を高める。	△	×

○ 十分効果的に行うことができる　　× 十分効果的に行うことができない
△ 十分効果的に行うことができるが、　? その方法が不明である
　そうできないおそれもある

「(1) 学習者の注意を喚起する」については、教室活動と同様に課題と言えるでしょう。ただし、Tips 15 で扱ったような録音や再生は、テープレコーダーよりも、パソコンの画面が 62 ページのようになっていて、リストの各項目をクリックすると録音が始まり、もう一度クリックすると録音が終わる、そして、もう一度押すと再生されるというようになっていれば、自分の音声を気軽に何度も録音したり、聞いたりすることができます。それによって、自分ができない音声が分かりやすく、また、自分の能力の伸びを把握しやすいでしょう。

「(2) 授業の目標を知らせる」は、教室活動と同様に、特に問題ないでしょう。

「(3) 前提条件を思い出させる」については、Tips 16 で述べたように、教室活動と同様の課題で、自己モニターのしやすさ、音声的な類似性、習得順序などから検討していく必要があるでしょう。

「(4) 新しい事項を提示する」や「(6) 練習の機会を作る」は、教室で、最大公約数的な進め方をすると、もっと聞き分けや言い分けの練習をしたい学習者がいても、それがかないません。しかし、eラーニングでは、好きなだけ練習できます。また、逆に、もうこれで切り上げたいという希望もかなえられます。

紙媒体＋CD の教材では、もともと CD の容量の制限があるので、練習量が少なすぎると考えられます。e ラーニングならば、そのような制限が厳しくありません。聞き分けに関して、1 人の音声だけを用いて練習した場合、その人の音声は聞き分けられるようになるけれども、必ずしもほかの人の音声が聞き分けられるようにはならないという研究があります[1]。確かに、自分が教師のモデル音声による英語の"r−l"や中国語の「有気音−無気音」が教室で聞き分けられるようになっても、教室外で、ほかのネイティブスピーカーの音が聞き分けられる自信はまったくありません。実際には、いろいろな人の音声、最低でも、3 人以上の音声を用いて練習するべきですが、教室では、教師 1 人の音声しか使えません。紙媒体＋CD の

市販教材でも、3人以上の音声が収録されている物はないでしょう。
　「(7) フィードバックを与える」は、聞き分けができているかどうかを学習者に示すことに関しては、教師が行うよりも確実に明示されます。言い分けについて、音声認識システムもありますが、まだ不十分でしょう。ただし、学習者が聞き分けができるようになっていたら、必ずしも音声認識システムを使う必要はありません。学習者自身が録音された音声を聞いて判断できるからです。
　しかし、独自の基準に対するフィードバックについては、学習者の独自の基準を元にしなければならないので、かなり難しいです。これは、「(8) 学習の成果を評価する」についても同様です。ただし、「(5) 学習の指針を与える」も含め、eラーニングの特徴は、学習者に対して、臨機応変に対応するというよりも、学習者が転ばないように、先回りして対策を立てるというものです。そのためには、よく使われる有効な独自の基準を閲覧できるようにする方法が考えられます。それが母語などで書かれていたら、初級学習者にも活用できます。しかし、それでは、他人の独自の基準を正解だと思ってしまうかもしれないので、それらを元に、独自の基準の観点を以下のように箇条書きにして、学習者に考えさせる方法が必要です。

・舌のどこが、どこに付きますか。
・どこかに力が入りますか。
・どちらが強い音ですか。
・唇はどうなっていますか。
・母語の音に近い音はありますか。
・自分の知っている外国語の音に近い音はありますか。

　これは、eラーニングだけでなく、教室活動にも役立つでしょう。
　「(9) 保持と転移を高める」については、少なくとも、学習者自身でこれを進めることができます。それを支援するために、ときどき、「今週中に、『つ』と『す』の復習をしてください」などとパソコン

やスマートフォンに出てくるシステムを作ることも可能でしょう。

　いいeラーニング教材ができたら、教師は要らないんじゃないかと考えられたころもあったようですが、実際にはそうはならないようです。自己モニターを活用した音声教育でも、生身の教師による活動とeラーニングとをどのように有機的に結び付けるかを考えなければなりません。これは、生身の教師による活動をeラーニングに結び付けることと、eラーニングを生身の教師による活動に結び付けることの2つがあります。

　2つ以上の教え方を結び付けることは、ブレンディッド・ラーニングと呼ばれています。自己モニターを活用した音声教育も、ブレンディッド・ラーニングが重要です。

　いきなり、eラーニングだけだと、どうやって自己モニターをしたらいいのか分からない学習者は多いでしょう。他人の独自の基準を誹謗中傷することもあり得ます。それを防ぐには、教室で、自己モニターを活用した音声教育を受けることが重要です。また、従来の音声教育では、例えば、その学習者の発音に問題点が10個あれば、10個すべてを教えなければならないと考えられていましたが、自己モニターを活用した音声教育では、例えば教室で3個扱うことで、教材さえあれば、後は自分で学習できるはずです。

　62ページにある語について日本語母語話者4名が発音した音声を聞き分ける練習ができるような、ユーザーフレンドリーに対応したアプリを、現在開発中です。

　市販のものとしては、日本語母語話者が、外国語、特に英語の発音を学習するためのソフトは非常にたくさんあります。しかし、日本語の発音学習用のソフトはまだあまりありません。

　「AmiVoice® CALL Web-Japanese-」（アドバンスト・メディア社）は音声認識技術を活用した日本語学習ソフトです。発音チェックなどをしてくれます。また、「デジタル日本語会話™」（アドバンスト・メディア社）は、iPhoneのアプリケーションで、同じく発音チェックなどをしてくれます。

ほかに、音声分析ソフトを用いることもできます。主なフリーソフトでは、「音声録聞見」[2]、「Speech Analyzer」[3]、「Praat」[4]、「WaveSurfer」[5]、「Audacity」[6]などがあります。これらは発音チェックはしてくれませんが、学習者の発音とモデル音声の発音の違い、特に、アクセントなどの高さや長音の有無などの長さを学習者に視覚的に示すのに役立ちます。また、音声編集や合成ができるものについては、教師などのモデル音声よりも、学習者自身の声で正しいアクセントにしたものをモデル音声とすることで、より正しいアクセントで繰り返すことができることがあります。

　Tips 3でも述べたように、音声教育における問題として、学習者が自身の向上がなかなか実感できないということがあります。それを避ける方法の1つとして、自分の音声を授業前と授業後や、コース前とコース後など、時間を空けて録音し、それを聞き比べるという方法が考えられます。そのためには、ICレコーダーを使う方法もあります[7]が、今でしたら、スマートフォンのアプリケーションを活用してもよいでしょう。

POINT

- ▶ eラーニングの利点について考えてみよう。
- ▶ eラーニングと生身の人間のそれぞれの長所、短所を考えて、教師は何をしたらいいのかを考えてみよう。

1　山田恒夫・ATR人間情報科学研究所(2005)『英語リスニング科学的上達法』講談社、pp.62-63.
2　今石元久「Imaishi Office: 音声録聞見」
　　http://ww7.enjoy.ne.jp/~imaishi15/rokubunnken.html
3　SIL International「Speech Analyzer」
　　http://www.sil.org/resources/software_fonts/speech-analyzer
4　Paul Boersma and David Weenink「Praat: doing phonetics by computer」
　　http://www.fon.hum.uva.nl/praat/
5　KTH「WaveSurfer」　http://www.speech.kth.se/software/
6　GNU「Audacity」　http://audacity.sourceforge.net/
7　山田智久(2012)『ICTの活用』くろしお出版、p.132.

Chapter 3

プロソディーの教育を考えるための TIPS

TIPS! 18 プロソディーグラフの効果について考えよう

> 音声指導の中で、プロソディーは大切なものです。プロソディーとは何か、また、それを示したプロソディーグラフにはどのような利点があるのか考えてみましょう。

　個々の音とは、日本語学習者の誤用で言えば、「ツ」と「チュ」、「タ」と「ダ」、「オ」と「ウ」の違いなどのことです。プロソディーとは、アクセントやイントネーション、ポーズなど、高さ、長さ、大きさに関することです。

　河野俊之・串田真知子・築地伸美・松崎寛『1日10分の発音練習』(くろしお出版)という教材がありますが、その中で、フランス語の教材などを参考にして、高さを表す曲線を音節ごとに区切って、高さ、長さを表すプロソディーグラフが用いられています[1]。次の3つのうち、プロソディーグラフは、どれにあたるでしょうか。

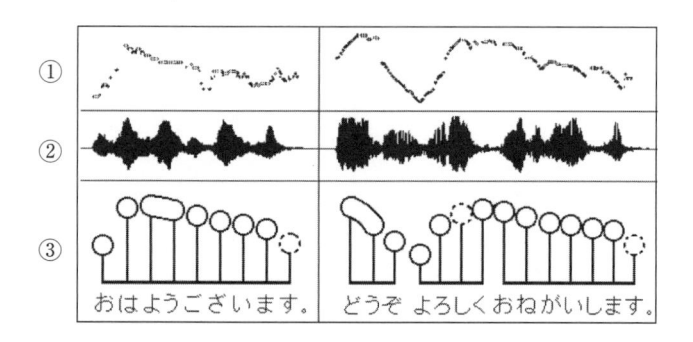

　①は音の高さの変化を機械で物理的に測って表したもので、ピッチ曲線やF0曲線と言われるものです。
　②は音声波形と言われるもので、音声が発せられることで、空気

がどのように振動するかを表します。

③がプロソディーグラフです。

このプロソディーグラフが音声教育に効果があるかどうかを測定した研究があります[2]。手順は以下の通りです。

(1) 音声指導前に、中国人日本語学習者20名に、漢字、ひらがな、カタカナや「。」「?」だけの白文を見せて言わせ、録音した。
(2) 20名を10名ずつに分け、1日2時間、2日間で計4時間、同じ音声指導を行ったが、片方はアクセント核や文末イントネーションを表す記号を用いた核表示方式、もう片方は、プロソディーグラフを用いた方式で指導を行った。

白文	核表示方式	プロソディーグラフ
牛乳パック?	ぎゅうにゅうパック ↗	ぎゅうにゅうパック?
わざわざ すみません。	わ⌐ざわざすみませ⌐ん ➡	わざわざすみません

(3) 1週間後、それぞれの方式を見せて発音させたものを録音した。
(4) 音声指導前後の録音で得られた音声のうち、それぞれ学習者5名分の音声をランダムに並べて、「日本語としてどれぐらい自然か」を日本語教師24名に5段階で評価させた。

評価の結果が次ページのグラフです。横軸は指導前に録音したものの評価、縦軸は指導後に録音したものの評価です。斜線は指導前の評価の点を繋げたもので、斜線より上に点があるものは、指導後に評価が高くなったことを意味します。例えば、矢印の音は、指導

前に録音した音声の評価は約2.3でした。しかし、指導後に録音した音声の評価は約3.0です。つまり、学習者の発音がよくなったということです。

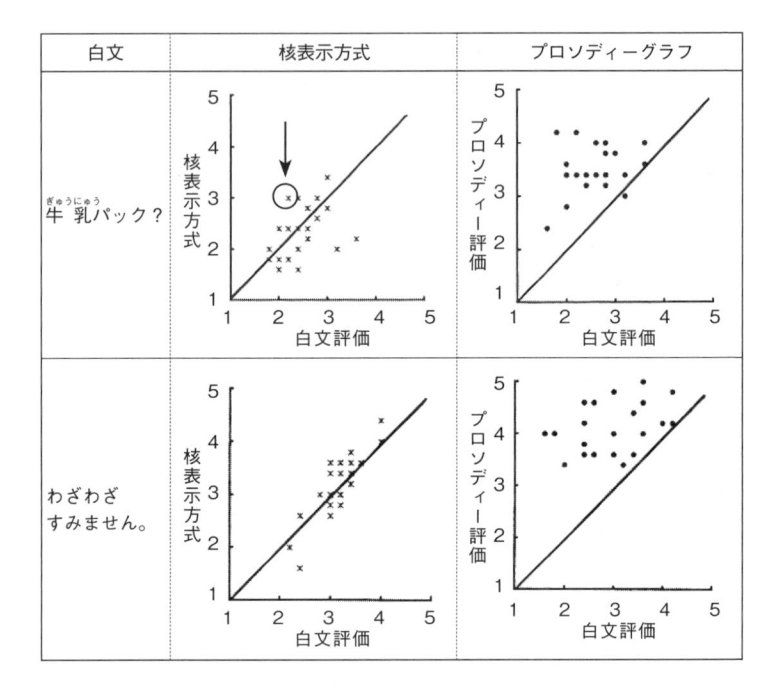

白文	核表示方式	プロソディーグラフ
牛乳パック？		
わざわざすみません。		

　これを見ると、プロソディーグラフのほうが、核表示方式よりも、評価が高いことが分かります。アクセントやイントネーションを表記した日本語教科書は少ないですが、表記してあっても、そのほとんどが、核表示方式やそれに類似したものです。しかし、上の研究結果から分かるように、核表示方式よりもプロソディーグラフを用いたほうが効果があるようです。特に、「わざわざすみません。」については、プロソディーグラフを用いた指導はかなり効果があったようです。なぜでしょうか。

　それは、プロソディーグラフが視覚に訴えて分かりやすいからだ

と考えられます。例えば、「わざわざすみません。」は狭い意味での発音がいいだけでは評価が高くはありません。聞き手をねぎらうには、申し訳なさそうに言わなければなりません。そのためには、棒読みと比べて高く明るく言ったり、低く遠慮がちに言ったりするでしょう。また、スピードは遅くなるでしょう。しかし、これを核表示方式で示すことはなかなか難しいものです。例えば、

わ⌐ざわざすみませ⌐ん。(ゆっくり)

と示しても、具体的にどの程度ゆっくりであるかは分かりません。

一方、プロソディーグラフでは、高さについては、○の位置を高くしたり低くしたりする、つまり、○の下の縦棒の長さを長くしたり短くしたりすることで、高いことや低いことを示すことができます。また、長さについては、○と○の間を空ける、つまり、○の下の棒の間隔を空けたり、長い◯をさらに長くしたりすることで、スピードが遅いことや音が長いことを示すことができます。

Tips 19 以降、Chapter 3 では、先に挙げた『1日10分の発音練習』の構成を元に、プロソディーの指導法について考えていきます。参考図書に該当の練習ページを挙げていますので、本書を手に入れられる方は、照らし合わせてみてください。

POINT

▶ プロソディーグラフは、視覚に訴えることによって、音声教育に効果的であることを理解しよう。
▶ プロソディーグラフは、高さ、長さ、速さといったプロソディーを自由に示すことができることを理解しよう。

1　河野俊之・串田真知子・築地伸美・松崎寛(2004)『1日10分の発音練習』くろしお出版.
2　串田真知子・城生佰太郎・築地伸美・松崎寛・劉銘傑(1995)「自然な日本語音声への効果的なアプローチ：プロソディーグラフ－中国人学習者のための音声教育教材の開発－」『日本語教育』86、日本語教育学会、pp.39-51.

TIPS! 19 プロソディーグラフの描き方と使い方について考えよう

> プロソディーグラフが音声教育に効果的なことは分かりました。しかし、それを見せながらモデル音声をリピートさせるだけでいいのか、考えてみましょう。

　教師がプロソディーグラフを描くことで、学習者がプロソディーを正しく言うのに役立ちます。また、学習者の発音とモデル発音の両方をプロソディーグラフで示せば、分かりやすいでしょう。

　プロソディーグラフの描き方を「単語レベル」と「文レベル」に分けて見てみましょう。

　まず、単語レベルのプロソディーグラフの描き方は以下のようになります。なお、ここでは、「一昨年(おととし)」「高校(こうこう)」を例にします。

(1) 語をひらがな・カタカナで書きます。
(2) ひらがな・カタカナの上に横線を引きます。
(3) 等間隔に拍数分の縦線を描きます。
(4) アクセントの高さに合わせて円を描きます。同じ高さの拍は緩やかに下げ、アクセントの下がり目は段差を付けます。

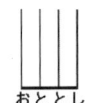

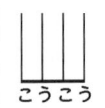

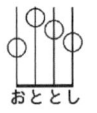

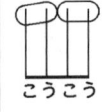

　「ー」「ン」「ッ」を含む音節は長い円⬭、そのほかはふつうの円○、母音が無声化した箇所は点線の円を描きます。なお、2拍目が「ー」「ン」「ッ」でそれが高い拍の場合は、1拍目と2拍目はほぼ同じ高さにします。

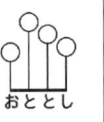

(5) 余分な線を消して、完成です。

プロソディーの教育を考えるためのTIPS

次に、文レベルのプロソディーグラフの描き方を説明します。ここでは、「あそこに郭さんがいます。」を例にします。なお、「あそこに郭さんがいます。」は「あそこに」でヤマ(Tips 20 参照)1つ、「郭さんがいます」でヤマ1つの、合計ヤマ2つの文です。

(1) 文をひらがな・カタカナで書きます。このとき、基本的に、分かち書きをしません。学習者が分かち書きを見て、ポーズを入れるべきだと考えるのを避けるためです。 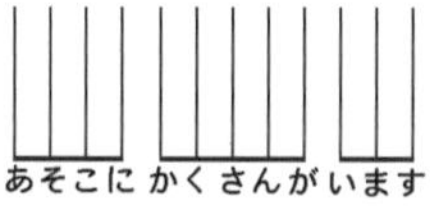
(2) 文節の切れ目を残して横線を引きます。
(3) 等間隔に拍数分の縦線を描きます。 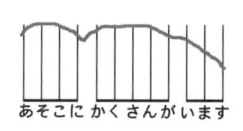
(4) ヤマの数を考え、円の配置を決めて薄く線を引きます。
　　ヤマは句頭の上昇から徐々にゆるやかに下がるようにします。アクセントの下がり目は特に段差を付けます。 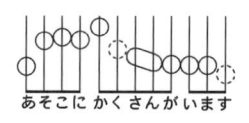
(5) 「ー」「ン」「ッ」を含む音節は長い円、そのほかはふつうの円、母音が無声化した箇所は点線の円を描きます。 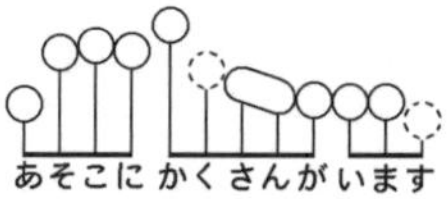
(6) 余分な線を消して、完成です。

学習者はもちろん、教師にとっても、プロソディーグラフを自分で自由に描くのは難しいと言われることがありますが、少なくとも、単語レベルでは決して難しくありません。

また、文レベルでは、必ずしもプロソディーグラフを使用する必要はなく、ヤマだけを示すこともできます。

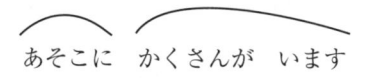

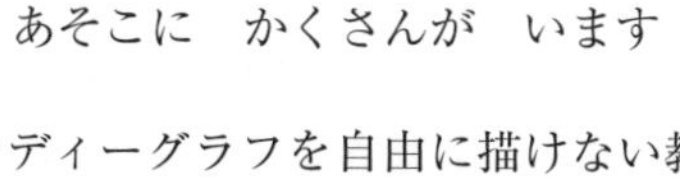

あそこに　かくさんが　います

これは、プロソディーグラフを自由に描けない教師のための苦肉の策のようですが、決してそうではありません。プロソディーグラ

フを示すことで、学習者はプロソディーグラフの全部に注目してしまうことがあります。その中には、ヤマとは直接関係ないものもあります。それに比べて、ヤマだけを示す方法は、ヤマにのみ集中させることができるという長所があります。

一方、プロソディーグラフが視覚に訴えることによって音声教育に効果的であるということで、クラスで使っている教科書の文にプロソディーグラフが付いていたら便利なのに、と考える教師もいるようです。しかし、これについて、2つの理由で賛成できません。

1つは、かなり現実的な理由です。日本語の教科書は、ふつう、イラスト等を除くと、漢字や仮名のみで書かれています。それにプロソディーグラフを付けるとかなりスペースを取り、今の教科書の3倍ぐらいの厚さになってしまうでしょう。

そして、もう1つの理由は、音声教育の目標に関することです。例えば、日本語学習者に、教科書に載っている「日本語の学校へ行こうと思ってるんです。」という文を発話させたとします。それが不自然だったので、モデル音声を与えてもう一度繰り返させたけれども、やはり、あまり変化がなかったので、プロソディーグラフを見せながら繰り返させることで、自然な発音で繰り返すことができるようになったとしたら、そこで、音声教育は成功したと考えるのがふつうです。

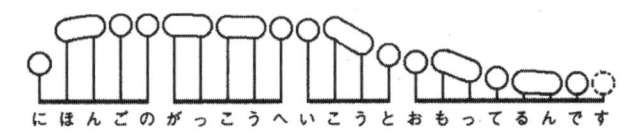

にほんごのがっこうへいこうとおもってるんです

しかし、これが本当に音声教育の目標を達成できたと言えるのでしょうか。ここで、文法教育のことを考えてみましょう。

例えば、学習者が、「書きてください」と言ったとします。それに対して、教師はどうするでしょうか。いろいろな方法がありますが、「書いて!」と言えば、学習者は「書いてください」と言い直すでしょう。その学習者が今度は「置きてください」と言ったらどう

でしょうか。同様に、「違います！ 置いて!」と言えば、学習者は「置いてください」と言うでしょう。しかし、これでは、文法教育の目標を達成できたとは言えないのではないでしょうか。

"「書く」「置く」のような辞書形が「く」で終わる動詞、あるいは、「書きます」「置きます」のようなマス形が「き」で終わる五段動詞は、テ形が、「いて」になる"ということを、理解させる必要があります。

文法的なルールを理解させなければならないのは、教科書に載っている文や教師が提示した文だけでなく、学習者が考えた内容であっても、文法的なルールに則った文が作れるようになるためです。

一方、音声教育はどうでしょうか。自然な発音で繰り返すことができるようになったことで、音声教育の目標に達したと考えるのがふつうです。しかし、「4月から何をしようと思っていますか。」という質問に対して、本当に「日本語の学校へ行こうと思ってるんです。」と答える学習者はどのぐらいいるでしょうか。日本語学習の本来の目標は、教科書通りの文だけではなく、「大学で経済を勉強しようと思っています。」など、自分で考えた文を自然な発音で言えるようになることでしょう。そう考えると、「日本語の学校へ行こうと思ってるんです。」が自然な発音で言えることが音声教育の目標とは言えません。プロソディーグラフを示して、自然な発音で言えることは、最終目標ではありません。特に入門期においては、プロソディーグラフは大変有効ですが、音声教育の最終目標を考えたときに、そればかりに頼ってはならないことを心に留めておきましょう。

POINT

▶ **プロソディーグラフの描き方は必ずしも難しくないので、描けるようになろう。**

▶ **音声教育の最終目標は、自分で考えた文を自然な発音で言えるようになることである。**

TIPS! 20 ヤマの重要性を理解しよう
ヤマ０

> プロソディーを教えるときに大切なことの１つは、ヤマを意識することです。ヤマとは何か、また、なぜヤマを教えなければならないのかについて考えてみましょう。

　プロソディーとは、アクセント、イントネーション、ポーズなどを指すことは先に述べましたが、中でもヤマを意識することは非常に大切です。ヤマとは、アクセントより大きな「音調のひとかたまり」で、詳しく言うと「句頭のピッチ上昇から次の立て直しに至るまで」のことです。Tips 18（78ページ）のプロソディーグラフを見ると、「おはようございます。」は「おは」で上昇し、その後、徐々に下降し、「ま」の後で大きく下降しているので、ヤマ１つです。「どうぞよろしくおねがいします。」は「どうぞ」で下降した後、「よろしく」で再び上昇している、つまり、次の立て直しが起こり、その後、徐々に下降しているので、ヤマ２つです。

　どういう文をどういうヤマで発音するかは決まっていて、それに反する発音は違和感を持たれたり、分かりにくかったりします。つまり、ヤマにはルールがあるのです。例えば、上の「どうぞよろしくおねがいします。」をヤマ３つで、すなわち、「おねがいします」も強調したような言い方は、日本語母語話者には大きな違和感を持たれ、日本語らしさの評価が非常に低くなります。日本語らしさだけでなく、「誠実さに欠ける」という評価が下されるかもしれません。以下の会話を、声を出して読んでみてください。（『みんなの日本語初級Ⅰ　第２版』（スリーエーネットワーク）第５課・練習Ｃより）

A1：先週　東京へ　行きました。これ、お土産です。どうぞ。

B1：ありがとう　ございます。一人で　行きましたか。
A2：いいえ、友達と　行きました。
B2：何で　行きましたか。
A3：バスで　行きました。

「何で　行きましたか。」のヤマは、以下の２つが考えられます。

(1) 何で　行きましたか。　　(2) 何で　行きましたか。

これらを、これからは下のように示します。なお、文末の「か」の上昇はイントネーションなので、ヤマには含めません。

(1) ▲何で　行きましたか。　　(2) ▲何で　▲行きましたか。

このうち、(2)のヤマで言うのは大変不自然で、意図と違い、怒っていると思われるかもしれません。上の会話は、以下のヤマになります。

A1：▲先週　▲東京へ　行きました。▲これ、▲お土産です。
　　▲どうぞ。
B1：▲ありがとう　ございます。▲一人で　行きましたか。
A2：▲いいえ、▲友達と　行きました。
B2：▲何で　行きましたか。
A3：▲バスで　行きました。

Tips 19 で述べたように、プロソディーグラフを見せることで、より正しくリピートできたとしても、それでは、音声教育の最終目標に到達したとは言えません。ヤマの場合は、自分で考えた文を言うときでも、ルールに基づいて正しいヤマで言えるようになること

が大きな目標です。しかし、ヤマのルールを身に付けることは、すぐにできることではありません。例えば、以下のような順番で、段階的にヤマのルールを身に付けることが必要です。

聞く練習 （→ Tips 21 参照）
　「おはようございます。」「どこへ行きますか。」など
あいさつ （→ Tips 22 参照）
　「おはようございます。」「どうぞよろしくお願いします。」など
文頭の疑問詞 （→ Tips 23 参照）
　「どこへ行きますか。」「カナダへ行きます。」
文中の疑問詞 （→ Tips 23 参照）
　「カナダのどこですか。」「カナダのバンクーバーです。」など
動詞文 （→ Tips 23 参照）
　「東京へ行きます。」など
限定修飾 （→ Tips 23 参照）
　「青いネクタイです。」「郭さんのネクタイです。」など
長い動詞文 （→ Tips 24 参照）
　「きのう、パーティーで先生に会いました。」など
強調 （→ Tips 25 参照）
　「5時35分です。あ、いや、5時45分です。」など

では、Tips 21 からそれぞれのヤマの教え方を見ていきましょう。

POINT

- **ヤマとは、アクセントより大きな「音調のひとかたまり」である。**
- **ヤマにはルールがあり、ヤマが不正確であると、日本語らしさが低くなるだけでなく、分かりにくくなる。**

TIPS! 21 ヤマを聞く練習をしてみよう
ヤマ1

> 段階的にヤマを学ぶ方法として、まずは、ヤマを聞く練習が必要です。具体的に何をすればいいのか、どんなことに気を付ければいいのかなどについて考えましょう。

　ヤマについて段階的に学ぶ際に、発音はせず、まずは聞くだけの練習が必要です。これは、ヤマに限らず、ほかに、イントネーション、アクセント、長い音・短い音といった日本語の音声がどういうものであるかを知り、言えるようになるために、まずは、聞けるようになることが重要だからです。

　まず、ヤマ1つと2つを聞き分ける練習をしましょう[1]。

　最初に、ヤマ1つ、ヤマ2つの例を聞かせます。プロソディーグラフを見せ、実際に音声を聞かせながら、文節の数とヤマの数は必ずしも一致しないことを理解させます。また、「何時に銀行へ行きますか？」などは、文の最後で上がるけれども、それをヤマとして数えないことを説明します。

　また、この段階の練習では、発音はせず聞くだけなのですが、学習者は、音声をリピートしたくなるものです。それを妨げる必要はありませんが、教師がモデル音声を提示して、わざわざリピートする時間を取ったりする必要はありません。聞く練習に集中するようにしましょう。

A　ヤマ1つの例　　　　　　B　ヤマ2つの例

おはようございます　　　　どうぞ よろしく おねがいします

メアリー・スミスさんです　　キム・ジョンスク さんです

たかはしかおりです　　　　たかはしかおりです

さとうさんにあいます　　　さとうさんにあいますか

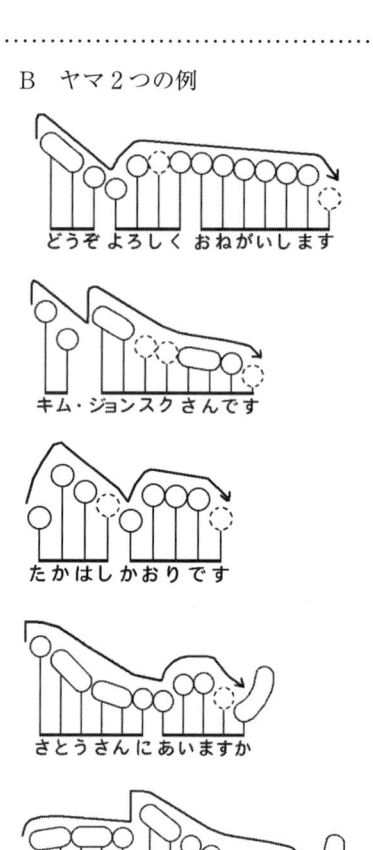

なんじに ぎんこうへ いきますか　　ぎんこうへ なんじに いきますか

　その後、ヤマが1つ、または2つある文の音声を聞かせ、ヤマが1つか2つかを答える練習をします。教師は、いろいろな文を聞かせて練習するよりも、例えば、「郭さんのネクタイです。（ヤマ1つ）」を学習者がヤマ2つだと誤ったときに、ヤマ1つとヤマ2つの「郭さんのネクタイです。」を教師が発音して聞かせ、違いを理解させたり、どちらかを発音して聞かせ、どちらであるかを判断させる練習をするとよいでしょう。この練習を行うためには、教師は、

ヤマの数を自由に操って言える能力が必要とされます。

また、ヤマを示す際は、右のようにするとよいでしょう。これはヤマ1つのときの身振りですが、ヤマ2つの文では、2つのヤマを学習者から見て左から右に示します。横書きの日本語は左から右に書くので、教師から見て左から右に示すのではなく、学習者から見て左から右に示すようにします。また、私は、ヤマを示すのに、常に左手を使用するようにしています。学習者の目線から考えたものです。教師が手でヤマを示すと、学習者もそれの真似をすることがよくあります。その際、学習者はふつう、右手を使用します。そのため、学習者に対峙する教師が左手を使用したほうが、学習者は右手で真似をしやすいのです。また、特に、文が長いときには、教師が左手を使い、同時に体も左、つまり、学習者からは右に体を動かすことで、より大きな動きを見せることができます。

POINT

- ▶ ヤマを言う練習の前に、聞く練習を入れ、発音せずに、聞くことに集中させよう。
- ▶ ただ聞くだけでなく、動作を入れて、それを見せたり、それの真似をさせたりしてみよう。

---

1 河野俊之・串田真知子・築地伸美・松崎寛(2004)『1日10分の発音練習』くろしお出版、p.2.

TIPS! 22 ヤマを言う練習をしてみよう
ヤマ2

> ヤマのルールを知っていても、実際に正しく言えるとは限りません。まずはヤマを正しく言う能力が必要ですが、何をどのように指導したらいいのか考えてみましょう。

　ヤマを言う練習をするには、「あいさつ」から始めると効果的です。「あいさつなんて、うちの学習者は中級で、すでにできるから、必要ない」という教師の声もよく聞きます。しかし、この段階の目的は、あいさつが言えるようになることではなく、さまざまな文を、目標とするヤマ、アクセントで発音できるようになることです。

　もちろん、あいさつのヤマについてもルールがないわけではありませんが、「わたしは9時から5時まで働きます。」「サントスさんは学生ではありません。」のように、文型が意識されやすい文では、どうしても、文型とヤマの関係というルールを意識してしまい、正しく発音することに集中できない恐れがあります。つまり、ヤマなどのルールを考えることと、正しく発音する練習をすることの2つを同時に行うことになり、学習者にとってかなりの負担になります。そこで、2つのことを同時に行うのは、次の段階とし、まずは、ルールを考えず、モデル音声に合わせて、正しく発音することだけに集中できるようにします。文型ではなく、あいさつを扱うことで、例えば、「『よろしくお願いします。』はヤマ1つで発音しよう」とのみ考え、文型とヤマの関係というルールは考えず、正しいヤマで発音することだけに集中できます。特に、「どうぞよろしく。」はヤマ1つでも2つでも少しニュアンスが違うだけで、違和感がありません。そこで、言う練習に集中できます。また、同じ文をヤマ1つと2つで言い分ける練習にもなります。

どうぞよろしく　　　　　　どうぞ　よろしく

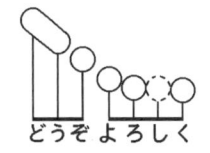

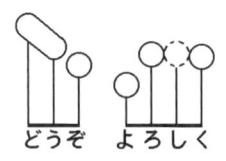

　この段階では、ヤマ1つとヤマ2つの練習しかできませんが、学習者は、ヤマの数を必要以上に多く発音してしまう傾向があります。つまり、例えば、ヤマ1つの「よろしくお願いします。」も、「お願いします」を強調したようなヤマ2つで発音してしまうことがあります。そこで、ヤマの数を多くしすぎないようにする練習が重要になります。例えば、「よろしくお願いします。」のようなヤマ1つの文を、右のように、教師が指で丸を描いている間に発音する練習をするといいでしょう[1]。

　しかし、特に初級学習者の場合、いきなり自然な速さで発音するのは難しいものです。そのようなときは、最初は多少ゆっくり発音することになります。そしてその後、徐々に自然な速さで発音することが必要です。そこで、教師は、最初はゆっくり大きな丸を描き、徐々に、小さく速く丸を描くようにします。このほうが、丸の大きさをそのままにして、丸を描く速さだけを変える方法よりも学習者にとって分かりやすいようです。

　また、丸を描く身振りは、基本的にヤマ1つの文にしか使えません。ヤマ2つの文を言う練習をするときに、丸を2回描くということもあり得るのですが、実際にやってみると、なかなかうまくいきません。その理由として、2つのヤマの拍数が大きく異なる場合、描く丸の大きさを操作しなければならず、その調整が難しいからです。そこで、ヤマ2つ以上の場

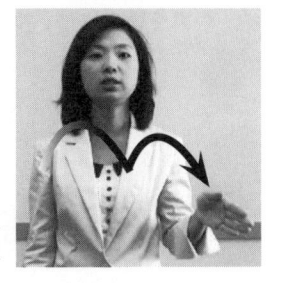

合は、Tips 21(91ページ)でもすでに出ている身振りを使用します。ヤマ2つなら、前ページのように、ヤマを2つ作るといいでしょう。

　また、実際に言う練習をさせると、ヤマは正しいがアクセントは誤っているということがあります。そのようなときにどうしたらいいかという質問をよく受けるのですが、私がどうしているかを示したいと思います。

　まず、「ヤマはいいです」と学習者に言います。次に、「でも、アクセントはだめです。『どういたしま￢して。』は違います。『ど￢ういたしま￢して。』です」と言って、2つの文を音の高さに合わせて示します。「ど￢ういたしま￢して。」は、「ど」から「う」に大きな下がり目があるので、それに合わせて、左手も大きく下げます。アクセントの問題を特に示したいときは、141ページにあるような動作を示すのもいいでしょう。

　しかし、どうしてもアクセントができないときは、深追いせず、「また勉強しましょう」と言って終了させます。アクセントはヤマに比べて細かい高低があるため、学習者にとってなかなか難しいものなので、アクセントの体系的な指導は、ヤマのあとに行ったほうがいいようです。

POINT

▶ ヤマを言う練習の最初は、ヤマのルールも考えながらではなく、まずは正しく言うことだけに集中できるようにしよう。

▶ ヤマ1つの文は、丸を描いている間に発音する練習をし、その丸を徐々に小さくしよう。

1　川口義一・横溝紳一郎(2005)『成長する教師のための日本語教育ガイドブック　下巻』ひつじ書房, pp.12-14.

TIPS! 23 短い文のヤマのルールを身に付けさせよう ヤマ3

> ヤマを正しく言うには、ヤマのルールを身に付けなければなりません。そのために、何をどのような順番で、どのように教えたらいいのか考えてみましょう。

 ヤマの最も基本的なルールは重要な部分にヤマができるということです。しかし、日本語で「重要な部分にヤマができる」と説明しても、初級学習者には日本語が難しくて理解できません。また、媒介語を使ったり、学習者が日本語を理解できる場合でも、「『カナダへ行きます。』では、『カナダへ』も『行きます』もどちらも重要なはずだ」のように、「重要」とはどういうことか分かりにくいものです。一方、「どこへ行きますか。」の文では、「どこへ」という疑問詞が重要であることは誰にも明らかで、媒介語や日本語を用いて説明する必要はありません。そこで、ヤマのルールを教える際には、初めに「どこ」「だれ」「なん(なに)」「いつ」といった疑問詞を含む質問文を扱うと分かりやすいです[1]。また、疑問詞を含む質問文とその答えは必ずペアにして、2つの文のヤマは同じ、つまりヤマが1つであるということを理解させます。

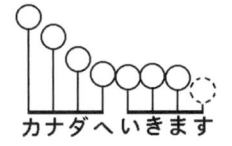

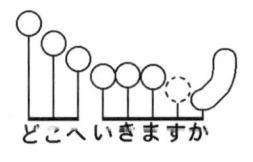

 また、例えば、「どこへ行きますか。」であれば、それに対する答えとして、「カナダへ行きます。」だけでなく、学習者自身に考えさせて「京都へ行きます。」「コンビニへ行きます。」と言わせることもできます。また、「どこへ行きますか。」から、「どこで食べますか。」「どこから来ましたか。」のような、「どこ」が文頭にある質問

文を各学習者に考えさせて言わせたり、また、学習者をペアにし、1人が「どこで食べますか。」と言うのを聞いて、「レストランで食べます。」と答えるような練習をすることによって、ヤマのルールの定着を確認することができます。また、ふだん使っている教科書で勉強した単語を思い出したりすることで、ヤマの学習とふだん使っている教科書の学習がリンクし、ふだん使っている教科書で学習しているときでも、ヤマを意識する習慣が付くことが期待できます。

　このように、ヤマのルールに基づいて、いろいろな文を学習者が考えて言う練習を、できる限り取り入れましょう。

　疑問詞が文頭にある文を扱った後は、疑問詞が文中にある文を扱います。これによって、疑問詞、すなわち、重要な部分で新しいヤマができることと、質問とその答えとで、同じヤマになることを学ぶことができます。これについても、学習者にヤマのルールを特に説明する必要はありません。

　なお、答えの一部に省略があって、ヤマの数が少なくなることもあります。

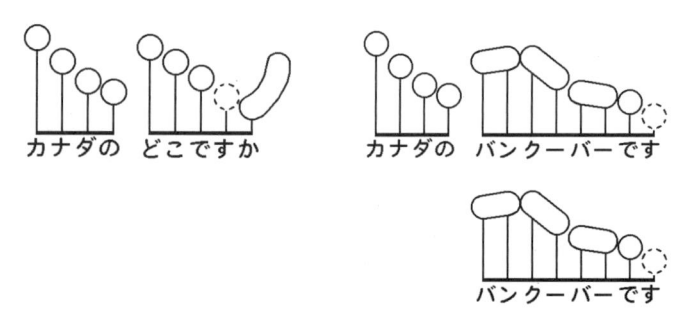

カナダの　どこですか　　カナダの　バンクーバーです

バンクーバーです

　次の段階では、「行きます／行きました／行きましょう」のような動詞の前に、「東京へ」「バスで」「友達と」のような、その動詞に関係する文節が1つあっても、ヤマ1つになるというルールを教えます。これは、ルールを覚え込ませるしかないように思われがちですが、疑問詞を含んだ質問文とペアにすると非常に分かりやす

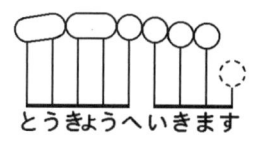

くなります。例えば、「東京へ行きます。」に対応する疑問詞質問文は、95ページで説明したように、すでに習った「どこへ行きますか。」です。「動詞の前に文節が1つあってもヤマ1つになる」というルールを学習者に説明し、それを覚え込ませなくても、疑問詞のある文のルールを思い出すだけでよく、学習者にはすんなり頭に入っていくのです。

そこで、「東京へ行きます。」の練習の前に、それに対応する、疑問詞質問文は何であるかを学習者に聞いて、「どこへ行きますか。」を引き出し、それがヤマ1つになることと、その答えもヤマ1つであることを思い出させます[2]。

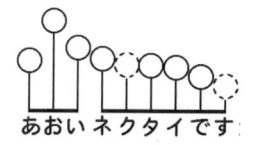

また、右のプロソディーグラフのように、名詞の前に、それを修飾する文節がついて、ヤマ1つとなるものも、疑問詞を含んだ質問文とペアにすると分かりやすくなります。「青いネクタイです。」「郭さんのネクタイです。」に対応する疑問詞を含んだ質問文は、それぞれ「どんなネクタイですか。」「だれのネクタイですか。」です。それに対応する疑問詞質問文を考えさせれば、ルールを教え込む必要はありません[3]。

POINT

- ▶ ルールを教え込むのではなく、学習者の頭に自然に入っていくように指導しよう。
- ▶ 短い文のヤマのルールを習得させるためには、疑問詞を含む質問文とその答えの文を使って考えさせよう。

---

1 河野俊之・串田真知子・築地伸美・松崎寛(2004)『1日10分の発音練習』くろしお出版、pp.26-29.
2 同、pp.46-47.
3 同、pp.58-59.

TIPS! 24 長い文のヤマのルールを身に付けさせよう　ヤマ4

> 短い文のヤマが言えるようになったら、もう少し長い文の練習もします。より長い文のヤマのルールを身に付けさせるには、どのように教えたらいいのでしょうか。

　Tips 23で述べたように、「先生に会いました。」は、動詞の前に、文節が1つあるので、ヤマ1つです。さらにその前に文節が1つある「パーティーで先生に会いました。」はヤマが1つ増え、さらにその前に文節が1つある「きのう、パーティーで先生に会いました。」はヤマがさらに1つ増えます。

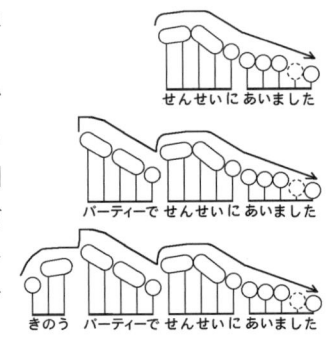

　ここまでのルールをきちんと理解していると、「先週の日曜日、私は加藤さんと新幹線で京都へ行きました。」がヤマ5つ、「きのうの夜、スミスさんの友達とレストランで晩ご飯を食べました。」がヤマ4つであることも分かります[1]。

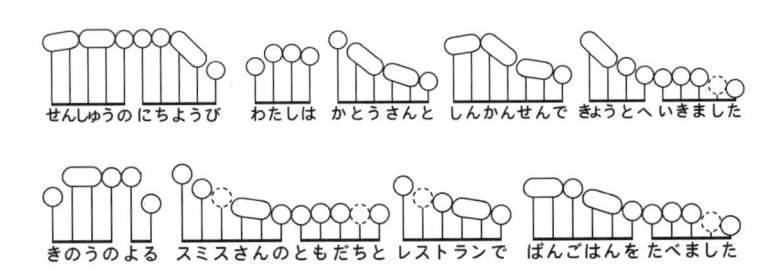

これらがヤマいくつであるかは、文が長いため、音声を聞いただけでは日本語母語話者でも難しいものですが、ルールを知ることで、たとえ音声を聞かなくても分かるようになります。つまり、ヤマのルールを身に付けているので、耳だけでなく、言わば、頭でも聞くことができ、学習が進めば進むほど、簡単になるのです。

ヤマのルールを導入した後、プロソディーグラフを見て言う練習だけではなく、下のような、文字のみの文を見て、ヤマがどのようになるかを考える練習を行うことによって、ヤマのルールの定着が確認できます。

<ruby>先<rt>せん</rt></ruby><ruby>週<rt>しゅう</rt></ruby>の<ruby>日<rt>にち</rt></ruby><ruby>曜<rt>よう</rt></ruby><ruby>日<rt>び</rt></ruby>、<ruby>私<rt>わたし</rt></ruby>は<ruby>加<rt>か</rt></ruby><ruby>藤<rt>とう</rt></ruby>さんと<ruby>新<rt>しん</rt></ruby><ruby>幹<rt>かん</rt></ruby><ruby>線<rt>せん</rt></ruby>で<ruby>京<rt>きょう</rt></ruby><ruby>都<rt>と</rt></ruby>へ<ruby>行<rt>い</rt></ruby>きました。

しかし、ヤマはともかくとして、アクセントは個別に覚えなければ、正しいアクセントで言うことができないことが多いので、状況によって、アクセントの下がり目だけを付しておきます。

せんしゅうのにちょ￬うび、わたしはか￪とうさんとしんか￪んせんできょ￬うとへいきま￬した。

ヤマのルールを提示する前に、導入として、そのルールに関する文を聞くだけの練習も有効です。正しく聞き取れなかったとしても、ルールを知って、言う練習をした後で、再度聞くだけの練習をすると、ヤマのルールを正しく理解できていることが分かるでしょう。

POINT

▶ 学習が進み、ヤマのルールを知ることで、発音したり、聞いたりすることが簡単になっていく。

▶ 目的に応じて、プロソディーグラフを見ないで行う練習も取り入れてみよう。

1 河野俊之・串田真知子・築地伸美・松崎寛(2004)『1日10分の発音練習』くろしお出版、pp.74-75.

TIPS! 25 無限にある文のヤマの教え方を考えよう ヤマ5

> ヤマにはルールがありますが、ヤマの全部のルールを教えられるわけではありません。それについてどうしたらいいのか考えてみましょう。

ここまでの Tips 23 ～ 24 で扱ったヤマは、「際立ち」などと呼ばれることがあるものです。特殊な状況でない限り、その1文を見ただけで、ヤマがどうなるかが分かるものです。

それに対して、特殊な状況では、ある部分を強調するために、ヤマの大きさや数が元のルールとは変わることがあります。これを、「際立ち」と区別して、「際立たせ」と呼ぶことがあります。

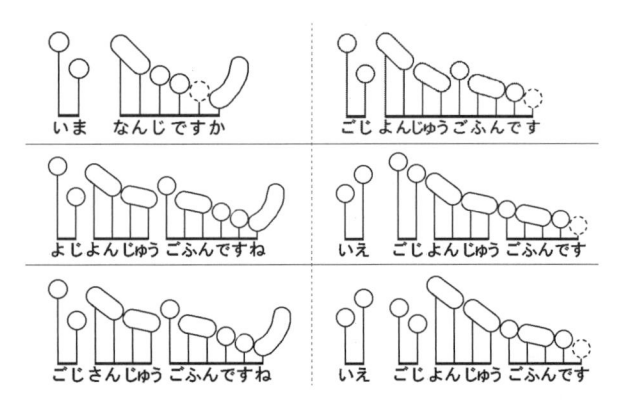

「5時45分です。」は、「4時」ではなく、「5時」であることを強調したければ、「5時」でヤマができ、ほかは抑えられます。また、「35分」ではなく、「45分」であることを強調したければ、「よんじゅう」でヤマができ、ほかは抑えられます[1]。

このように、実際の場面では、状況によって、ヤマの大きさや数が変わることがあります。例えば、以下のように、話の中で何をいちばん言いたいか、意味を考慮し、ヤマがどうなるかを考えながら練習をしてみましょう。

(1) a：黒いズボンですね。
　　b：いいえ、黒いシャツです。
(2) a：駅前にデパートはありますか。
　　b：いいえ、ありません。
　　a：じゃ、スーパーはありますか。
　　b：ええ、スーパーはあります。
(3) スピードが遅いですよ。もっと速く走ってください。
(4) まだここにいたんですか。早く行ってください。

　例えば、学習者に、(1)のbの中にある「黒いシャツです。」だけを示すと、97ページに示したルールに基づいてヤマ1つで言います。しかし、(1)a, bの会話を示すと、クラスで学習者のうちの誰かが「ヤマ2つではないか」と言い出します。誰も言い出さない場合でも、その後、音声を聞かせてヤマ2つであることを知らせ、その理由を考えさせます。すると、「『シャツ』が重要な部分だから」と的確な指摘をする学習者が出てきます。
　ヤマのルールすべてを扱うことは不可能です。そこで、それまでに扱ったヤマのルールの復習を行うのと同時に、それを元に、新しい文についてのヤマのルールを考える活動もしてみましょう。
　例えば、「佐藤さんと郭さん」「安くておいしい」はすでに扱っているけれども、「食べて飲んで歌った」は扱っていないとします。しかし、これがヤマ3つであることは、「佐藤さんと郭さん」「安くておいしい」がそれぞれヤマ2つであることから容易に想像できます。
　また、「赤い」+「ネクタイ」→「赤いネクタイ」、「郭さんの」+「ネクタイ」→「郭さんのネクタイ」がヤマ1つであることはすで

に勉強したけれども、「先週のパーティーで会った人は誰ですか。」のような「動詞＋名詞」は、直接は勉強していないとします。しかし、これについても、「赤いネクタイ」「郭さんのネクタイ」がヤマ1つであることから容易に推測できます。

　文型はともかく、文型の組み合わせはほぼ無限にあるわけですから、それらをすべてカバーするのは不可能です。そのため、すでに持っているヤマのルールから、新しい文のヤマを推測すること、そして、推測と実際の音声が異なっているときには、パニックにならずに、どうしてそういうヤマになるのかを考え、納得できる理由が学習者自身で考えられることを目指すべきです。

　例えば、次のようなことを学習者に知らせるとよいでしょう。

(1) 重要な部分で新しいヤマができるが、文脈や発話意図によって重要な部分が変わり、それによってヤマも変わりうる。
(2) 本来のヤマのルールと反するけれども、声をどんどん低くすることは無理なので、新しいヤマを作ることがある。

すべてのヤマのルールを教えなくてもいいという考え方は、場面シラバスでの教え方に似ています。例えば、「道を聞く」という場面で、相手が何と言うかについてはコントロールできません。可能性のあるすべての表現を教えるべきだと考えることもできますが、現実には不可能なので、ある程度を教え、それによって、教室外の実際では、パニックにならずにタスクを遂行できるのと似ています。

POINT
▶ 特殊な状況では、ヤマの大きさや数が変わることがある。
▶ ヤマのルールを身に付けさせるだけでなく、新しい文のヤマを推測し、ルールを考えることができるようにしよう。

1　河野俊之・串田真知子・築地伸美・松崎寛(2004)『1日10分の発音練習』くろしお出版、pp.110-111.

TIPS! 26 イントネーションを教える意義を考えよう イントネーション0

> イントネーションはアクセントなどと違って、どの言語でも共通なので、特に教える必要はないという考えもあります。まずは、本当に共通なのか考えてみましょう。

イントネーションとは、音声学では、広い意味と狭い意味の2つがあります。広い意味では、文や発話全体の音の高さの変化です。狭い意味では、文末、句末や、文頭、句頭の声の高さの変化です。ここでは、狭い意味でのイントネーションについて考えます。

イントネーションは、少なくとも、日本語の音声教育ではあまり重視されていません。なぜでしょうか。

まず、イントネーションは、どの言語でも共通であると思われているからでしょう。日本語でも英語でも、ふつう、平叙文は上昇せず、質問文では、文末が上昇します。だから、特に教えなくても大丈夫だと考えられているのでしょう。翻って、英語を習った時のことを思い出してみると、イントネーションについては、質問文では上昇するということと、"Is this a pen, or a pencil?" のような、"A or B?" では、"A ↗ or B ↘" のように、上昇して下降するということぐらいしか習っていません。

しかし、イントネーションは決してどの言語でも共通であるわけではありません。

例えば、中国語では、声調といって、音節内で、声の高さの変化があり、その声調によって、単語の意味が変わります。

例えば、「マー」は、第1声～第4声が、それぞれ、「母(妈)」「麻(麻)」「馬(马)」「叱る(骂)」の意味になります。第1声の"妈"を質問文にするために、文末を上昇させると、第2声の"麻"という違う単語になってしまうので、中国語では、質問文にするために、文末を上昇させる方法は取れません。ちなみに、日本語の「母?」にあたる中国語"妈?"のような質問文では、平叙文よりも声調の高低の幅を大きく、つまり、高い部分はより高く、低い部分はより低くして、質問文であることを表します。

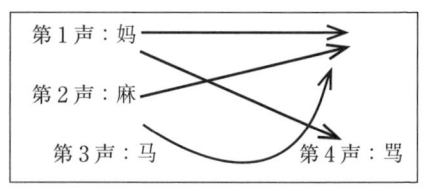

ロシア語では、疑問詞を含む質問文では、疑問詞で新しいヤマができ、それ以後の部分は低く平坦に続きます。また、「はい/いいえ」で答えるYes-No質問文でも、質問の焦点の部分で新しいヤマができます。つまり、ロシア語の質問文では、文末は上昇しません。

英語も、Yes-No質問文では上昇させますが、疑問詞を含む質問文では上昇させないのがふつうです。疑問詞を含む質問文では上昇させない言語は多いようです。また、モンゴル語のように、日本語の「か」にあたる文末詞を加えるだけで、上昇イントネーションを用いない言語もあります。

また、文末を上昇させる際に、必要以上に長く、高く上昇させてしまう発話も観察されます。それは、質問というよりも疑っていたり、いやがったりしているように聞こえます。

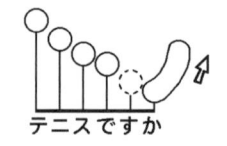

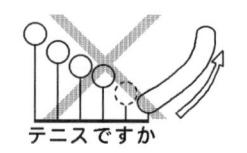

また、英語では、pre-boundary lengthening(呼気段落末伸長)が顕著です。これは、文末などの境界で、最後の音節が長くなる現象です。例えば、同じ"made"でも、"John said he made less errors than he actually made." では、(1)に対して、文末にある(2)のほうが長く発話されます。それによって、文が終わりであることを明示しているのです。日本語でも、pre-boundary lengthening はあるのですが、英語ほど顕著ではありません。そのような違いから、英語話者が「バトラーです。」を「バトラーでーす。」と発話してしまうことがあります。

英語話者などは、「はじめまして。メイです。グアムから来ました。どうぞよろしく。」を「はじめまして↗　メイです↗　グアムから来ました↗　どうぞよろしく→」のように、発話内の途中の文の文末を上昇させることがあります。これは、文末を上昇させることによって、話が終わっていないことを表しているのであって、質問しているわけではありません。

文末ではなく、句末でも、東京方言とは異なるイントネーションが現れる言語もあります。韓国語、特にソウル方言では、ゆすり音調や間投イントネーションなどと呼ばれる抑揚が用いられることがあります。それを日本語に適用してしまうと、「明日はぁぁ　大学へぇぇ　行くつもりですからぁぁ」のように、句末の音節が上下にゆする、うねるような音調になります。

このように、イントネーションは、詳しく見ると、決してどの言語でも共通であるわけではありません。つまり、日本語のイントネーションも、きちんと指導する必要があります。

POINT

▶ **イントネーションは、決してどの言語でも共通であるわけではない。**

▶ **イントネーションは、教えなくてもできるはずだという考え方を改めよう。**

TIPS! 27 基本的な文末イントネーションを教えてみよう イントネーション1

> イントネーションのうち、文末イントネーションは、音声学や音声教育の教科書の多くで扱われています。まずは、その分類と教え方について考えてみましょう。

まず、文末イントネーションの分類とその教え方を見てみましょう。文末イントネーションは、アクセントのように、きっちりと分けることはできません。Tips 32 でも述べるように、n 拍語には、理論上、n +1 のアクセント型が存在することができます。しかし、文末イントネーションでは、同じ上昇調でも、「テニスですか?」と「か」の上昇が非常に大きく、また、「か」が長くなっている「テニスですかー?」では、感じ方が大きく異なります。上昇の幅や長さは連続的なものなので、文末イントネーションを型に分類するのはなかなか難しいものです。

ここでは、大きく、「平調(B1、上昇も下降もしない)」「上昇調(A1)」「下降調(A2)」の3つに分類します。

A1:これ、しょうゆ?
B1:うん、しょうゆ。
A2:ああ、しょうゆ。

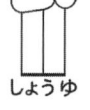

文末イントネーションを聞き分ける練習をする際には、まずは、最も基本的な、文の最後が上がる「上昇調」と、文の最後が上がらない「非上昇調」の2つを取り上げます。

まず、「上昇調」「非上昇調」の例を聞かせます。プロソディーグラフを見せ、実際に音声を聞かせます。その際、「上昇調」につい

ては、アクセントの下り目がないため、徐々に上昇するものもあるが、アクセントの下がり目があるため、一度下降してから上昇するものもあること、「非上昇調」は、「10日…。」のように、明らかに下降するものもあるが、124ページの「けしゴム」のように、「平調」で、自然下降が起こっているものもあることなどに気づく、あるいは、気づかせることがあります[1]。

また、Tips 21のヤマを聞く練習でも述べたように、文末イントネーションについても、聞く練習に集中するために、無理に発音させないようにします。

A 文の最後が上がります。

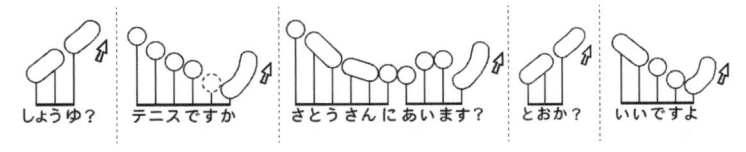

しょうゆ？　テニスですか　さとうさんにあいます？　とおか？　いいですよ

B 文の最後が上がりません。

しょうゆ　テニスですか　さとうさんにあいます　と　お　か　・・・　いいです

その後、モデル音声を聞かせ、文の最後が上がるか上がらないかを答える練習をします。ほかの文を聞かせて練習するよりも、例えば、「バナナ？（上昇調）」を学習者が「非上昇調」だと誤ったときに、「上昇調」と「非上昇調」の「バナナ」を教師が発音して聞かせ、違いを理解させたり、どちらかを発音して聞かせ、どちらであるかを判断させる練習をするとよいでしょう。ただ、前のページの、A1,

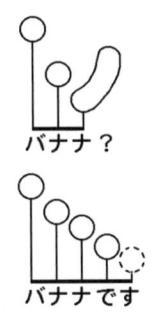

バナナ？

バナナです

B1, A2の「しょうゆ」のように、実際には、文末イントネーションは3つ以上に分類されるので、どのような文末イントネーションを選んで聞かせるかはちょっと難しいかもしれません。とりあえずは、「平調」「上昇調」の2つを聞き分ける練習をし、それらが聞き分けられるようになったら、「平調」「上昇調」「下降調」の3つを聞き分ける練習をするといいでしょう。

また、文末イントネーションを示す際は、下のようにするとよいでしょう。左の写真は「上昇調」のときの身振りです。「下降調」ならば、指を下に向け、「平調」ならば、指を横に動かします。

上昇調　　　　　　下降調　　　　　　平調

POINT

- ▶ 文末イントネーションを聞き分けたり、言い分けたりすることは重要である。
- ▶ 文末イントネーションの練習として、まずは「平調」「上昇調」、次に「平調」「上昇調」「下降調」を扱ってみよう。

1　河野俊之・串田真知子・築地伸美・松崎寛(2004)『1日10分の発音練習』くろしお出版, p.3.

TIPS! 28 「か」の文末イントネーションを教えてみよう イントネーション2

文型シラバスの初級教科書では、文末に「か」のある文が第1課から扱われることが多いです。その教え方を考えてみましょう。

　文末イントネーションを発音する練習は、もちろん、文を発音する練習の中には必然的に含まれるので、教科書の初めのほうから扱われることが多いです。「鈴木良夫さんですね？」のような「上昇調」、「あ、すみません、もう一度…。」のような「言いさし」などもあります。

　文末イントネーションの指導で注意するべきことはいくつかありますが、まず、「上昇調」の上昇のさせ方について述べます。

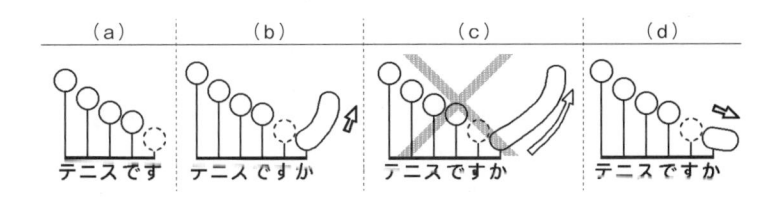

(a)	(b)	(c)	(d)
テニスです	テニスですか	テニスですか	テニスですか

　Tips 26で述べたように、(b)に比べて(c)は、長く、高く上昇させており、日本語話者には、ただの「質問」ではなく、信じていなかったり、不満があったり、怒っているように聞こえます。

　また、「〜ですか」の文末イントネーションには、(b)のような上昇するものと(d)のような平坦なものがあり、発話意図が異なることを理解させます。Tips 26で説明したモンゴル語のように、文末詞だけで質問文であることを表す言語もあります。その影響かどうかは分かりませんが、「ああ、テニスですか。」なども、「か」があ

るから質問文だ、と考える学習者もいます。そのため、上昇調であるかどうかを気に留めず、「テニスですか?」のように「か」で終わる質問文でもまったく上昇調を用いない学習者もいます[1]。

　その一方で、その逆の学習者もいます。つまり、文末の「か」をすべて上昇調で言ってしまうのです。下の会話文のA2, A3の「そうですか」は、(e)と(f)のどちらを用いるのがふつうでしょうか。

A1：出身はどちらですか。
B1：福岡です。
A2：_____
　　　で、今はどちらに。
B2：横浜です。
A3：_____

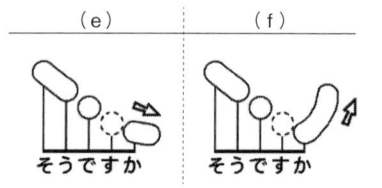

　(e)は、単にあいづちを打っています。一方、(f)は、質問として、ふつうに用いられます。日本人であれば、ふつう、A2, A3の「そうですか」は、ともに(e)を用いるでしょう。しかし、上の会話文で、もし(f)を用いた場合、「おれ自身が、出身が福岡だと言っているのに、どうして質問するんだ⁉　おれのことが分かっているのか⁉　何様だ!」のように思ってしまいます。つまり、疑われているように感じられて、いやな印象を持ってしまいます。初めて会ったときなら、「日本語がまだ上達していないんだな」と思いますが、話の途中で、ずっと、「そうですか。」を(f)のように言われると、「感じが悪い」と思う人もいるでしょう。特に、語彙、文法など、ほかの部分については、日本語が上達している人に対しては、評価が厳しくなるものです。ほかにも、「北京ですよ。」も上昇調と平調・下降調で、発話意図が違います。

A1：中国の首都は上海ですよね？
B1：北京ですよ。

C1：出身はどちらですか。
D1：北京ですよ。

　場面にもよりますが、B1 では、下降調で発話されることもあります。それは、「そんなことも知らないのか」という発話意図が含まれているととらえられるでしょう。平調なら、ふつうに答えているととらえられます。一方、D1 は、上昇調で言うのがふつうでしょう。もしも、下降調で発話されたら、「私は有名人なのに、そんなことも知らないのか」「そんなことは履歴書に書いてあるだろう、どうしてそんなことをわざわざ質問するんだ」「前にも言ったのに、覚えていないのか」というような発話意図が含まれているととらえられるでしょう。
　Tips 26, 27 で述べたように、文末イントネーションを疎かにしないことが重要です。まずは、文末の「か」のイントネーションの練習を疎かにせず、十分な練習をするようにしましょう。

POINT

▶ 文末の「か」のイントネーションを聞き分けたり、言い分けたりすることは重要である。

▶ 文末のイントネーションによって、いろいろな発話意図になるため、適切な発話ができるように十分な練習をしよう。

1　河野俊之・串田真知子・築地伸美・松崎寛（2004）『1 日 10 分の発音練習』くろしお出版、pp.42-43.

TIPS! 29 文末イントネーションとアクセントを教えてみよう イントネーション3

> イントネーションは問題ないのに、アクセントを誤って発話をしてしまう学習者がいます。その原因と、どのような指導をしたらいいのかを考えてみましょう。

「か」の上昇調を教える際に、気を付けなければならないことは、「か」を長く、上昇させすぎないことのほかに、アクセントとイントネーションの関係があります。

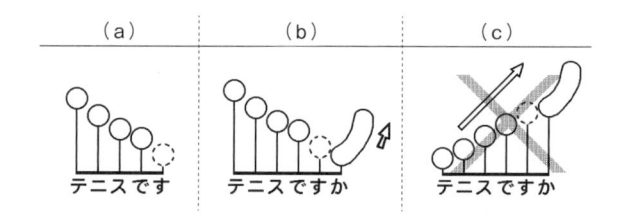

(a) テニスです (b) テニスですか (c) テニスですか

「テニスです。」に対し、「テニスですか?」は、(b)のように、(a)の「テニスです」までは同じで、最後の「か」だけが上昇します。しかし、学習者は、上昇調を言うときに、(c)のように、アクセントの下がり目を消して、下から徐々に上昇させてしまうことがあります。これでは、誤ったアクセントになってしまい、個別のアクセントを覚えても、無駄になってしてます。上昇イントネーションより前の部分のアクセントは保持されることに気を付けます。

しかし発音の際に、アクセントと文末イントネーションの両方に注意しなければならないのは、学習者にとっても負担が大きいと考えられます。そのため、まずは動詞のマス形を用いて、「か」の上昇調の練習をします[1]。動詞のマス形では、「～ま⌐す」「～ま⌐した」

のように、動詞によらず、アクセントの下がり目が同じなので、負担が少ないからです。

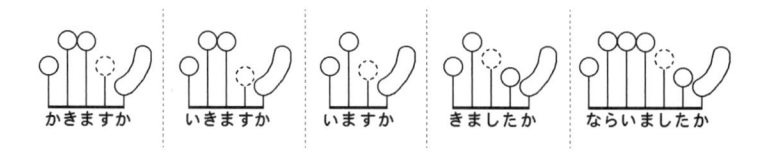

[プロソディーグラフ: かきますか／いきますか／いますか／きましたか／ならいましたか]

次に、さまざまなアクセントの名詞について、上昇調で言う練習をします[2]。

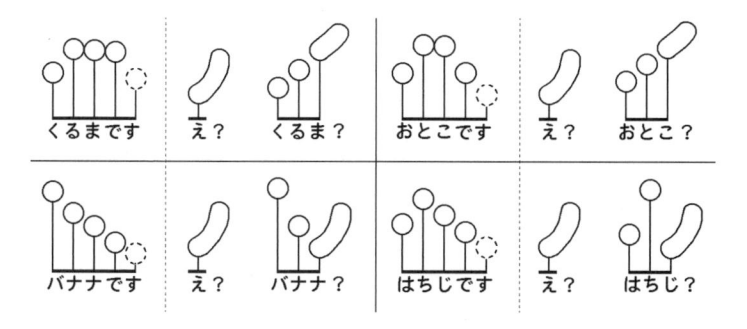

[プロソディーグラフ: くるまです／え？／くるま？／おとこです／え？／おとこ？／バナナです／え？／バナナ？／はちじです／え？／はちじ？]

このように、プロソディーグラフを用いたほうが、学習者にとっても視覚的に分かりやすいと思われますが、プロソディーグラフを用いるだけでなく、

A1：＿＿＿＿＿＿＿です。
B1：え？　＿＿＿＿＿＿＿＿？
A2：はい、＿＿＿＿＿＿＿です。

のような小会話ドリルにし、名詞を学習者Aが自分で考えて代入して言う練習も行うとよいでしょう。ただし、その際、学習者がA1の発話内の名詞のアクセントを誤ることがあります。それは、ここでの学習項目ではないので、教師が正しいアクセントのモデル音声

を示すなどして、指導を行います。

さまざまなアクセントの名詞について、上昇調で言う練習に慣れてきたら、最後の音が「ー」「ン」である名詞を練習します[3]。

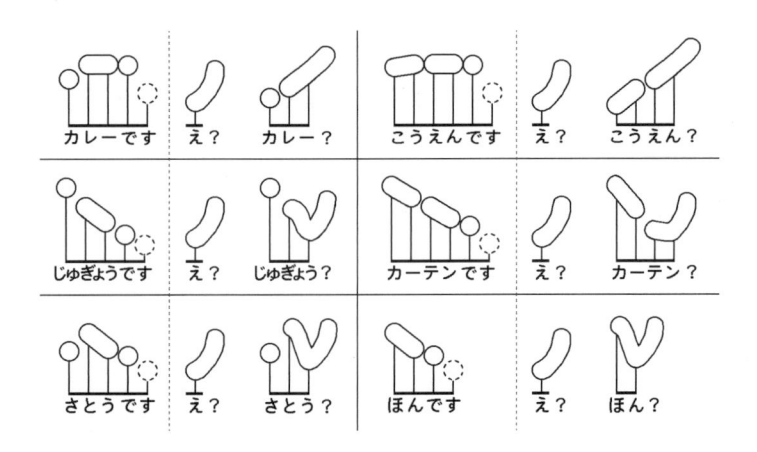

カレーです	え？	カレー？	こうえんです	え？	こうえん？
じゅぎょうです	え？	じゅぎょう？	カーテンです	え？	カーテン？
さとうです	え？	さとう？	ほんです	え？	ほん？

「カレー？」「こうえん？」などの平板型の単語や、「じゅ˥ぎょう？」「カ˥ーテン？」などのアクセントの下がり目が前のほうにある単語はあまり問題がありません。しかし、「さと˥う？」「ほ˥ん？」のように、アクセントの下がり目が最後の「ー」「ン」の直前にあるときは、難しいようです。アクセントの下がり目を消して、下から徐々に上昇させてしまう学習者がいます。「シーディ˥ー」「たいふ˥う」「ばんご˥う」「きんよ˥う」「きょ˥う」など、さまざまな単語で練習するといいでしょう。

また、最後の音が「ン」の上昇調を練習する際には、それ以外にも１つ気を付けるべき点があります[4]。最後の音を拍ととらえることもできるし、音節ととらえることもできますが、上昇調では、ふつう、最後の音を伸ばします。「くるま？」「バ˥ナナ？」「カレー？」「さと˥う？」の長さは、それぞれ、「くるまー」「バナナー」「カレーー」「さとうー」のように、最後の音が伸びます。

一方、「こうえん？」「ご˥ぜん？」は、「こうえんー」「ごぜんー」

も可能ですが、「こうえーん」「ごぜーん」と発話するのが自然で、発音しやすいのではないでしょうか。特に、「こうえんー」「ごぜんー」が発音しにくい学習者には、「こうえーん」「ごぜーん」でいいと指導すると、発音しやすくなることがあります。

しかし、「ん」の直前でアクセントが下がる「ほ°ん?」は、「ほーん」という発音が不自然であるにもかかわらず、そのような発音は学習者の発話によく観察されます。そこで、「パ°ン?」「いちじは°ん?」「はんぶ°ん?」「にほ°ん?」などを用いて、「ほーん」「パーン」「いちじはーん」「はんぶーん」「にほーん」ではなく、「ほんー」「パンー」「いちじはんー」「はんぶんー」「にほんー」などと言う練習をしましょう。

POINT

▶ 文末イントネーションの影響で、アクセントが崩れてしまわないように練習しよう。
▶ 最終拍が「ン」でその直前でアクセントが下がる単語を上昇調で言うときは、「ほーん」等とならないように気を付けよう。

---

1 河野俊之・串田真知子・築地伸美・松崎寛(2004)『1日10分の発音練習』くろしお出版、pp.44-45.
2 同、pp.82-83.
3 同、pp.98-99.
4 同、pp.112-113.

TIPS! 30 さまざまな文末イントネーションを教えてみよう イントネーション4

> 文末イントネーションというと「上昇調=質問」が思い浮かびますが、必ずしもそうではありません。さまざまな文末イントネーションを教えてみましょう。

Tips 27 で述べたように、文末イントネーションは、大きく、平調、上昇調、下降調の3つに分類されます。

上昇調が使われる場合としてすぐに思い付くのは、「くるま?」「テニスですか?」のような質問ですが、それ以外の発話意図でもよく用いられます。

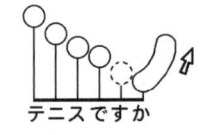

「貸してください」の意味で「貸して。」と言うときには、上昇調を用いるのがふつうです。「どうぞ。」「いいですよ。」などの文末でも、短く上がることがあります。上がらない言い方より、明るく、丁寧な印象を受けます。

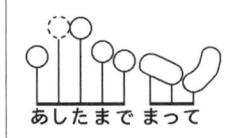

また、卓立上昇調などと呼ばれ、最後の音だけ強くて高い言い方もあります。

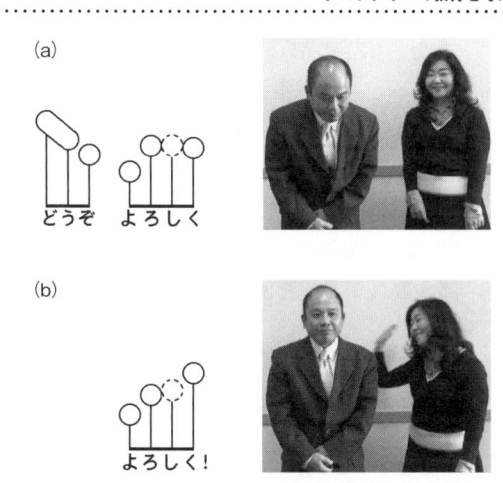

ほかに、平調の一種ですが、弱平(よわたいら)などと呼ばれ、伸ばして、弱々しく言う言い方もあります。これは遠慮がちであることを表すことで、丁寧な印象を受けます。

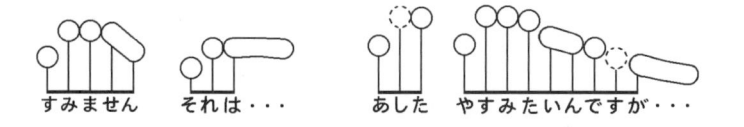

質問では、(c)(d)のような上昇調でなく、(e)(f)のような弱平もあります。

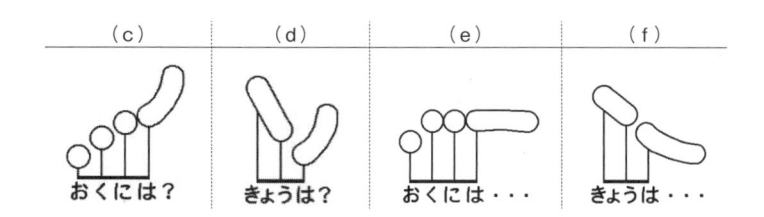

(e)に比べて(c)は、事務的な質問で、書類を埋めている場面を思

い浮かべます。また、相手の都合を聞く際、(d)は友達や家族など親しい人に話しているときや、相手のプラスになることが予想されるときぐらいで、そうでないときは、(f)のほうが好まれるのではないでしょうか。教科書に付属のCDなどでは、圧倒的に上昇調が使われていますが、実際の会話では、弱平もよく使われます。

途中までしか聞き取れなかったときに、そこまでを言って、弱平にすることで、聞き取れなかった部分を聞き返す方法もあります。

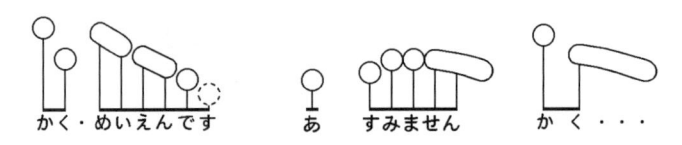

下降調は、「納得」以外にも、「残念」を表すときなどにも用いられます。特に、「残念」を表すときには、単なる下降だけでなく、文末が伸びます。ほかに、文全体のイントネーションも異なりますが、これについては、Tips 31 で説明します。

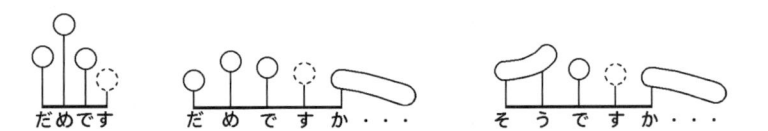

また、「よ」「ね」などの文末詞は、次のページの(g)のように前の音に続いて下降するだけでなく、(h)(i)のように一旦上昇してから下降するものもあります。誘いに対して非常に乗り気で答えるときの(h)と同じ音調で「いいですよ。」を発音してみると(j)になりますが、これは非常に不自然な音調になります。「不要である」という意味で「いいですよ。」を言うと、(k)になります。この音調で「いいですね。」を言うと(g)になります。

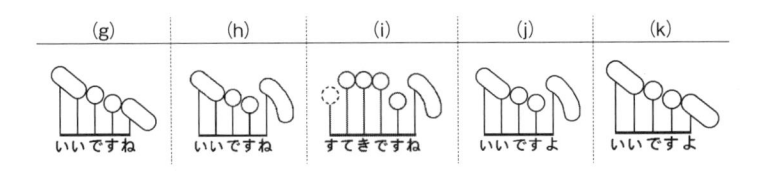

(g)と(h)は、使い方として、どのように違うでしょうか。「です」はもともと、聞き手がいるときに使われるので、もう1組の(l)と(m)で考えてみると分かりやすいと思います。

例えば、自分で描いた絵を、ちょっと離れた所からじっくり見て、「いいね」と言うときは、(l)と(m)のどちらで言うでしょうか。

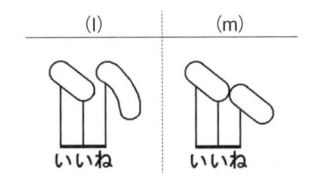

(m)は使えますが、(l)はふつうは使いません。つまり、「ね」の一旦上昇してから下降する言い方は、前の音に続いて下降する言い方と比べて、聞き手に対して話すことをより意識した言い方です。

ほかには、一般的には、必ずしもイントネーションとはとらえられていませんが、"Yes"の「うん」、"No"の「ううん」、そして、言いよどみを表す「ううん…」は、イントネーションによって、言い分けられます。長さの違いもありますが、発音はすべて、[ũ]で、ほぼ「ウ」の口のままで動きません。そして、最初から最後まで鼻に息が抜けます。

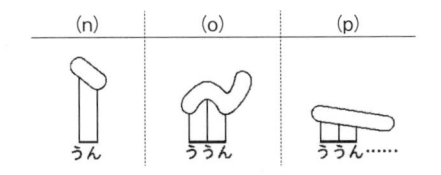

ここまで、文末イントネーションの型についていくつも述べましたが、ほかにもまだまだあります。Tips 27 でも述べたように、文末イントネーションは、アクセントのように、きっちりと分けることはできないので、どの程度まで細かく、詳しく分けるかはなかなか難しいものです。また、詳しく分けたからと言って、それらを全部1つひとつ教えていくのは必ずしも得策ではないでしょうし、実際には不可能に近いでしょう。

　メインで使っている教科書のモデル会話をはじめとして、教科書・教材ではさまざまな文末イントネーションが使われていて、学習者はそれらに接します。教室にいるときは、1つひとつ教師に型と発話意図を尋ねることができるでしょう。しかし、教室外での日本人との会話やテレビなどで、習っていない文末イントネーションに接することもあり得ます。そのようなときに、習っていないからといってパニックにならずに、どのような音調であるかをよく観察し、その発話意図は何かを学習者なりに考えられるようにすることも重要です。

POINT

▶ 文末イントネーションが、音声教育の教科書に載っているもの以外に、実際は、いろいろあることを学習者に理解させよう。

▶ 文末イントネーション全部を教えるのではなく、音調と発話意図を学習者自身で考えられるようになることを目指そう。

31 文頭イントネーションを教えてみよう イントネーション5

> イントネーションとして、文末イントネーション以外に感情によって変わる高低もあります。ここでは、文頭イントネーションについて考えてみましょう。

アクセントとは、「雨」「飴」のように、単語ごとに決まっている高低のことで、「雨。」「雨?」のように、発話意図などによって変わるイントネーションとは違います。例えば、東京方言のアクセントには、以下の2つの規則があるとされます。

(1) 語が単独で発話された場合、1拍目と2拍目の高さが異なる。
(2) 一度下がったら、もう上がらない。

このうち、(1)については、実は、必ずしもそうでない場合があります。「味噌汁」のアクセントは、東京方言では、「ミ｜ソシ｜ル」ですが、京都や大阪などの京阪方言では、「ミソ｜シ｜ル」です。東京方言話者にとっては、違和感のある発音で、「自分はそんな言い方はしない」と思うでしょう。しかし、絶対にそんな言い方があり得ないわけではありません。

例えば、以下の会話はどうでしょうか。

母親：晩ご飯、おかず、1つしかないけど、いい？
子供：うん。で、おかずは、何？
母親：味噌汁。
子供：えええ??　味噌汁??

このように、平静な感情で、単純な質問をするのではなく、不満があるときには、

ミ ソ シ ル ↗

となることがあります。
　また、以下の会話ではどうでしょうか。カノジョが初めて手料理を作ってくれたのですが、それが、深緑のドロドロの液体が器に入った物だったとします。

　　カノジョ：どうぞ。
　　カレシ　：これ、何？
　　カノジョ：味噌汁。
　　カレシ　：え⁉　味噌汁⁉

このような状況で、驚いているときは、

ミ ソ シ ル ↗

のようになるかもしれません。
　このように、驚き、落胆、疑いなど、平静でないときは、極端に高くなったり、低くなったりして、1拍目と2拍目の高さが同じになることがあります。このような、文末ではなく、文頭の高さの変化のことを、文頭イントネーションと呼ぶことがあります。
　例えば、誘いを断るときに、申し訳なさそうに、ゆっくり、弱く言う言い方があります[1]。

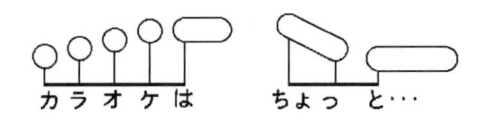

カ ラ オ ケ は　　ちょっ と…

また、驚きを表すのに、全体が高くてゆっくり言う言い方や、残念であることを表すのに、全体が低くてゆっくり言う言い方もあります[2]。

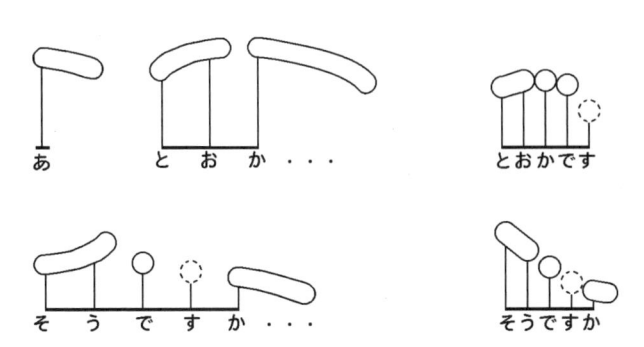

文脈や状況に適した音声で話せるようになるためには、文全体のイントネーションを意識して練習する必要があります。Tips 65 で述べるように、場面や文脈を考えたり、推測したりして、登場人物の気持ちを考えて、それに合わせて発話できるように、まずは、どういうときに、どういう音声になるかを学ぶ必要があります。そのとき、特に文頭イントネーションを意識すると、よりはっきりと、感情などを示すことができるでしょう。

POINT

▶ 感情などによって、1拍目と2拍目の高さが同じになる文頭イントネーションがある。
▶ 文頭イントネーションを意識して、状況などに応じて、感情豊かに話せるようになる練習をしよう。

1　河野俊之・串田真知子・築地伸美・松崎寛(2004)『1日10分の発音練習』くろしお出版、pp.50-51.
2　同、p.125.

TIPS! 32 アクセントとその指導方法について考えよう アクセント0

音声教育の中で、アクセントは、比較的指導されることが多いようです。アクセント型の説明をして、リピートさせる以外にどのような方法があるか考えましょう。

日本語(東京方言など)にはアクセントがあります。以下、アクセント辞典に載っているアクセントを、標準アクセントと呼び、本書では、標準アクセントを身に付けることを目標とします。

日本語は、アクセント核(アクセントとしての下がり目の直前の拍)の有無及びその位置から、4拍語では、下のように分類されます[1]。

(a)	まいにちです	おとといです	ひらがなです	ついたちです	けしゴムです
(b)	ま￣いにち	おと￣とし	ひらが￣な	ついたち￣	けし￣ゴム
(c)	ま˺いにち	おと˺とし	ひらが˺な	ついたち˺	けしゴム
(d)	頭高型	中高型	中高型	尾高型	平板型
(e)	1型	2型	3型	4型	0型
(f)	−4型	−3型	−2型	−1型	0型

日本語のアクセント型の表記法は、目的等により、多数あります。(a)は、プロソディーグラフでアクセントを表したものです。(b)は、アクセント辞典等でよく使われる、高低を表したものです。(c)は、アクセントとしての下がり目の位置のみを表したものです。(d)は、それぞれのアクセント型の名称です。(e)はアクセント核の位置を前から数えて表したものです。頭高型と平板型は何拍語であっても、

124

それぞれ常に1型、0型になります。(f)は、アクセント核の位置を後ろから数えて表したものです。尾高型と平板型はそれぞれ常に−1型、0型になります。

尾高型の「ついたち」と平板型の「けしゴム」は、同じようですが、アクセント核が最終拍にあるかどうかの違いがあります。そのため、あとに「です」「が」などが続くと、その直前で下がるかどうかという違いがあります。

逆に言うと、それで文が終わって、あとに何も続かないときには、同じになります。尾高型「花。(ハナ˥)」と平板型「鼻。(ハナ)」で、「花」の「ナ」のほうが「鼻」の「ナ」よりも高く発音することで区別していると思っている人がいますが、それは誤りです[2]。

また、尾高型のあとに続くのが「の」の場合も、高いままで続くので、「花の写真」「鼻の写真」のように平板型と区別がなくなります。尾高型か平板型かを確かめる際に、その単語だけを言ってみても分かりませんが、あとに「の」を続けても分かりません。上で述べたように、「です」「が」などを付けてみましょう。

このように、4拍語の場合、アクセント核が1拍目、2拍目、3拍目、4拍目にあるもの4個と、アクセント核がないもの1個の合計5個が存在します。つまり、n拍語は、アクセント核があるものn個と、アクセント核がない1個の、合計n+1個が存在します。

さて、日本語教育では一般的に、アクセントの教育はどのように行われているのでしょうか。

さまざまな教科書を見ると、音声を聞いて、そのアクセントを高低2段階で書かせたり、高低2段階で書かれたものを見て、発音させたりする練習が主のようです。

この練習方法は、一般的ですが、下のような問題点があると考えられます。

(1) 高低を書かせることが具体的にどういうことにつながるのか。

(2) 高低を正しく書けなかったらどうするのか。
(3) 高低2段階で書かれたものを見て発音する能力がなければ、正しく繰り返せないのか。
(4) 繰り返すだけで、正しいアクセントで言えるようになるのか。正しく言えなかったらどうするのか。
(5) 繰り返すだけでは、学習者がつまらないということはないか。
(6) 正しく繰り返せることが最終目標なのか。

　高低を書かせるトレーニングは、日本語教育能力検定試験対策など、教師養成でも行われていることです。このことから、一般の日本人でさえ、発音が完璧でも、高低を書くことはできないということです。それを日本語学習者に要求するのは、かなり特殊なことを要求していると言えそうです。また、一般の日本人は、それができなくても、正しく発音できるし、聞き取ったりすることもできるのです。

　今までの一般的なアクセント教育の方法は何を目指してそれを行うのかを考え、それに対する振り返りを行った上で、よりよい方法を考えていく必要があると考えられます。これについては、Tips 36でも扱います。

POINT

▶ アクセントを教えるとはどういうことか、最終的に何を目指すのかを元に考えてみよう。

▶ アクセントを書かせる練習にはどのような意義があるのか再考してみよう。

---

1 河野俊之・串田真知子・築地伸美・松崎寛(2004)『1日10分の発音練習』くろしお出版、p.80-81.
2 杉藤美代子(1998)『日本語音声の研究5 「花」と「鼻」』和泉書院、pp.1-45.

TIPS! 33 動詞のアクセントについて考えよう アクセント１

> 日本語のアクセントは１つひとつ覚えなければならないと言われますが、動詞のアクセントにはパターンがあります。効果的に教えるために、それを整理しましょう。

　東京方言で、「雨」「飴」がそれぞれ、「高低」「低高」のアクセントになっていることに、理由はありません。「そういうものだ」と１つひとつ覚えなければならず、Tips 32で述べたように、n拍語にはn＋1個のアクセント、つまり、４拍語には５個のアクセントがあって大変そうです。

　しかし、動詞のアクセントは、たとえ４拍語であっても、２つのパターンしかありません[1]。

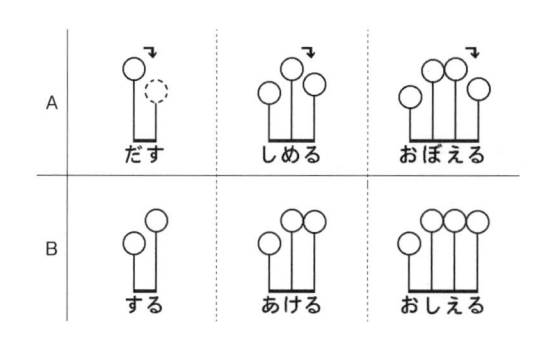

A	だす	しめる	おぼえる
B	する	あける	おしえる

　Bはアクセント核のない平板型です。
　Aは、「だ｀す」「しめ｀る」「おぼえ｀る」、ほかに、５拍語の例では「いらっしゃ｀る」で、少なくとも、頭高型と中高型の２つに、そして、中高型もアクセント核の位置が２拍目、３拍目、４拍目とばらばらになっています。

しかし、アクセント核の位置を後ろから見てみると、Aの動詞はすべて、アクセント核が後ろから2拍目にある、つまり、−2型であることが分かります。

　ただし、例えば、「申す」は、本来、「もう￢す」となるはずなのですが、アクセント核が置かれるべき拍が特殊拍の「ー」であるため、アクセント核が1拍前にずれて、「も￢うす」になります。Aに属する動詞のうち、「申す」「通る」「入る」「参る」「返す」「帰る」「考える」などは、アクセント核が置かれるべき拍が特殊拍の「ー」やそれに準ずる母音のため、アクセント核が1拍前にずれて、「も￢うす」「と￢おる」「は￢いる」「ま￢いる」「か￢えす」「か￢える」「かんが￢える」になります。

A	辞書形	テ形	ナイ形
	み￢る	み￢て	み￢ない
	だ￢す	だ￢して	ださ￢ない
	しめ￢る	し￢めて	しめ￢ない
	か￢える	か￢えって	かえら￢ない
	おぼえ￢る	おぼ￢えて	おぼえ￢ない
	いらっしゃ￢る	いらっしゃ￢って	いらっしゃら￢ない

B	辞書形	テ形	ナイ形
	する	して	しない
	あける	あけて	あけない
	おしえる	おしえて	おしえない

　動詞のアクセントが、AとBの2つに分けられるというのは、テ形、ナイ形などでも同様です。なお、次のプロソディーグラフでは、ナイ形は、「〜ないでください」の場合で示しています。

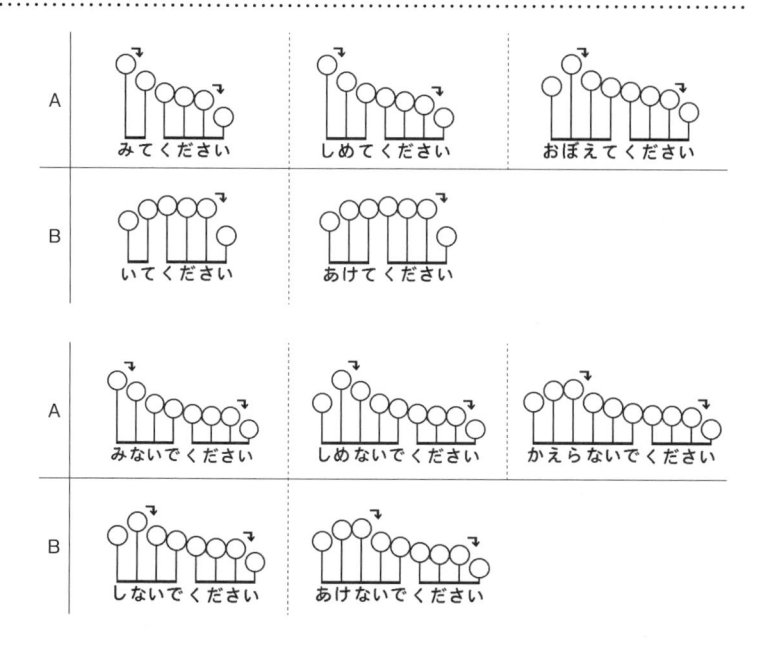

Aのテ形は、「だ˥して」「おぼ˥えて」「いらっしゃ˥って」のように、「〜○˥○て」になります。なお、「みて」は、「て」の前が1拍しかないので、「み˥て」になります。「か˥えって」は、アクセント核が置かれるべき拍が母音「え」なので、1拍前にずれます。

　Bはすべて平板型です。ただ、ナイ形については、少し気を付けなければなりません。初級教科書でよく扱われるナイ形を用いた文型の「〜ないでください」「〜ないで、〜」は「〜な˥いでくださ˥い」「〜な˥いで、〜」となります。また、「〜なければなりません」「〜なくてもいいです」「〜なくて」も「〜な˥ければなりませ˥ん」「〜な˥くてもい˥いで˥す」「〜な˥くて」となります。このようなことから、

　　ナイ形の発音は、「しな˥い」「あけな˥い」「おしえな˥い」だが、ナイ形を使った文型によっては、アクセント核がない「しない」

「あけない」「おしえない」となることもある

と教えたほうがルールとして簡単になるとも言えます。

　さらに、これは、異論もあると思いますが、「しない」「あけない」「おしえない」を「しな￢い」「あけな￢い」「おしえな￢い」と教えてしまう方法もあります。東京方言のいわゆる正しいアクセントではありませんが、標準語として、「しな￢い。」「あけな￢い。」「おしえな￢い。」と言う人はけっこういて、違和感を持たない人もかなり多くなっています[2]。「しな￢い。」「あけな￢い。」「おしえな￢い。」に違和感がある人でも、「〜ないと思います」や「〜ないほうがいい」などで、「〜な￢い」というアクセントを使っていても、あまり違和感はないのではないでしょうか。

　ただし、名詞修飾については、「しな￢い約束」「あけな￢い約束」「おしえな￢い約束」などと言うと、やはりまだ違和感を持たれることもあるようです。そのため、Bのナイ形について、平板型として教え、「〜ないでください」は「〜な￢いでくださ￢い」となるなどと教えるか、「〜な￢い」という1つのパターンとして教えるかは学習者の能力などを考えて、変えることもできるでしょう。

POINT

▶ 動詞のアクセントはn＋1のパターンではなく、2パターンしかない。
▶ 平板型のナイ形のアクセントについては、学習者の能力などによって、何をどう教えるかを調整しよう。

1　河野俊之・串田真知子・築地伸美・松崎寛（2004）『1日10分の発音練習』くろしお出版、pp.90-95、p.126.
2　松崎寛・河野俊之（2005）「アクセントの体系的教育を目的とした音声評価研究」『日本語教育』125、日本語教育学会、pp.57-66.

TIPS! 34 イ形容詞のアクセントについて考えよう アクセント2

> イ形容詞のアクセントは、変化していて、動詞よりもより簡単なパターンになっています。効果的な教え方を考えるために、そのパターンを整理してみましょう。

動詞と同じように、イ形容詞も2つのパターンしかありません[1]。

A	あお⌐い	から⌐い	さむ⌐い	うるさ⌐い	おもしろ⌐い
B	あかい	あまい	おもい	つめたい	むずかしい

Aは後ろから2拍目にアクセント核がある－2型で、Bは平板型です。Bについて、「え?? 『あか⌐い』じゃないの??」などと思う方もいるかもしれませんが、まずは先に、アクセント辞典に載っているような、いわゆる「正しいアクセント」について説明したいと思います。

イ形容詞のアクセントは、動詞と同じように、活用形でもAとBの2つに分けられます。

	辞書形	～くない	
A	こ⌐い	こ⌐くな⌐い	
	あお⌐い	あお⌐くな⌐い	(あ⌐おく もあり)
	うるさ⌐い	うるさ⌐くな⌐い	(うる⌐さく もあり)
	やわらか⌐い	やわらか⌐くな⌐い	(やわら⌐かく もあり)
B	あかい	あかくな⌐い	
	つめたい	つめたくな⌐い	
	むずかしい	むずかしくな⌐い	

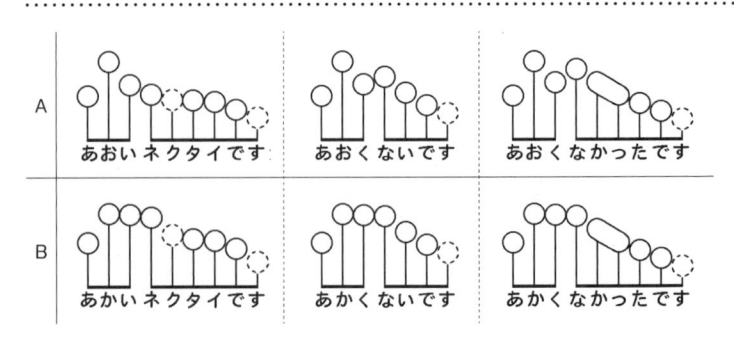

A	あおいネクタイです	あおくないです	あおくなかったです
B	あかいネクタイです	あかくないです	あかくなかったです

しかし、A, Bともに同じパターンになる活用形もあります。

```
        ～です           ～かった
A    こ˥いで˥す         こ˥かった
     あお˥いで˥す        あお˥かった    （あ˥おかった もあり）
     うるさ˥いで˥す      うるさ˥かった   （うる˥さかった もあり）
     やわらか˥いで˥す    やわらか˥かった（やわら˥かかった もあり）

B    あか˥いで˥す        あか˥かった
     つめた˥いで˥す      つめた˥かった
     むずかし˥いで˥す    むずかし˥かった
```

A	あおいです	あおかったです
B	あかいです	あかかったです

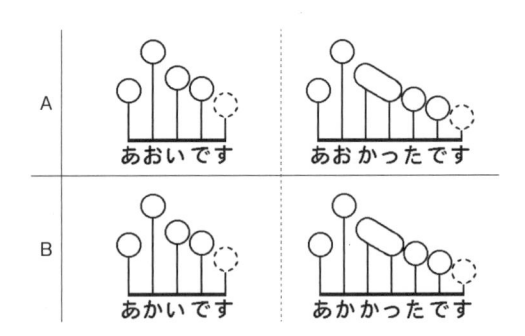

　イ形容詞についても、動詞と同じように、簡単で覚えやすいルールになるように考えましょう。

まず、Aの「あお￢くな￢い」「あお￢かった」ですが、実は、アクセント辞典では、「あ￢おくな￢い」「あ￢おかった」が主で、「あお￢く」「あお￢かった」のほうが容認されるものとなっています。確かに両方あり得ると思いますが、では、拍数の多い、「うるさくない」「やわらかくない」はどうでしょうか。「うる￢さくな￢い」「やわら￢かくな￢い」よりも、「うるさ￢くな￢い」「やわらか￢くな￢い」のほうがよく使われています。

そして、そのほうが、「あお￢い」「あお￢くな￢い」「あお￢かった」のように、すべて同じ拍にアクセント核が置かれることになるので、1つのパターンになり、ルールが簡単になります。

なお、「たのし̥くない」「たのし̥かった」などは、「し」が無声化しているため、そのように発音しているつもりでも、「たのし̥￢くない」「たのし̥￢かった」に聞こえます。

このままでは、イ形容詞には、辞書形及び「〜くない」において、AとBの2つのパターンがあり、これは、動詞と同様ということになり、やはり複雑だと学習者は思うかもしれません。

しかし、アクセント辞典[2]でもっと調べてみると、イ形容詞のうち、Aは658語(82%)に対し、Bは153語(18%)しかありません。このことから、基本はAで、例外であるBを覚えればいいということになります。

さらに、「香ばしい」など、BをAのように発音するように変化してきているということがあります。

私は、福岡の出身ですが、アクセントについて勉強するまでは、標準語を言っているつもりのときも「赤い」は「あか￢い」と言っていました。「赤い本」については、「あか￢い」だけれども、平板型の「あかい」も使うかなあという程度でした。実際に、「赤い本」など、名詞が続いていても「あか￢い」を使う人もいます。最近の東京方言でも、「赤い本」のときは、「あかい」だけれども、「赤い。」のときは「あか￢い」と言う人が増えています。つまり、BがAに吸収されているということです。このような傾向から、学習者の能

力にもよりますが、イ形容詞はAのパターンだけを教えるという方法もよいのではないかと考えられます[3]。

ちなみに、初級でよく使われる形容詞のうち、Bに含まれるのは以下の通りです。

赤い　厚い　甘い　薄い　遅い　重い　軽い　暗い　眠い　丸い
明るい　危ない　おいしい　悲しい　黄色い　冷たい　易しい　優しい　難しい

POINT

- **イ形容詞のアクセントは2パターンある。**
- **イ形容詞は日本人の中でもアクセントがゆれているので、負担の少ないパターンを教えるという選択肢も検討してみよう。**

1　河野俊之・串田真知子・築地伸美・松崎寛(2004)『1日10分の発音練習』くろしお出版、pp.62-63、p.127.
2　杉藤美代子(1996)『大阪・東京アクセント音声辞典』丸善.
3　松崎寛・河野俊之(2005)「アクセントの体系的教育を目的とした音声評価研究」『日本語教育』125、日本語教育学会、pp.57-66.

TIPS! 35 複合語のアクセントの教え方を考えよう　アクセント３

> 複合語のアクセントは難しいと言われますが、複合語は造語力が高いので、ルールを１つ覚えればすみます。複合語のアクセントの教え方について考えてみましょう。

　複合語とは、２つ以上の語が結合して１語になったものとされます。複合語のアクセントは、日本語学習者には難しいようです。例えば、「北京」「大学」及び「北京大学」は、中国語では以下のように、複合語と単純語で、高低は変わりません。

　中国語：「ベイジンダーシュエ」←「ベイジン」「ダーシュエ」
　　　　　「 北　京　大　学 」　 「 北　京 」「 大　学 」

この考え方を日本語に適用すると、以下のようになります。

　「ペキンダイガク」←「ペキン」「ダイガク」

　日本語の正しい「北京大学」は「ペキンダイガク」なので、「ペキンダイガク」は正しくないアクセントであり、非常に違和感を持たれます。また、「毎日新聞を読む」を「マイニチシンブン」ではなく、「マイニチシンブン」と発話すると、「毎日、新聞を読む」という違う意味になってしまいます。
　このような誤用は、日本語の複合語のアクセントは単純語のアクセントをそのまま反映させるのではないということを理解していない、あるいは、理解していても実現できていないことが原因です。
　複合語は、以下のように分類されます。なお、単独では１語にな

らないものを接辞といい、複合語の後部になるものを接尾辞、頭部になるものを接頭辞とします。

- 語＋語：「北京大学」「スペイン料理」「めがね売り場」
- 語＋接尾辞：「韓国人」「準備室」「通路側」「当社比」
- 接頭辞＋語：「非暴力」「不服従」「新体制」

「語＋語」と「語＋接尾辞」、すなわち、語と接尾辞の違いは必ずしも明確ではありません。例えば、「韓国人」の「人(じん)」、「めがね屋」の「屋(や)」は単独で使用されることはありません。しかし、「通路側」の「側(がわ)」は単独で使用することもありそうです。ほかに、「比」はどうでしょうか。「縦と横の比」など、単独で使用する例は簡単に見つかります。ほかに、「語」など、単独で使用することも多いけれども、接尾辞などで使用されることが圧倒的に多いものもあります。そこで、語構成ではなく、アクセントによって、分ける方法があります。例えば、下記の3通りです[1]。

(a)「〜大学」「〜売り場」「〜休み」「〜男」
　　「〜料理」「〜ケーキ」「〜おにぎり」「〜デパート」
(b)「〜語」「〜屋」「〜課」「〜代」
(c)「〜人」「〜駅」「〜県」「〜市」

(a)は、「ペキンだ￣いがく」「スペインりょ￣うり」「かばんう￣りば」のように、後部要素の1拍目にアクセント核があるものです。単独では「大学」「売り場」のような平板型や、「休み」「男」のような尾高型の語が後部要素となっている複合語では、後部要素の1拍目にアクセント核が置かれることが多いです。また、単独では「料理」「ケーキ」のような頭高型や「おにぎり」「デパート」のような中高型の語が後部要素となっている複合語では、後部要素のアクセント核を生かすことが多いです。

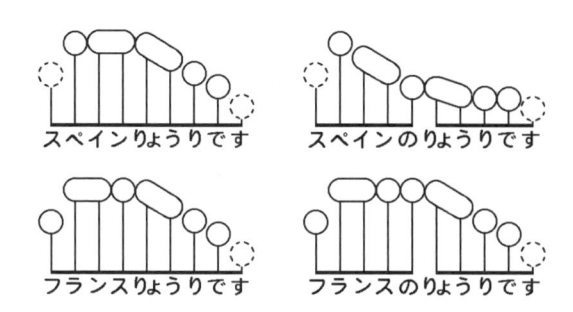

(b)は、「中国語」のように、複合語のアクセントが平板型になるものです。「〜語」「〜屋」「〜課」など、後部要素が1拍のものが多いですが、「〜側」「〜代」など、2拍のものもあります。

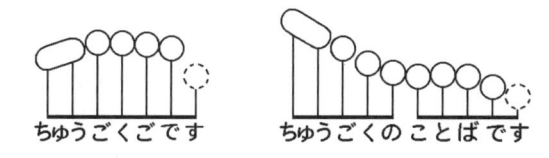

(c)は、「フランス˺じん」「きょうと˺えき」のように、後部要素の1つ前の拍にアクセント核があるものです。後部要素が漢字では1字のものが多いです。後部要素の1つ前の拍にアクセント核が置かれますが、その拍が特殊拍の「ー」「ン」のときは、アクセント核が1拍前にずれます。なお、「日本人」は、「にほ˺んじん」よりも「にほんじ˺ん」と発音されることが多いです。また、「イ」のときも、「シャンハ˺イし」のように1拍前にずれることが多いのですが、「タイ人」は「タ˺イじん」よりも「タイ˺じん」と発音されることのほうが多いようです。

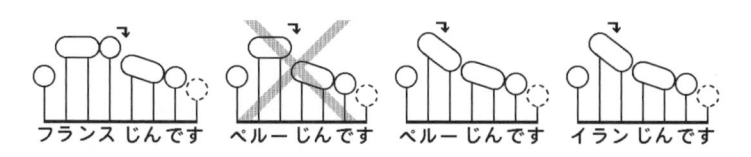

複合語は、単純語と違い、後部要素が同じ語については、ルールさえ知っていれば、いくつでも正しいアクセントで言えるという長所があります。それを生かした指導をするといいでしょう。

(1)　「ロンドン大学」「東京大学」などを聞かせ、あるいは、そのプロソディーグラフを見せて、アクセントのルールを推測させる。
(2)　「宇宙大学」「くろしお大学」など、学習者に自由に「～大学」を言わせ、それが正しいアクセントかどうかを評価する。

　こうすることで、それぞれの複合語のアクセントが、上の(a), (b), (c)のどのパターンであるかを考えるようになり、複合語は無限に作れて、正しいアクセントで言うことが実は簡単であるということが実感でき、より創造的になることが期待できます。
　複合語のアクセントの習得は難しいとする研究がよくありますが、私の経験では、順序立ててきちんと教えたら決してそのようなことはないと思います。

POINT

▶ **単純語と異なり、複合語のアクセントにはルールがあるので、すべてを個別に覚える必要はない。**

▶ **習っていない複合語のアクセントについても、学習者が推測できるように、学習者の創造力を刺激してみよう。**

1　河野俊之・串田真知子・築地伸美・松崎寛(2004)『1日10分の発音練習』くろしお出版, pp.84-85, pp.116-117.

TIPS! 36 アクセントを教える意義について考えよう　アクセント4

> 各品詞のアクセントの教え方を見てきましたが、そもそもアクセントを教えるとは何をどう教えることなのか、最終目標は何なのかについて考えてみましょう。

　アクセントを教えるというのは、Tips 32で述べたように、学習者が、音声を聞いて、高低2段階で表記できることが最終目標ではありません。最終目標として学習者は何ができればいいのか、そして、そのために教師に何ができるのかについて考えてみましょう。

　まず、私の経験から述べたいと思います。私は、大学入学で、福岡から名古屋へ行った際に、自分のアクセントと異なるアクセントを聞くたびに、アクセント辞典で調べていました。これは、名古屋方言やいわゆる標準語のアクセントを知って、その通りに発音したいというよりも、単に音声学的な興味があったからだと思います。

　私はアクセント辞典を見て、標準アクセントを発音したり、自分のアクセントを内省したりしました。その際、Tips 32にあるような、身近な単語のアクセント型を覚え、例えば、「『まち針』を、おれは、『消しゴム』と同じアクセントで発音しているけど、アクセント辞典には『マ＼チバリ』と書いてあるから、標準アクセントでは、『毎日』と同じなんだな。だから、『マ＼チバリ』と発音するんだな」などと思って、標準アクセントを覚えていきました。

　日本語学習者は、私のようにアクセント辞典を調べたりすることはあまりないかもしれません。しかし、最近、アクセント辞典が入っている電子辞書も多くなり、電子辞書を持ち歩くのが日本人よりも圧倒的に多い学習者には、アクセントを調べることは、むしろ身近になっているのではないでしょうか。そうだとしたら、学習者

も私のような学習方法を取ることが十分に考えられます。ただし、自分のアクセントがどうなっているかを記述することは必ずしも必要ないでしょう。学習者は以下の手順で標準アクセントを身に付けることが考えられます。

(1) 自分のアクセントが標準アクセントでないことを知る。
(2) 標準アクセントをアクセント辞典で調べる。
(3) 標準アクセントで発音できるようになる。

(1)について、自分のアクセントが標準アクセントでないことを知るには、2つの違いが聞き分けられる必要があります。この指導については、Chapter 2で扱った自己モニターが活用できます。

(2)については、「○⌐○○○」のようなアクセントを示すものを理解する能力が必要です。それを「高低低低」のように直接的にとらえるか、「『毎日』と同じ」などと間接的にとらえるかは、大きな問題ではありません。

なお、『新明解国語辞典』(三省堂)等は、Tips 32で示したように、「マ⌐チバリ」はアクセント核が前から数えて、第1拍にあるので、1型で、①と表記されています。これを、「アクセント核が第1拍にあるから、『マ⌐チバリ』というアクセントになるんだ」と分かれば、国語辞典だけで、アクセント型を知ることもできます。

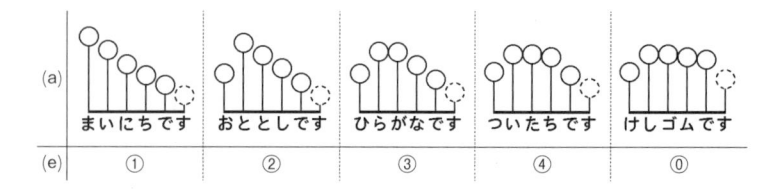

(a)	まいにちです	おとといです	ひらがなです	ついたちです	けしゴムです
(e)	①	②	③	④	⓪

(3)については、実際に、「○⌐○○○」等と正しいアクセントで発音できる能力が必要です。そのためには、直接的にとらえるか間接的にとらえるかは大きな問題ではありませんが、自分が意図したよ

プロソディーの教育を考えるためのTIPS

うに発音できているかを自己モニターする能力が必要です。

しかし、実際の学習では、学習者が1人で新しい単語を学習するというよりは、教科書にある新出単語について、教師やCDのモデル音声を聞いて、そのままのアクセントで繰り返せることが重要です。また、電子辞書でも、最近はすべての単語の音声が出てくるものがほとんどです。モデル音声を聞いて、そのままのアクセントで繰り返すためには、きちんと聞き取ることと、それをそのまま言えることが必要になります。きちんと聞き取ることができなければ、正しく繰り返すことはできないはずです。

そこで、その基礎として、まずは外国人の名前を使って、アクセントの下がり目で下げる、また、下がり目がないものは下げない、という練習が有効です。自分やクラスメートの名前でも練習することができます[1]。

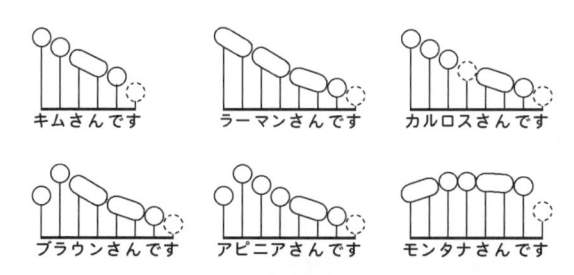

キムさんです　ラーマンさんです　カルロスさんです

ブラウンさんです　アピニアさんです　モンタナさんです

下げるべきところで下がっていないときや、下げるべきでないところで下がっている場合は、右のようなジェスチャーで示すとよいでしょう。

前ページのようなアクセント型別で高低のパターンを覚えると、それと照らし合わせて、新しい単語のアクセントを認識できるようになります[2]。しかし、これでは、新しい単語が出てきたら、その都度、そのアクセントを確認しなければなりません。

次の語を発音してみてください。

「ぞみこよ」「さひもと」「こひすや」「きゆしと」「きあつた」
「うろち」「だまや」「さうと」「のわか」「だらは」「おでひ」

　どのようなアクセントで発音したでしょうか。「おととし」「めがね」と同じ−3型か「消しゴム」「さかな」と同じ0型ではないでしょうか。このように、単純名詞（複合語でない名詞）と判断された語（実際には人名、あるいはその一部を逆にしたものですが）は、−3型か0型で発音するのが日本語では一般的です。

　また、音声、能力、教育、運営、活用など、2拍＋2拍の漢語は、1型か0型に、外来語は、「アクセント」「スーパー」などの1型、「コンピューター」「プレゼント」などの−4型、「オレンジ」「クリーム」などの−3型、「ガソリン」「カステラ」などの0型になる傾向が非常に高いです。

　すでに述べたように、動詞、イ形容詞や複合語の名詞にも規則があり、n拍語がn＋1のアクセント型に均等に分かれているわけではなく、日本語母語話者は、それを元に新しく見た語でもそのアクセント型を推測できるのです。学習者も徐々にそのような推測力を身に付けていくと考えられますが、よくあるパターンを教えるなどして、教師がそれをサポートしていきましょう。

POINT

- ▶ **アクセント型の分類に新しい語を当てはめて覚えさせるだけではなく、より有効な使い方を考えよう。**
- ▶ **アクセント型を推測する能力を身に付けさせる方法を考えて、実施してみよう。**

1　河野俊之・串田真知子・築地伸美・松崎寛（2004）『1日10分の発音練習』くろしお出版、pp.12-13.
2　同、pp.80-81.

TIPS! 37 長い音、短い音の導入を考えよう
リズム1

> 学習者の母語によって不得意な音が異なりますが、特殊拍は多くの学習者が苦手としています。特殊拍を含む長い音、含まない短い音について考えてみましょう。

　日本語のリズムの特徴としてよく指摘されるのは、モーラ(拍)です。俳句や短歌を詠むときのように、例えば、「『かわき』とよむよ」を指を折りながら数えると、7になります。つまり、これは7拍で、「かわき」は3拍です。「カーキ」「かんき」「かっき」も同じく3拍です。

　モーラのほかに、リズムの単位として、音節もあります。英語、中国語、韓国語など、モーラを持たない言語は多いのですが、音節はすべての言語が持っています。

　そこで、プロソディーグラフでは、モーラではなく、音節で長さを表しています。

⌒○	○○○	○○
カーキ	かわき	かき
かんき	さかき	
かっき		

　「ー」「ン」「ッ」を特殊拍といい、特殊拍に対して、「か」「わ」「き」などは、自立拍といいます。自立拍は、1拍で1つの音節になります。特殊拍「ー」「ン」「ッ」はモーラとしては1拍ですが、音節としては、それだけでは1音節にはならず、「カー」「かん」「かっ」のように、自立拍の後ろに付いて1音節になります。また、

143

「ターン」や、(『カーッとなる』の)「カーッ」も1音節となります。音声学では、1拍で1音節となっているものを軽音節、2拍で1音節となっているものを重音節と呼ぶこともあります。実際に指導する際には、軽音節、重音節をそれぞれ、「短い音」「長い音」と呼び、○と⬯で表すことがあります。Tips 35でも述べたように、「～市」のアクセントは、「よこはま￬市」のように「～￬市」になります。ただし、「きたきゅうしゅう市」は、「市」の直前の拍が特殊拍、すなわち、長い音節なので、「きたきゅうしゅ￬う市」になります。「とうかい市」は「とうかい￬市」ではなく、「とうか￬い市」になるので、「かい」も長い音、⬯とするのが適当かもしれませんが、ここでは、短い音○○として示します。

O￬OOO	OO￬OO	OOO￬O	OOOO￬	OOOO
かまきり	おととし	ひらがな	いちがつ	けしゴム
⬯O		⬯⬯		⬯O
セーター		せんせい		がっこう
⬯O		⬯O￬		⬯O
ソース		しょうゆ		かんじ
O￬O		OO￬		OO
じしょ		いぬ		いす

　リズムの指導では、まず、長い音節⬯があるかどうかを聞き取る練習をします。アクセントが、長い音節があるかどうかの聞き取りに影響を及ぼすことがあるので、さまざまなアクセントで練習するとよいでしょう。

　また、Tips 41で詳しく述べますが、音環境の影響で、本来、有声音である母音が無声音になる、「母音の無声化」があります。母音が無声化した音節は、「ひとり」「きっぷ」のように、⊙や⬯で表します。

　「かかと」「ほこり」など、母音の無声化が必須でないものは、⊙

を用いません。

　　　◌○○○◌○　　　　○◌○○○○○○○
　　　ひとりですか。　　　やすくておいしいいざかや
　　　○○○◌○○○◌　　◌○○○○◌○○○○○
　　　あめがふっています。　きっぷをかってきてください。

　実際の授業では、基本的に以下の手順で指導を行います。
　まず、「こうりゅうセンターです。」「きょうどうさぎょうです。」などを聞いて、○○○○○なのか○○○○○なのかを答える練習をします。間違えたときには、学習者に、どのように聞こえたかを実際に言わせてみるとよいでしょう。それと正しい音声とを教師が言って、聞き比べさせるなどすることができます。
　次に、「〜ですか。〜です。」の「〜」の部分が「おかね」「ハンカチ」「ぜんぶ」「オランダ」になっていて、それらが、○○、○○○、○○○、○○、○○○のどれなのかを答える練習をします。
　最後に、「せんしゅうは　しゅっちょうで　とうきょうへ　いきました。」という、(○○○　○○○　○○○)○○○○○などのリズムに合わせ、「こんしゅう」「ホンコン」「ロンドン」「今晩」「特急」「急行」「先生」「クッキー」などを用いて、「パーティーで　ゆうめいな　せんせいに　あいました。」などと言う練習をします。

POINT

- ▶ モーラではなく、どの言語にも存在する音節を用いて教えてみよう。
- ▶ リズムの聞き取りの練習では、どのように聞こえたかを言わせて、それの聞き分けの練習をしてみよう。

TIPS! 38 フットを用いた教え方を考えよう
リズム2

> 日本語のリズムについて、モーラや音節より大きい単位に、フットがあります。これを指導することでリズムが良くなることもある、フットについて考えてみましょう。

　音声学ではふつう、モーラあるいは音節をリズムの単位としていますが、実はそれよりも大きい単位があります。それをフット(foot)と言います[1]。

　例えば、芸能人の名前の略語ですが、「マツ・ジュン←松本潤」、のように、ほとんどが「2拍＋2拍」になります。これは、漢字1文字が2拍だからだと思うかもしれませんが、「木村拓哉」は「キ・タク」ではなく、「キム・タク」になります。このような例はほかに、「サト・エリ←佐藤江梨子」「タム・ケン←たむらけんじ」などたくさんあります。そう考えると、文字に関係なく、2拍が1つの単位であると考えられます。

　また、「和子」という名前の女の子は、「～ちゃん」という愛称で呼ぼうとすると、「かずちゃん」と呼ぶ人が多いと思います。「かず」は2拍です。これも「和」だから当然だと思われるかもしれません。では、「真子」はどうですか。「ま・ちゃん」とは絶対に呼びません。「まー・ちゃん」や「まっ・ちゃん」と呼ぶでしょう。そう考えると、やはり、2拍を1つの単位ととらえるのが妥当な気がします。

　電話番号などでも、やはり、2拍が1つの単位になります。「1346」を言うときは、「いち・さん・よん・ろく」と言うのに対して、「0025」を言うときには、「ゼロ・ゼロ・に・ご」とは言わずに、「ゼロ・ゼロ・にー・ごー」と言います。これは、すべて2拍です。

　実際に、2拍を1つのまとまりとすることが音声教育に効果があ

ることが証明されています[2]。

2拍が1つのまとまりであることは、例えば、2拍を線でつなぐなどするといいでしょう。その書き方ですが、長音節が含まれない場合は、頭から2拍ずつに区切り、それぞれを1単位とします。ただし、拍数が奇数のときは、最終拍を1モーラで1単位とします。

　　　かまきり　　　むぎばたけ・　　もみじむら・

長音節が含まれている場合は、まず、長音節を優先的に1単位としてまとめます。

　　　みずみずしい　　むずかしい　　シンメトリー

残った短音節を頭から2拍ずつに区切り、それぞれを1単位とします。ただし、残った単音節の数が奇数のときは、最終拍を1モーラで1単位とします。

　　　みずみずしい　　むずかしい・　　シンメトリー

このようなまとめ方をリズム型と呼ぶことにします。リズム型を使った教え方は、Tips 40で述べますが、リズム型を意識しすぎて、モデル音声や学習者の発音が以下のようにならないよう気を付けてください。

みず　みず　しい

なお、その単語がどのようなリズム型であるかを決める方法については、いろいろあり得ます。

母音拍や母音が無声化している拍を単音節とするか、長音節の一部とするかを「やわらかい」「やわらかく」で考えてみます。

A：やわらかい　　B：やわらかい

「やわらかい」は、内省では、Aだと違和感があり、Bのほうがいいように思います。このことから、「かい」の部分を長音節と考え、先に1単位としてまとめる、つまり、Tips 35でも触れましたが、「い」は特殊拍と同じと考えたほうがよいでしょう。

A：やわらかく　　B：やわらかく

また、「やわらかく」について、Aは「く」を単音節としたときのリズム型です。Bは「く」が無声化しているので、それを特殊拍に準ずるものと考えた場合です。「やわらかく」には特殊拍が含まれないので、Aのように、頭から2拍ずつまとめ、最後の余った「く」を1つとするのがルールですが、Bのようなリズム型もそれほど違和感がありません。母音の無声化については、特殊拍ほどではありませんが、長音節の後部とすることも可能です。

POINT

- ▶ **日本語において、音節より大きい単位としてフットがある。**
- ▶ **リズム型の決め方はいろいろあり得るので、学習者に合わせて、よりよい方法を探ってみよう。**

1　窪薗晴夫・太田聡(1998)『音韻構造とアクセント』研究社、p.189.
2　河野俊之(1995)「日本語のリズムとその教育の一試行」『総合文化研究所紀要』12、同志社女子大学総合文化研究所、pp.103-115.

TIPS! 39 リズム型の決め方を考えよう
リズム3

> リズム型の決め方は、いろいろあり得ます。どのようなリズム型で教えたらいいかについて考えてみましょう。

　Tips 38 でリズム型について触れ、それを意識させることでリズムがよくなるということを述べました。しかし、どのようなリズム型であるかを決める方法については、いろいろあり得ます。1つは母音拍や母音が無声化している拍を単音節とするかどうかです。ほかには、複合語や助詞などが続く文節のリズム型をどうするかという問題があります。

　　　A：もみじむら　　　B：もみじむら

　「もみじむら」は複合語で、「もみじ¦むら」に分かれますが、Bは、そのような語構成を考慮し、境界を越えて1まとまりにはならないというルールに基づいて、リズム型を決めたものです。Aは語構成を考慮せず、単純に、前から2拍ずつまとめたものです。どちらが内省に合っているでしょうか。

　ちょっと分かりにくいかもしれないので、違う例で考えてみましょう。「おしょくじけん」は2つの語構成が考えられます。「おしょく¦じけん」、つまり「汚職事件」と、「おしょくじ¦けん」、つまり「御食事券」の2つです。

　次ページにあるAは、単純に前から2拍ずつまとめて提示したものです。一方、Bは、語構成を考慮し、境界を越えて1まとまりにはならないというルールに基づいて、リズム型を決めたものです。

149

Bは違うリズム型になっています。

おしょく｜じけん　　　おしょくじ｜けん
汚職事件　　　　　　御食事券

A：おしょくじけん　　おしょくじけん

B：おしょくじけん　　おしょくじけん

　日本語でアクセント型が違うというのは、「雨」と「飴」のように、それによって単語の意味を区別することができるということです。それと同じように、Bのようにアクセント型が違っているとすると、「汚職事件」と「御食事券」のどちらが言われたかを判別できることになります。実際に、ペアになって、1人がどちらかのつもりで言って、もう1人がどちらが言われたかを当ててみてください。当てられないはずです。このことから、Bのようにリズム型が違うというのは、「雨。」と「飴。」の聞き分けができるのに対して、「花。」と「鼻。」の聞き分けができないのにできると思うのと同じように、妄想であり、音声学的・音韻論的な根拠は示せません。

　また、Bを示して音声教育を行うことは、マイナス効果のほうが予想されます。例えば、「やまだ｜かちょう（山田課長）」を「やまだーかちょう」「やまだかーちょう」「やまだーかーちょう」のように言ってしまう学習者が多くいます。その原因として、2拍1まとまりでなく、1拍単独となってしまった拍は長く発音してしまう誤りが起こりやすいからです。そのような学習者には、Bではなく、Aを示したほうがそのような問題は防ぎやすいのです。

A：やまだかちょう　　B：やまだかちょう

　これは、複合語だけでなく、独立語＋付属語からなる文節や、もっと大きな単位でも言えます。例えば、「名古屋まで」は、「なご

や｜まで」ですが、これも、Bではなく、Aを示すことで「なごやーまで」と言うのを防げるかもしれません。

　　A：なごやまで　　　　B：なごやまで

「学習者が『名古屋』と『まで』という語を知っていたら、文節の構造を無視したAではなく、Bを示したほうがいいんじゃないか」と思われるかもしれません。それについて異論はありません。しかし、特に、初級学習者は、語構成が分からない単語や文節もあるはずなので、学習者1人ででもリズム型を考えることができるように指導するためには、根拠のないルールを押し付けてはなりません。音声教育に適したリズム型は、さまざまな観点から考えていく必要があり、「こうでなければならない」というのはよくありません。例えば、語構成を知っているかどうかで学習者に示すリズム型を柔軟に変えていくことも必要です。

POINT

- **リズム型を決める際に、語構成は必ずしも考慮しないようにしよう。**
- **学習者にとって難しすぎる、根拠のない方法を押し付けないようにしよう。**

TIPS! 40 リズムの具体的な教え方を考えよう リズム4

> リズム型を意識させるだけで効果がありますが、さまざまな工夫をすることで、より効果的な音声指導ができるはずです。リズムの教え方について考えてみましょう。

　リズムの具体的な教え方ですが、これは、VT(Verbo-Tonal)法の教え方が参考になります。VT法は、発音する際の調音器官の緊張と緩和が、身体全体の緊張と緩和と関係があると考えています。音声によって、さまざまな身体リズム運動を用い、それができることで正しい発音ができるようになるという考え方です。

　"OBject""obJECT"のように、英語の発音の強弱を真似したいときに、"OB""JECT"のような強い部分でこぶしを振り下ろしたり、片足を踏み下ろしたりすることはあるでしょう。これらを逆に弱い部分で行うと非常に発音しにくくなります。

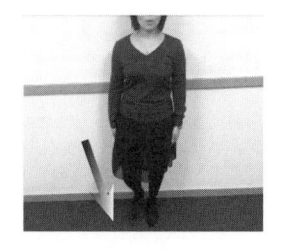

　2拍を1単位としたリズム型については、次ページのようにします。「くろしおぎんこう」「くろだぎんこう」の場合ですが、「だ」は1拍で1つなので、手を速く動かす必要があります。

152

プロソディーの教育を考えるためのTIPS

①くろ ②しお　　　　　　①くろ ②だ
③ぎん ④こう　　　　　　③ぎん ④こう

モデル音声を示すときに、Bのように強弱を付けて言わないように注意しましょう。

A：くろしおぎんこう　　　B：くろしぉぎんこぅ

手を叩いたり、机を叩いたりする方法もありますが、それだと、音も出てしまいますし、学習者の音声も、どうしても上のBのようになりやすいので、手を叩いたり、机を叩いたりする方法は、私はあまり使いません。

身体リズム運動を紹介する教科書や参考書はけっこうありますが、それらにはあまり載っていないことで、1つ気を付けたいことがあります。それは、いきなり、身体リズムをさせながら発話させるのは無理なこともあるということです。例えば、「くろしおぎんこう」を「くろしーおぎんこ」と言ってしまう学習者に、身体リズム運動を見せながらモデル音声を示せば、学習者は同じように身体リズム運動をしながら発話するでしょう。しかし、それでは、身体リズム運動と発話という2つのことをいきなり同時に行うことになります。それでは、両方うまくいかないことがあります。そこで、まずは、身体リズム運動だけをやらせ、それができるようになってから発話を乗せるとうまくいきます。

2拍1まとまりのリズムが滑らかに言えるようになったら、さら

に大きい単位で練習します。いつまでも2拍1まとまりだけで練習していると、俳句や川柳のようなリズムになってしまいます。

①くろしお　②ぎんこう　　　　①くろだ　②ぎんこう

①くろしおぎんこうの
②ていきよきんは
③さんパーセントの
④きんりだそうです

ただし、このあたりの段階になると、リズムを意識したジェスチャーよりも、Tips 21で示したような、ヤマを意識した身体運動のほうがよりスムーズになります。

POINT

> ▶ リズムを身に付けるために、視覚だけでなく、身体リズム運動を使ってみよう。
> ▶ フットを活用した2拍だけでなく、さらに大きいリズムの練習もしてみよう。

TIPS! 41 母音の無声化と鼻濁音を教えることについて考えよう

> ふつうの表記に表れない音変化の代表として、母音の無声化と鼻濁音があります。それらをどう考えるか、どう教えたらいいかについて考えてみましょう。

　母音の無声化は、音環境の影響で、本来、有声音である母音が、無声になる現象です。母音の無声化については、方言差があり、母音の無声化が目立つ地域は、岩手南部・山形南部・石川・富山・新潟・群馬・埼玉・東京・神奈川と九州全域です。

　母音の無声化は、以下の音環境で起こることがあります。当該部分を発話しているときに、172, 173ページのように喉仏を触って震えていない、あるいは、耳をふさいで響かなければ、母音の無声化が起こっています。

(1) 無声子音に挟まれた /i//u/ 　（例　きた、くさ）
(2) 無声子音と休止に挟まれた /i//u/ 　（例　ございます。）
(3) 無声子音「ッ」に挟まれた /i//u/ 　（例　きっぷ）
(4) /k//h/ に挟まれた /a//o/ 　（かかと、ほこり）
(5) 無声子音が続く語頭の母音　（おかだ）

　プロソディーグラフでは、下図の、文末の「す」や「よろしく」の「し」のように、破線の○や○で、母音が無声化した拍を表します。

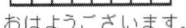

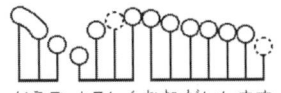

おはようございます。　　　どうぞ よろしくおねがいします。

しかし、東京のように母音の無声化が目立つ地域でも、上の(1)〜(5)のうち、(4)(5)は、◌̥にしないこともあります。これは、(4)(5)の音環境では、母音の無声化は必須ではなく、同じ人でも、無声化することも、しないこともあるからです。

練習では、まず、文を聞かせ、母音がすべて聞こえるか、聞こえない母音があるかどうかを答えさせます。その後、下のように、プロソディーグラフの高さに関する要素を除き、代わりにアクセントの下がり目を付したものを見せて、母音の無声化に気を付けて発音させます。

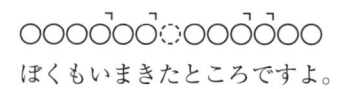

○○○○○⌐○○◌̥○○○○○○
ぼくもいまきたところですよ。

韓国語母語話者など、母語に存在しない母音の無声化ができない学習者がいることを述べる論文がある一方、韓国語話者なども、注意するだけで、すぐにできるようになるという研究もあります[1]。母音の無声化は、前後音が無声音であるため、本来、有声音である母音が、無声になる現象ですが、それはそのほうが発音しやすい、つまり、生理的に楽だからです。ですから、母音の無声化は、誰でもすぐにできるようになるのは当然だと考えられます。

また、音環境の影響を受けるものとして、母音の無声化のほかに、鼻濁音があります。ガ行音は、ふつう、「ガ！ ギ！ グ！ ゲ！ ゴ！」のように単独で発話するときや、「外国（がいこく）」などの語頭、「ラガー」などの外来語、「ガラガラ」などの擬音語・擬態語では、図１の軟口蓋－破裂音［g］が用いられます。しかし、「葉書（はがき）」などの語中では、図２の軟口蓋－鼻音［ŋ］が用いられる地域があります。鼻濁音をよく使う地域は、東京のほか、北海道・東北・栃木・千葉北部・神奈川・静岡・山梨・長野・富山・石川・岐阜・滋賀・京都・大阪・兵庫・和歌山・徳島で、鼻濁音をあまり使わない地域は、千葉南部・埼玉・群馬・新潟・愛知・中国地方・九

州のほぼ全域です。鼻濁音をあまり使わない地域では、図1の軟口蓋 - 破裂音［g］か、図3の軟口蓋 - 摩擦音［ɣ］が用いられます。鼻濁音を使っているかを確認するには、鼻をつまんで、「はがき」を発話してみて、「が」の音が鼻づまりのようになっていたら、鼻濁音を使っているということです。

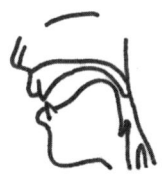

図1 破裂音　　　　図2 鼻音　　　　図3 摩擦音

　鼻濁音をよく使うとされる地域でも、最近は、どんどん使わなくなっています。それを日本語の乱れと考える人がいます。海外で、日本人の日本語教師から「鼻濁音が…」という発言をよく聞きます。例えば、「私は東京の出身なんですが、この前、日本に一時帰国したら、若い人どころか、テレビのアナウンサーまでが、鼻濁音を使わずにしゃべっていたんですよ。日本語って乱れていますよね。先生はどう思われますか」と言われたりします。私は、それに対して、言葉を濁すようにしていますが、正直に言うと、非常に情けないと思います。情けないのは、日本語が乱れていることではなく、そのように教師が言うことです。自分は正しい日本語を使っていることをアピールしなければ、存在価値が認められない恐れがあるということをアピールしてしまっているように思います。

　もちろん、モデルとなる日本語が使えることは、教師の能力として必要なことですが、それだけでは、「日本人なら誰でも日本語が教えられる」となってしまうので、まったく不十分です。

　カリフォルニア大学サンディエゴ校の當作靖彦氏から、「日本語能力をより養成できているのは、日本人であるネイティブ教師より

もノンネイティブ教師である」というお話をうかがったことがあります。私はそれに大きな衝撃を受けました。スポーツ界で、「名選手、必ずしも、名監督ならず」と言ったりもしますが、確かに、金メダリストを養成できるのが元・金メダリストだけでないのは明らかです。ノンネイティブ教師は、日本語能力はネイティブ教師より低いかもしれませんが、日本語教育能力については、自身の体験から、学習者の気持ちをくみ取り、どのように叱咤激励したらよいか、母語と日本語の対照研究から、学習者にとってどういう点が難しいか、また、それについてどのように克服したらよいかなど、ネイティブ教師より、優れていることもあるでしょう。

「鼻濁音は美しい」と思っている日本人は多いようですが、自分が使っているからというまったく根拠のない理由でそう思っているのではないかと、鼻濁音を使わない福岡出身の私は、まったく根拠のない理由で、そう思っています。日本人だから、日本語の発音に問題がないから、日本語の発音を教えることができる、あるいは、日本語の発音能力が高いから日本語の発音が教えられる、ではなく、日本語の発音を教える能力を身に付けることが重要です。

POINT

- ▶ 鼻濁音は衰退しているが、どのような発音が美しいかは、かなり主観的である。
- ▶ 日本語の発音能力も必要だが、それだけでなく、音声教育能力のほうが圧倒的に重要である。

---

1 松崎寛(1999)「韓国語話者の日本語音声―音声教育研究の観点から―」『音声研究』3(3)、日本音声学会、pp.26-35.

Chapter 4

学習者の音声を考えるための
TIPS

TIPS! 42 国際音声記号の見方を知ろう

Tips 43 からは、各言語の音声を学び、日本語と対照して、母語別の問題点を考えていきます。その前に、まずは、子音・母音一般の音声を復習しましょう。

国際音声記号(IPA：International Phonetic Alphabet)は、あらゆる言語の音声を文字で表記するために、国際音声学会が定めているものです。国際音声記号を元に、音声の復習をしましょう。

子音（肺気流）

調音法＼調音点	両唇音	唇歯音	歯音	歯茎音	後部歯茎音	そり舌音	歯茎硬口蓋音	硬口蓋音	軟口蓋音	口蓋垂音	咽頭音	声門音
破裂音	p b			t d		ʈ ɖ		c ɟ	k g	q ɢ		ʔ
鼻音	m	ɱ		n		ɳ	ɲ		ŋ	ɴ		
震え音	ʙ			r						ʀ		
弾き音		ⱱ		ɾ		ɽ						
摩擦音	ɸ β	f v	θ ð	s z	ʃ ʒ	ʂ ʐ	ɕ ʑ	ç ʝ	x ɣ	χ ʁ	ħ ʕ	h ɦ
側面摩擦音				ɬ ɮ								
接近音	w	ʋ		ɹ		ɻ		j	ɰ			
側面接近音				l		ɭ		ʎ	ʟ			

記号が対になっている所は右が有声子音、左が無声子音。■は不可能と思われる調音を表す。

子音（非肺気流）

吸着音	有声入破音	放出音
ʘ 両唇音	ɓ 両唇音	' 例：
ǀ 歯茎音	ɗ 歯音／歯茎音	p' 両唇音
ǃ (後部)歯茎音	ʄ 硬口蓋音	t' 歯音／歯茎音
ǂ 硬口蓋歯茎音	ɠ 軟口蓋音	k' 軟口蓋音
ǁ 歯茎側面音	ʛ 口蓋垂音	s' 歯茎摩擦音

母音

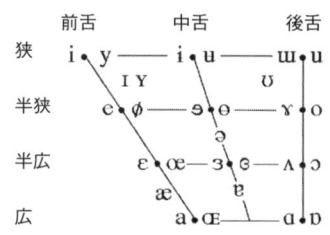

前舌　　　中舌　　　後舌

狭　　i・y ── ɨ・ʉ ── ɯ・u
　　　　ɪ ʏ　　　　　　ʊ
半狭　　e・ø ── ɘ・ɵ ── ɤ・o
　　　　　　　　ə
半広　　ɛ・œ ── ɜ・ɞ ── ʌ・ɔ
　　　　　　æ　　ɐ
広　　　　　a・ɶ ── ɑ・ɒ

記号が対になっている所は右が円唇母音。

　なお、WEBサイトで国際音声記号の音声を聞くことができるので、参考にしてください[1,2,3]。

　言語音は、子音と母音に大別されます。

　子音の調音の方法を調音法と言います。まず、肺気流(肺からの気流を用いたもの)を、日本語音を元に説明します。

　[p]パ・[m]マ・[t]タ・[ɾ]ラなどは、調音の際、上唇と下唇、上の歯と舌、上あごと舌など、上と下がくっつき、[j]ヤ・[s]サなどはくっつきません。上と下がくっつくもののうち、[ɾ]ラは、くっつくのが一瞬で、舌先で歯茎(しけい)を弾(はじ)く、弾き音です。[m]マは鼻をつまんで調音すると、鼻がつまったような変な声になります。これは、気流が鼻腔(びこう)を通るからで、鼻音(びおん)です。[p]パは鼻腔を使わず、口で破裂が起こっている、破裂音です。

　上と下がくっつかないもののうち、[s]サは[j]ヤと比べ、摩擦する音が聞こえます。そこで、摩擦音と呼びます。一方、[j]は摩擦するほどではないけれど接近はしているので、接近音と呼びます。

　標準的な日本語音にはない調音法ですが、英語の [l] は、舌先を歯の裏あたりに付けますが、舌の両端の部分はどこにも付いていません。これを側面−接近音と呼びます。これがもっと狭くなって摩擦があると、側面−摩擦音 [ɬ] [ɮ] になります。また、日本語のラ[ɾ]は弾き音で、舌先で歯茎を1回弾くのに対し、インドネシア語やスペイン語では、何回も震(ふる)えさせます。この調音法を震え音と

言います。

　非肺気流は、肺以外の器官で気流を起こすもので、吸着音、有声入破音、放出音に大別されます。吸着音は、日本語では「チェッ」と舌打ちするときやキスをするときのような音です。軟口蓋とそれよりも前の2か所で閉鎖を作って、その中の気圧を下げ、閉鎖を開放すると、気圧差で外からの気流が発生することで調音されます。コイサン語など、アフリカの一部の言語で用いられます。有声入破音は、両唇、歯茎、軟口蓋など、口のどこかで閉鎖を作り、喉頭を急激に下げてから、「バ」「ダ」「ガ」のように調音します。ベトナム語やスワヒリ語で用いられます。放出音とは、両唇、歯茎、軟口蓋など、口のどこかで閉鎖を作り、喉頭を急激に上げてから、「パ」「タ」「カ」のように調音します。黒海とカスピ海に挟まれたコーカサスの言語や、コイサン語などで用いられます。

　次は、調音点です。どこで調音するかを調音点と言います。

　[p]パは破裂音ですが、上の唇と下の唇を合わせてから破裂させるので、両唇音と呼びます。英語の [f] は、上の前歯を下唇に非常に近づけて摩擦させて発音するので、唇歯音と言います。また、[t]タで、舌先を歯の裏だけに付ける場合は歯音、それよりも後ろの肉の部分に付ける場合は歯茎音となります。また、英語の"shoes"などの [ʃ] は、歯茎の後ろのほうのガタガタの部分に近づけて発音するので、後部歯茎音です。

　イギリス英語の"r"は、歯茎 − 接近音 [ɹ] ですが、それをもっと舌を反らせて調音すると自動的に調音点が少し後ろに下がります。この調音点をそり舌音と言います。[ç]ヒは舌の中程が上あごの硬い部分に近づくので、調音点を硬口蓋音と言います。[k]カは、後舌が上あごの軟らかい部分に付くので、軟口蓋音と言います。いわゆる喉ちんこを口蓋垂と言います。例えば、フランス語で、「ありがとう」を表す《Merci（メルシー)》[ʁ] は口蓋垂を摩擦させるので、口蓋垂音と言います。「はっはっはっ」と言うと、喉に力が入ります。そこが声帯の間にある声門で、[h]ハや最後の「ッ」な

どは声門で調音され、声門音と言います。咽頭は、声門よりも上の喉の部分ですが、標準的な日本語音には咽頭音はなく、アラビア語にあります。

　また、[w]ワは、気流の妨げが、両唇と軟口蓋の2か所あるので、両唇軟口蓋音と呼びます。160ページのIPAの表では、両唇音に入れてあります。

　調音の際、[z]のように声帯振動があるものを有声音、[s]のように声帯振動がないものを無声音と呼びます。172ページ（Tips 45）のように、喉に手を当てたり、耳をふさいだりして調音し、響きがあるかどうかで確認できます。IPAの表では、1つの枠内の左が無声音、右が有声音です。

　母音は、調音の際の舌の最高点が口内の前か後ろか、上か下かで分類します。舌の最高点が口内の前か後ろかを3つに分け、前舌、中舌、後舌母音と言います。舌の最高点が上か下かを口の開きが狭いか広いかとし、それを4つに分け、狭、半狭、半広、広母音と言います。また、唇が丸まっているかどうかでも分類し、丸まっている母音を円唇母音、丸まっていない母音を非円唇母音と言います。

　国際音声記号やその表を無理に覚える必要はありませんが、理解しておくと、いろいろな言語の音声を知るのに非常に便利です。

POINT

▶ いろいろな言語の音声を知るために、音声学の知識を身に付けてそれを最大限に活用し、忘れていたら、復習をしてみよう。

▶ 国際音声記号やその表を無理に覚える必要がないが、理解すると、いろいろな言語の音声を知るのに役立つことを知ろう。

1　「国際音声字母」
　　http://www.coelang.tufs.ac.jp/ipa/index.htm
2　「A Course in Phonetics」
　　http://www.phonetics.ucla.edu/course/chapter1/flash.html
3　「Public IPA Chart」
　　http://web.uvic.ca/ling/resources/ipa/charts/IPAlab/IPAlab.htm

TIPS! 43 日本語の音声を知ろう

Tips 44 からは、各言語の音声を学び、日本語と対照して、母語別の問題点を考えていきます。ここでは、まず日本語の音声を復習しましょう。

調音点＼調音法	両唇音	唇歯音	歯音	歯茎音	後部歯茎音	そり舌音	歯茎硬口蓋音	硬口蓋音	軟口蓋音	口蓋垂音	咽頭音	声門音
破裂音	p b			t d		ʈ ɖ		c ɟ	k g	q ɢ		ʔ
鼻音	m	ɱ		n		ɳ	ɲ		ŋ	ɴ		
震え音	ʙ			r						ʀ		
弾き音		ⱴ		ɾ		ɽ						
摩擦音	ɸ β	f v	θ ð	s z	ʃ ʒ	ʂ ʐ	ɕ ʑ	ç ʝ	x ɣ	χ ʁ	ħ ʕ	h ɦ
破擦音				ts dz	tʃ dʒ		tɕ dʑ					
側面摩擦音				ɬ ɮ								
接近音	w	ʋ		ɹ		ɻ		j	ɰ			
側面接近音				l		ɭ		ʎ	ʟ			

灰色は、標準的な日本語にはない音。

```
          前舌      中舌      後舌
  狭     i•y ─── i•u ─── ɯ•u
              ⓘ       Ⓤ
  半狭    e•ø   ɘ•ɵ ─── ɤ•o
              Ⓔ       Ⓞ
  半広    ɛ•œ ─ ɜ•ɞ ─── ʌ•ɔ
              æ      Ⓐ
  広      a•ɶ ─── ɑ•ɒ
```

[個々の音]

日本語は、(子音＋)母音が基本です。また、長音、促音、撥音があります。これら1つひとつをモーラ(拍)と呼び、各モーラは、母語話者には同じ長さに感じます。「カート」([kaːto])などの長音は、前の母音を1拍分後ろに伸ばしたもの、「カット」([katto])などの促音は、後ろの子音を1拍分前に伸ばしたもの、「カント」([kanto])などの撥音は、後ろの音を1拍分前に伸ばし、それを鼻音にしたものです。

子音は、「蚊－蛾」など、無声－有声で意味が異なります。このように、音が違うことで意味が異なることを「対立する」と言います。逆に、例えば、日本語のラ行音を、標準的な [r] でなく、英語の"r"の接近音 [ɹ] や、"l"の側面接近音 [l] で発音しても意味は変わらないので、これらの音を「異音」と言います。

キなど、[i] が後続する場合、舌面が硬口蓋に向かって持ち上がる硬口蓋化が起こります。それによって、調音点が前後にずれることがあります。

ツやチャ行の子音 [ts] [tɕ] は、破裂→摩擦の破擦音で、ス、サ行の摩擦音 [s] [ɕ] と対立します。ザ行、ジャ行は、「ざっし」「ねんざ」等では、破擦音 [dz] [dʑ] ですが、「あざ」等の母音間では、ふつう、摩擦音 [z] [ʑ] で発音され、破擦音と摩擦音で対立しません。バ行音も、「ばか」「あんば」等では、破裂音 [b] ですが、「かば」等の母音間では、ふつう、摩擦音 [β] で発音されます。

母音は、[a] [i] [ɯ] [e] [o] の5つです。「あおい」のような

母音連続でも、発音が曖昧になることはなく、つまり、二重母音になりません。

母音は本来、有声音ですが、音環境によって、無声化が起こります。「きた」「くさ」「ございます」など無声子音に挟まれた、あるいは、無声子音と休止に挟まれた［i］［ɯ］では頻繁に起こりますが、ほかにも、「ほこり」「ぷかと」などでも、起こることがあります。

また、円唇－非円唇で対立しません。ただし、「ア」「イ」「ウ」「エ」は非円唇で、「オ」は円唇で発音されることが多いです。

［プロソディー］

拍間の高さの違いで単語の意味を区別する高さアクセントです。実際には、急激な下がり目がどこにあるかで区別され、それまでは、1拍目を除き、ほぼ同じ高さが続きます。n拍語は、n＋1の型があり得ますが、実際は、いくつかの型に偏っていて、特に、動詞、イ形容詞では、基本的に2つの型のどちらかです。

また、複合語は、アクセント核が1つになるため、それを構成する元の語のアクセントと異なることが多いです。

日本語のイントネーションの分類には、諸説ありますが、Tips 27からTips 31で述べたことを再度まとめておきます。文末イントネーションは、大きく、平調、上昇調、下降調に分かれます。伸ばして、弱々しく言う弱平などもあります。

「よ」「ね」「か」などの文末詞がない場合は、上昇調は「質問」、下降調は「残念」「確認」「了解」などに使われます。

文末詞がある場合、「か」について、上昇調は「質問」、下降調は「残念」「確認」「了解」、「よ」について、上昇調と平調は「伝達」、下降調は「不満」、「ね」について、上昇調は「伝達」、下降調は「確認」、平調は「独り言」などに使われます。

Tips 44からは、日本語以外の8言語の音声と誤用について、そして、各言語話者の日本語の練習方法について述べていきます。取り上げたのは、次ページの表のように、日本語学習者が多かったり、

音声に特徴があったりする8言語です。

上位20の国・地域別の日本語学習者数[1,2]

日本国内

	国・地域名	学習者数
1	中国	64,172人
2	韓国	10,573人
3	ベトナム	8,154人
4	フィリピン	5,811人
5	ブラジル	5,690人
6	台湾	4,829人
7	アメリカ	4,595人
8	タイ	4,286人
9	インドネシア	3,278人
10	日本	3,057人
11	ネパール	3,044人
12	ペルー	2,764人
13	イギリス	2,037人
14	インド	1,116人
15	フランス	1,040人
16	マレーシア	1,030人
17	ミャンマー	953人
18	モンゴル	877人
19	ロシア	810人
20	ドイツ	755人

海外

国・地域名	学習者数
中国	1,046,490人
インドネシア	872,411人
韓国	840,187人
オーストラリア	296,672人
台湾	233,417人
アメリカ	155,939人
タイ	129,616人
ベトナム	46,762人
マレーシア	33,077人
フィリピン	32,418人
ニュージーランド	30,041人
カナダ	23,110人
香港	22,555人
インド	20,115人
ブラジル	19,913人
フランス	19,319人
イギリス	15,097人
ドイツ	14,393人
ロシア	11,401人
シンガポール	10,515人

POINT

▶ **学習者の母語の音声を知る前に、日本語の音声の特徴を知っておこう。**

▶ **日本語の音声は必ずしも特殊でないことを、常に頭の片隅に置いておこう。**

---

1 文化庁文化部国語課(2013)『平成24年度国内の日本語教育の概要』
　http://www.bunka.go.jp/kokugo_nihongo/jittaichousa/h24/gaiyou.html
2 国際交流基金(2013)『海外の日本語教育の現状－2012年度　日本語教育機関調査より－』くろしお出版.

TIPS! 44 中国語の音声と誤用の傾向を知ろう

> 中国語はさまざまな方言がありますが、ここでは、北京方言(北京、河北省北部、東北3省)を中心に扱い、適宜、南部方言(広東、閩南、上海など)を補足していきます。

調音点＼調音法	両唇音	唇歯音	歯音	歯茎音	後部歯茎音	そり舌音	歯茎硬口蓋音	硬口蓋音	軟口蓋音	口蓋垂音	咽頭音	声門音
破裂音	p pʰ b		t tʰ	d		ʈ ɖ		c ɟ	k kʰ g	q ɢ		ʔ
鼻音	m	ɱ		n		ɳ		ɲ	ŋ	ɴ		
震え音	ʙ			r						ʀ		
弾き音		ⱱ		ɾ		ɽ						
摩擦音	ɸ β	f v	θ ð	s z	ʃ ʒ	ʂ ʐ	ɕ ʑ	ç ʝ	x ɣ	χ ʁ	ħ ʕ	h ɦ
破擦音			ts tsʰ	ts dz	tʃ dʒ	tʂ tʂʰ	tɕ tɕʰ dʑ					
側面摩擦音				ɬ ɮ								
接近音	w	ʋ		ɹ		ɻ		j	ɰ			
側面接近音				l		ɭ		ʎ	ʟ			

168

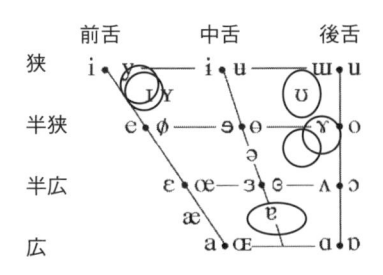

```
          前舌      中舌      後舌
狭        i･y     i･u      ɯ･u
                              ʊ
半狭      e･ø  ──ɘ･θ──    ɤ･o
                      ə
半広      ɛ･œ ─ɜ･ɞ─   ʌ･ɔ
              æ          ɐ
広           a･ɶ         ɑ･ɒ
```

Tips 44 より続く IPA の子音表では、日本語にはあるけれども、各言語にはない音は、「×」を付けます。日本語にはないけれども、各言語にはある音は、□で囲みます。灰色は、標準的な日本語にはない音です。母音図については、各言語にある音を○で示しています。また、学習者の音声については、6 ページに示した WEB サイトより聴くことができます。

[個々の音]

中国語の基本は、（声母＋）主母音（＋韻尾）です。主母音（＋韻尾）は韻母と呼ばれます。主母音は単母音と重母音があり、韻尾は主に [n] [ŋ] ですが、南部では、[p] [t] [k] や [ʔ] もあり、促音のように聞こえます。

長音、促音、撥音を挿入したり、削除したりする誤用がよくあります。「ずこう」→「ずーこう」、「こうかい」→「こかい」、「らく」→「らっく」、「こえ」→「こえん」、「らんかん」→「らんか」のようになります。また、子音 [n] [m] [ŋ] が長すぎるため、「こない」→「こんない」や「でぐち」→「でんぐち」のように、ナ、マ、ガ行音の前に撥音が挿入されることがあります。

また、「おんし」→「おーし」、「いおう」→「いおん」、「しょっき」→「しょーき」、「ようか」→「よっか」のように、長音、促音、撥音の交替もあります。

母音の前の撥音を [n] で発音してしまい、「にせんえん」→「にせんねん」や「にせねん」のように、母音がナ行になることがよく

あります。ほかに、[ŋ] で発音してしまうことで、「にせんげん」「にせげん」にもなると言われています。

子音は、声帯振動の有無の「無声－有声」ではなく、気息(きそく)の有無の「無気－有気」で単語の意味を区別します、なお、"r"は、本書では、摩擦音の [ʐ] ではなく、そり舌－接近音の [ɻ] とします。

無声－有声の違いが難しく、「がんたん」→「かんだん」のように、有声音を無気音、無声音を有気音で代用することで、語頭の有声音を無声音、語中の無声音を有声音で発音しがちです。また、「いてん」など、語中の無声音で有気音を用いると、不自然に聞こえることもあります。

しかし、上海語、閩南語(びんなんご)等では、[p] [pʰ] [b] や [tɕ] [tɕʰ] [dʑ] のように、有気－無気のみでなく、有声－無声の区別もあるので、苦手でない学習者も見られます。

広東語、閩南語では、[l] と [n] が1つの音素の異音関係にあることから、「ひなた」→「ひらた」、「らんかん」→「なんかん」のように、ラ行とナ行の混同が多く見られます。また、「かながわけん」→「かだがわけん」のようなナ行とダ行の混同も見られます。

ヤ行音とワについて、ヤ行音とワをそれぞれ [iɑ] や [uɑ] で代用する傾向があるため、ヤ行音「や」の前に少しだけイ、ウがある、言わば1.3拍ぐらいに聞こえます。また、「ゆそう」→「よそう」のように、ユを [iɤʊ] と発音するので、それがヨと聞こえることもあります。

中国語の音声を表すピンインは、日本語のローマ字表記とは音が異なるので、注意が必要です。特に母音は、ピンインは同じでも単母音と重母音などで、実際の音が異なることが多いです。

日本語の非円唇母音 [ɯ] を円唇母音 [u] で代用する傾向があります。また、[o] [e] をそれぞれ [uɔ] [yɛ] で発音する場合もあります。そのため、「かお」→「かう」に聞こえるなどの誤用が見られます。

中国語の en, eng は、[ən] [ɤŋ] であるため、それを日本語の

/en/ に代用すると、「かながわけん」→「かながわきん」、「にせんえん」→「にさんえん」のように、はっきりしない発音に聞こえます。

[プロソディー]

Tips 26 で説明したように、中国語では、1形態素である1音節内で高低の変化があり、それで意味を区別する、声調を用います。北京方言は4種類で、それ以外に、弱く短い軽声があります。ほかの方言では、もっと種類が多いとされます。

日本語でも各音節に声調を付けてしまう誤用があります。

Tips 35 でも述べたように、複合語のアクセントは、元の要素のアクセントのまま発音する、あるいは、若干変化させるだけで発音し、「サーロインステーキ」が「サーロインステーキ」のようになって、高い部分が2つできることがあります。

日本語では Tips 25 で述べたように、強調されている部分の後は高低が抑えられますが、中国語は、声調の高さの幅があまり弱まらないので、日本語を発話するときに、どの単語も強調されているように聞こえ、怒っているように感じられることがあります。

また、中国語で日本語の「か」にあたる"吗"のない質問文では、文末で、高さの幅を大きくします。

「来ていますか?」のように、抑揚が激しく、やはり怒っているように聞こえることがあります。

POINT

▶ **中国語は、主に「無気－有気」で区別するため、「無声－有声」の誤用が多い。**

▶ **特に中国南部の話者は、ナ行、ダ行、ラ行の混同が多い。**

TIPS! 45 中国語話者のための練習方法を考えよう

中国語話者の誤用のうち、有声－無声と、ナーダーラ行の練習方法を考えてみましょう。中国語話者だけでなく、多くの日本語学習者にある誤用です。

[無声－有声の誤用]

Tips 44でも述べた通り、中国語話者は、「がんたん」→「かんだん」など、有声音を無気音、無声音を有気音で代用し、語頭の有声音を無声音、語中の無声音を有声音で発音しがちです。

まず、無声－有声の確認についてですが、[t]–[d]、[p]–[b]などは破裂音で、一瞬で終わってしまうため、[s]–[z]のような摩擦音のほうが声帯振動の有無が分かりやすいです。[s:::] [z:::]を発音してみましょう。なお、「スウウウ」のように母音を伸ばすのではなく、「スーーー」のように子音だけを伸ばします。そのときに、手で喉を触ると、[s]は、声帯振動がないので、手に振動は感じられません。一方、[z]は、声帯振動があるので、手に振動が感じられます。手で喉を触っても分かりにくければ、耳をふさいで、音が響くかどうか確認します。[s]は音が響かず、[z]は音が響きます。

次に、語中の発音の練習をします。「うす(臼)」と「うず(渦)」などをややゆっくり発音させます。両方を「うず」と発音してしまっていたら、上の無声－有声の確認

172

方法で確認させ、同じになってしまっていることを自覚させます。その後、先ほどの［s］を思い出しながら、「うす」を「ウースーウー（［ɯ::s::ɯ::]）」のようにゆっくり発音させ、途中で響きがないことを確認させます。そして、その後、徐々にスピードを自然な速さになるように発音させます。その後、［t］－［d］（「いてん」－「いでん」）［p］－［b］（「せんぱい」－「せんばい」）などで練習します。

また、語頭の有声音が無声音になりやすいので、「でんき」は、「おでんき」のように、前に「お」や、さらに「おん」を付けて発音し、徐々に、「お（ん）」を外していきます。逆に、語中の無声音が有声音になりやすいので、「おいて」は、「おいって」のように促音を入れてみて、促音を外していくために、徐々に速く発音するなどの練習をするとよいでしょう。

ここで重要なのは、自然な速さで言えるようになるだけではだめだということです。それでは、手で喉を触るか、耳をふさぐかをしないと言い分けられないということになりかねません。正しく発音できている状態を作った後は、手で喉を触ったり、耳をふさいだりしないで、自分自身の口の中などにどういう違いがあるかをよく観察する、つまり、Chapter 2で述べた、自己モニターを活用することです。偶発的に発音できた音は、あくまでも偶発的にできたにすぎないので、意識してできるようにならなければなりません。

なお、無声－有声の誤用は、韓国語、ベトナム語、タイ語、アラビア語、ポルトガル語、インドネシア語話者にも見られます。

［ナ行－ダ行－ラ行の誤用］
ナ行子音［n］は鼻音なので、鼻をつまんで言うと、鼻がつまったような変な声になります。まず、ナ－ダ、あるいは、ナ－ラを、鼻をつまんで言わせ、ナのみが鼻がつまったような変な声になることを確認します。

ただし、意味の区別に関わらない、つまり、異音の関係にある場合、実際の音が近いことがよくあります。例えば、中国南部のダ行

音［d］やラ行音［l］は、やや鼻音になっていることがあります。そのため、日本語母語話者には、ダ行音、ラ行音に聞こえるものでも、ナ行音だけでなく、鼻をつまんで言わせると、変な音になってしまうので、2つの音の違いが実感できません。そこで、ナとの違いを明確にするため、ダ、ラをまったく鼻音でない発音で言うようにしたほうがいいでしょう。

また、ナがどうしても言えないときは、最初に、「ンーーーー」（[n::::]）と言って、それにナをつなげて言い、それを徐々に短く言うようにするとよいでしょう。

その確認が十分に終わった後、鼻をつままずに、ナーダ、あるいはナーラを発音させ、その口内の状態や実際の音を実感させます。

次に、ダーラの誤用についてです。［d］は破裂音、［r］は弾き音で、舌の動き方が異なります。しかし、それよりも、舌先が歯茎に接触している時間に注目した指導のほうが、学習者には分かりやすいようです。ラは舌先が歯茎に接触している時間が短く、ダは長いのです。そこで、ラは、ちょっと速めに軽く「アララララ」と言うといいでしょう。ダは、「アッダッダッダ」とちょっとゆっくり、かつ、舌先を強めに歯茎の前の方に当てるようにします。

その後、「だらだら」「なら」「なだ」「らくだ」などの単語を使って、練習します。「らだ」「らな」「だな」などの無意味語を使ってもかまいません。

なお、ナ行－ダ行の誤用は、語頭だけですが、韓国語話者にも見られます。

POINT

▶ 「有声－無声」の誤用については、有声音や無声音に自然になる音環境を利用して、まず、無理やりその音を出させよう。

▶ 鼻音は、鼻をつまんで音が変になることで理解させよう。

TIPS! 46 韓国語の音声と誤用の傾向を知ろう

> 北朝鮮などでも使用されており、朝鮮語と呼ばれることもよくありますが、ここでは、韓国語とします。また、適宜、ソウル以外の方言についても触れます。

調音法\調音点	両唇音	唇歯音	歯音	歯茎音	後部歯茎音	そり舌音	歯茎硬口蓋音	硬口蓋音	軟口蓋音	口蓋垂音	咽頭音	声門音
破裂音	p pʰ b̸ p'			t tʰ d̸ t'		ʈ ɖ		c ɟ	k kʰ g̸ k'	q ɢ		ʔ
鼻音	m	ɱ		n			ɲ		ŋ	ɴ̸		
震え音	ʙ			r						ʀ		
弾き音		ⱱ		ɾ		ɽ						
摩擦音	ɸ β	f v	θ ð	s s' z̸	ʃ ʒ	ʂ ʐ	ç çʰ z̸ ç'	j̸	x ɣ̸	χ ʁ	ħ ʕ	h ɦ
破擦音				t̸s̸ d̸z̸	tʃ dʒ		tɕ tɕʰ tɕ'					
側面摩擦音				ɬ ɮ								
接近音	w	ʋ		ɹ		ɻ		j	ɰ			
側面接近音				l		ɭ		ʎ	ʟ			

175

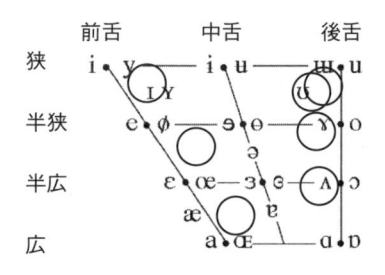

	前舌	中舌	後舌
狭	i•y	i u	ɯ•u
半狭	e•ø	ɘ θ	ɤ•o
半広	ɛ•œ—ɜ ɞ	ʌ•ɔ	
広	a•ɶ	ɐ	ɑ•ɒ

［個々の音］

　韓国語の文字であるハングル1文字が1音節で、（頭子音＋）母音（＋末子音）です。母音は、単母音と重母音に分かれます。

　「きやく」→「きゃく」など、直音＋ヤ行音を拗音1拍で発音してしまうことがよくあります。

　「よそう」→「よーそう」のように長母音と短母音の区別が苦手です。また、「いおう」→「いおん」など、特殊拍の交替も見られます。促音の挿入も見られますが、これは後で触れます。

　頭子音は、平音、激音、濃音があります。無声－有声の対立はありません。平音は無気音、激音は有気音です。濃音は、喉を閉めて、声門を緊張させてから出す音です。「ぱ」に対し、喉に力を入れて、「っぱ」のように発音します。なお、濃音は国際音声記号では、［ʔpa］［ˀpa］［p'a］［pˀa］などと表わされます。

　ザ行が苦手で、「ぞうか」→「じょうか」、「ずこう」→「じゅこう」になりやすいです。しかし、逆に、「じゅこう」→「ずこう」という問題があることもあります。

　「つうしん」→「ちゅうしん」、「でんつう」→「でんちゅう」のように、ツがチュになる誤用がよくあります。また、ツをスで発音する学習者もいます。

　「にほんご」→「ディほんご」、「なんかん」→「だんかん」、「むちゅう」→「ぶちゅう」のように、語頭の鼻音を破裂音にしてしまう誤用もあります。語頭のナ行音を、「なんかん」→「らんかん」のように、ラ行音で発音する誤用もあります。

学習者の音声を考えるための TIPS

　韓国語は、語中でさまざまな音変化がありますが、日本語の誤用と直接結びつくものだけを取り上げます[1,2]。

　まず、無声 – 有声の区別はありませんが、平音は、母音に続くときは有声で発音され、有声化と呼びます。一方、語頭では無声音です。そのため、語頭では、「がいしゃ」→「かいしゃ」、「だきます」→「たきます」などの、有声→無声の誤用、語中では、「ようか」→「ようが」、「かんそう」→「かんぞう」などの、無声→有声の誤用があります。

　また、「きほん」→「きおん」のように、韓国語の /h/ は語中で有声化するか脱落するとされます。しかし、有声音の間でほかの無声子音は有声化するのに、/h/ だけが有声化するか脱落するという2つがあるのは不整合があります。上で述べたように、ほかの子音には語中の、無声→有声の誤用があります。それに対し、/h/ だけが無声→有声か脱落するという2つの可能性があるというのは、かなり無理のある解釈です。ほかの子音と同様に、無声→有声と考えることが妥当でしょう。[h] が有声化すると [ɦ] になり、これがア行音に聞こえるのです。

　末子音の後の音節に母音が続くときは、英語の「カム＋オン→カモン」のように次の母音に続いて発音され、連音（リエゾン）と呼びます。そのため、母音の前のンの発音が難しく、「にせんえん」→「にせねん」などになることがあります。

　平音は語中で、濃音で発音されることがあり、濃音化と呼びます。「いてん」→「いってん」のように促音が挿入されているように聞こえるのですが、これについては、Tips 47 で詳しく述べます。

　韓国語の母音は、日本語のウに相当する音に、非円唇母音 [ɯ] と円唇母音 [u] の2つがあり、日本語の [ɯ] を [u] で発音する場合があります。また、東京方言のウ [ɯ] は唇に力を入れませんが、韓国語の [ɯ] は唇に力を入れて横に引き、[u] は唇に力を入れて突き出して丸めて発音します。そのため、唇に力を入れて横に引いた韓国語の発音を用いることで、極端に言うと、「なきます」

→「なきまさ」のような、ア段に近い音に聞こえることがあります。

「おります」→「うります」、「かお」→「かう」、「よそう」→「ゆそう」、「かいよう」→「かいゆう」、「てちょう」→「てちゅう」など、オ段をウ段で発音する誤用もよく見られます。

また、日本語で母音の無声化が起こりうる音環境でも、無声化が起こらないことがあります。

[プロソディー]

高さの変化で単語の意味を区別することがない、無アクセントなので、日本語のアクセントが苦手なことが多いです。なお、釜山(プサン)、大邱(テグ)などで話されている慶尚道(キョサンド)方言では、高低で単語の意味の区別をする、つまり、アクセントがあります。

文末イントネーションは、諸説ありますが、平調、上昇調、下降調、昇降調、降昇調、昇降昇調、降昇降調などがあります[3]。

また、句末では、ゆすり音調や間投イントネーションなどと呼ばれる、一旦上がり、揺らすような音調が用いられることがあり、「学校へ」→「学校へー」のように言うことがあります。

平叙文ではアクセントの下がり目がある発話ができるのに、質問文で上昇調を用いるときは、下がり目がない発話になってしまうことがあります。また、疑問詞質問文を上昇させないこともあります。

POINT

▶ 韓国語は、無声−有声の対立がないため、語頭、語中ともに、無声−有声の誤用が多い。

▶ 韓国語の「ウ」には、円唇・非円唇の２つがあるが、どちらも日本語の「ウ」とは異なる。

1　姜奉植(2008)『なるほど！ 韓国語―文字と発音編―』研究社、pp.72-124.
2　秋美鎬・William O'Gracy・山下佳江(2008)『韓国語発音ガイド―理論と実践―』白帝社、pp.63-109.
3　同、pp.127-146.

TIPS! 47 韓国語話者のための練習方法を考えよう

> 語中の促音挿入の直し方とザ行ーザの練習方法を考えてみましょう。語中の促音挿入は多くの学習者にありますが、韓国語話者特有の原因があります。

[語中の促音挿入の誤用]

「いてん」→「いってん」のような、語中の無声音の前に促音を挿入する問題について考えましょう。語中の促音挿入の誤用は多くの日本語学習者に多い誤用ですが、韓国語話者特有の原因があります。韓国語には、平音、激音、濃音があり、平音は無気音、激音や有気音です。日本語では、無気－有気で対立しませんが、同じ「て」でも、「てんき」の「て」のほうが「いてん」の「て」よりも息が強く、韓国語の激音に近い音です。口の前に手の甲を当て、「てんき」と言ってみてください。息が甲に当たるのが感じられるはずです。そこで、息がぎりぎりで甲に当たるように手を遠ざけてみてください。そして、今度は、「いてん」と言ってみます。すると、今度は、息が甲に当たりません。逆に、「いてん」と言って、甲に息が当たるぎりぎりまで手を遠ざけて、次に「てんき」を言うと、「てんき」のほうが強く息が当たります。つまり、「てんき」の「て」のほうが「いてん」の「て」よりも息が強いのです。

韓国語話者の場合、特に何も指導されなければ、語中の無声音について、平音で発音することが多いです。しかし、それでは、177ページで述べた有声化が起こり、「いでん」になります。そこで、

教師が「違います」のように否定的なフィードバックをします。すると、学習者は、まずは、自分の持っている音から探すものです。平音でだめだったので、激音か濃音で発音します。激音で代用すると、有気音ですから、「いっ**て**ーん」のように、怒っているような、不自然な印象を与えます。また、濃音で代用すると、喉を閉めて、声門を緊張させてから出す音なので、「いってん」のように、促音が挿入されたように聞こえます。どちらも「いてん」とは違うのですが、「いでん」と比べると、無声音になったという意味ではよくなっているので、教師は、「いいですよ」のような肯定的フィードバックを与えます。すると、学習者は、「激音／濃音で発音すればいいんだ」と思ってしまいます。つまり、確信を持って、誤った発音をしてしまうのです。このように、教師の教え方や教材の不備が原因の誤用を、induced error（誘発された誤り）といいます。さらに、教師のモデル音声が、無声音を強調するために、有気音で「い**て**ん」のようになっていると、さらに誤りは助長されます。

　語中の子音を激音や濃音で代用せず、平音を用い、Tips 45 で述べた［無声－有声の誤用］への対処と同じようにするといいでしょう。

　なお、促音の誤用は、ほかの多くの言語話者にも見られますが、音節構造という異なる原因なので、ここでは挙げません。

［ゾ－ジョの誤用］

　ゾ、ジョ単独の発音について述べます。まず、誤用が起こる原因は、韓国語に「ゾ」が存在しないからですが、それより深い原因もあります。ハングルは、末子音がない場合、1文字の上と下、あるいは、右と左が、頭子音と母音になります。"ㄴ""ㄱ"は、それぞれ [n] [k] で、"ㅗ""ㅛ"は、それぞれ [o] [jo] なので、"노""뇨""고""교"は、それぞれ [no]ノ、[njo]ニョ、[ko]コ、[kjo]キョという、直音－拗音の関係になります。一方、"ㅈ"は [dz]（や [tɕ]）なので、"조""죠"はそれぞれ [dzo] [dzjo] になりますが、日本語母語話者にはどちらも「ジョ」にしか聞こえません。

学習者の音声を考えるための TIPS

しかし、韓国語話者は、ほかの子音では、"ㅗ－ㅛ"が、直音－拗音の関係になっているので、"ㅈ"でも、直音－拗音の関係になっていると思っているのです。つまり、確信を持って、「ゾージョ」を"조－죠"と発音しているのです。そして、場合によっては、教師が、「ゾージョ」を"조－죠"と発音すればよいと教えている、つまり、完全な induced error もあります。そこでまずは、学習者の誤りをきちんと指摘することが重要です。

さて、練習の仕方ですが、調音法は、どちらも破擦音で、調音点は、ゾが歯茎音、ジョが歯茎硬口蓋音です。韓国語話者は、歯茎音のゾが苦手なので、歯茎音を無理やりにでも体験させればいいのです。ただ、韓国語にも、도［to］、노［no］、소［so］など、歯茎音はあります。そこで、例えば、［n:::］（ンーーー）と言わせ、その直後にゾを言わせると、正しくゾと言えることがよくあります。また、ンだけでなく、ソやその子音［s］（スーーー）を言わせ、Tips 45 のように手で喉を触るか、耳をふさぐかして、それを有声音にして、ゾを言わせるという方法もあります。

ただし、どの方法でも、舌をどこに付けて、どういう形にしているか、どう動かすか、そして、それらが正しくない発音のときとどう違うのかを意識させることが必要です。意識させるための最も簡単な方法は、その違いを語らせること、つまり、自己モニターを支援することです。

なお、ゾージョの誤用は、中国語南部、ベトナム語、インドネシア語話者にも見られます。

POINT

▶ 韓国語話者の語中の無声→有声の誤用については、激音や濃音で代用させないように注意しよう。

▶ 韓国語話者は、ゾージョを조－죠と発音すればよいと思っていることがあるので、まずは、学習者の誤りを指摘しよう。

TIPS! 48 英語の音声と誤用の傾向を知ろう

> ここでは主にイギリス英語を中心に、必要に応じてアメリカ英語に触れていきます。なお、日本の中学校の英語教育では、イギリス英語が中心に扱われています。

調音法＼調音点	両唇音	唇歯音	歯音	歯茎音	後部歯茎音	そり舌音	歯茎硬口蓋音	硬口蓋音	軟口蓋音	口蓋垂音	咽頭音	声門音
破裂音	p b			t d		ʈ ɖ		c ɟ	k g	q ɢ		ʔ
鼻音	m	ɱ		n		ɳ		ɲ	ŋ	ɴ		
震え音	ʙ			r						ʀ		
弾き音		ⱱ		ɾ		ɽ						
摩擦音	ɸ β	f v	θ ð	s z	ʃ ʒ	ʂ ʐ	ɕ ʑ	ç ʝ	x ɣ	χ ʁ	ħ ʕ	h ɦ
破擦音				ts dz	tʃ dʒ		tɕ dʑ					
側面摩擦音				ɬ ɮ								
接近音	w	ʋ		ɹ		ɻ		j	ɰ			
側面接近音				l		ɭ		ʎ	ʟ			

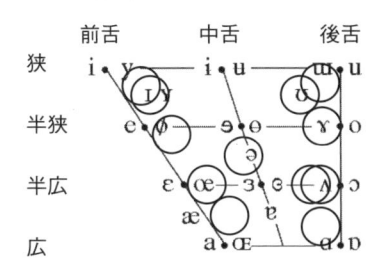

学習者の音声を考えるための TIPS

```
         前舌        中舌        後舌
 狭     i・y        i・u        ɯ・u
         ɪ                        ʊ
 半狭    e・ø       ɘ・ɵ        ɤ・o
 半広    ɛ・œ       ɜ・ɞ        ʌ・ɔ
                    ɐ
 広     a・ɶ                    ɑ・ɒ
```

［個々の音］

英語の1音節は、(子音＋)(子音＋)(子音＋)母音(＋子音)(＋子音)です。springs［spɹɪŋz］は1音節ですが、日本語として発音すれば、「スプリングズ」という6拍あるいは5音節です。

母音には、単母音、二重母音、三重母音があります。日本人は、pull と pool は［pul］［puːl］という長さの違いととらえがちですが、英語母語話者は、［pʊl］［pul］という母音の違いで区別しています。

「いおう」→「いお」、「ほそいです」→「ほーそいです」、「まつい」→「まっつい」、「にせんねん」→「にせねん」など、特殊拍を削除してしまったり、挿入してしまったりすることが多いです。

「きょう」→「きよ」「きよう」のように、拗音を1拍でなく2拍で発音するだけでなく、その逆に、「きよう」→「きょう」のように、2拍を拗音1拍で発音することがよくあります。

撥音を［ɯ］で発音し、撥音のあとに母音が続くと、「にせんえん」→「にせねん」「にせんねん」のようにナ行音になることがよくあります。

子音は、無声 – 有声で対立します。語頭では、息が強くなります。［ʃ］［ʒ］は、日本語の［ɕ］［ʑ］と比べ、唇を突き出し、調音点が前の音です。/r/ は、イギリス英語では［ɹ］ですが、アメリカ英語ではそり舌 – 接近音の［ɻ］です。"city"等、母音に挟まれた /t/ は、特にアメリカ英語では、［d］や［ɾ］で発音されることがあります。

「かいしゃ」や「いてん」のように、特に語頭のパ・タ・カ行子

音の気息が強く、怒っているように聞こえるかもしれません。

「らんぼう」→「だんぼう」のように、ラ行の弾き音［ɾ］を、［d］と混同したり、イギリス英語の歯茎－接近音［ɹ］やアメリカ英語のそり舌－接近音［ɻ］で発音してしまう（「らんぼう」）ことがあります。

英語には、基本的に /ts/ はなく、"tsunami" は外来語です。また、"cats" は、［t］+［s］で、偶発的な音です。そのため、「ツ」を「つきです」→「すきです」のように、［s］スや、［t］トゥと発音することがあります。一方、「まつい」のような語中では、あまり誤りませんが、「ますい」→「まつい」のような逆の誤用はあります。

「ふくおか」などの「ふ」を日本語の両唇音［ɸ］ではなく、唇歯音［f］で発音するため、やや違和感を持たれるかもしれません。

アクセントのない音節の母音は、弱く、曖昧に発音されます。

「うります」、「かう」など、非円唇母音［ɯ］を円唇母音［u］で代用する傾向があります。また、［o］→［oʊ］、［u］→［uʊ］、［eː］→［eɪ］、［oː］→［oʊ］のように、日本語の短母音、長母音を二重母音で発音する傾向があります。二重母音では、2つ目の母音は曖昧になります

［プロソディー］

音節が強いか弱いかで単語を区別できる強さアクセントです。例えば、"import" という単語で、"im" が強ければ名詞の「輸入」で、"port" が強ければ動詞の「輸入する」の意味になります。強さというのは、声の大きさではなく、アクセントのある音節が高くなり、また、その音節の直後で急激に下がります。また、明瞭に発音します。さらに、ふつう、大きい声で、長くなります[1]。

また、inter-stress interval について説明します。次のページの(1)の文ですが、日本人英語では、(2)(3)のように、日本語の拍の影響を受けて、同じリズムで発音されます。しかし、英語話者は、(4)(5)のように、強さがある音節に挟まれた音節がいくつあっても、強さが

ある音節の間を同じ長さになるように発音しようとします。

(1) None of us can leave as long as he stays with us.
(2) ナンノブアスキャンリーブアズロングアズヒーステイズウィズアス
(3) ・・・・・・・・・・・・・・・・・・・・・・・・・・・・
(4) None of us can leave　　as　　　long as he stays　　with　us.
(5) ●・・・●　・●・・●　・●

「だく」など、アクセントを高さでなく強さで表しがちです。また、「でぐち」のように、アクセントのある音節が長くなります。

また、「りゅうがくせいセンター」のように、特に長い複合語について、高い部分が2つ現れることがあります。

文末イントネーションは、平叙文では下降させ、Yes-No 質問文では大きく上昇させます。疑問詞を含む質問文では上昇させないのがふつうです。また、平叙文でも、ひとまとまりの談話が終わっていないことを示すために、例えば、「ぞうか、ずこう、じょうか、じゅこう」のような名詞列挙文を、上昇調にすることがあります。

「悪かったんですか？」など、文末を極端に伸ばす問題もあります。

また、Tips 26 で説明したように、pre-boundary lengthening（呼気段落末伸長）といって、文末や句末では音節が長くなります。

「留学生センター？」のように、上昇調によって、アクセントの下がり目を消滅させ、文末まで徐々に上昇させることがあります。

POINT

- 日本語の連母音と違い、英語では二重母音となるため、後ろの母音の発音が曖昧になる。
- 英語は強さアクセントであり、それに合わせてリズムを変えたり、文末や句末で長さを変えたりする。

1　杉藤美代子(2012)『日本語のアクセント－どこがどう違うのか－』ひつじ書房、pp.53-59.

TIPS! 49 英語話者のための練習方法を考えよう

> 英語話者の誤用のうち、フを［ɸ］でなく、［f］で発音する誤用と、母音の前に撥音があるとき母音をナ行で発音する誤用の直し方を考えてみましょう。

［フを［ɸ］でなく［f］で発音する誤用］

フを日本語の両唇音［ɸ］ではなく、英語の唇歯音［f］で発音することについて考えましょう。日本語のフは、両唇間を非常に狭くして、摩擦させる両唇－摩擦音です。一方、英語の /f/ は、下唇を上の前歯に非常に近づけて、摩擦させる唇歯－摩擦音です。英語の授業で教わった、「f は下唇をかむ」は間違いです。下唇をかむと、閉鎖するので、摩擦音でなく、破裂音になってしまいます。

/f/ ではなく、/b/-/v/ で考えてみましょう。英語の /b/ は両唇－破裂音、/v/ は唇歯－摩擦音です。もしも、/v/ が下唇をかむ音だと、/b/ との違いが発音した本人でも分かりません。それに対し、下唇に上の前歯を非常に近づけて、/v/ を摩擦させてみると、明らかに違う音だと感じます。「ボート」を /b/（boat）、/v/（vote）で発音して比べてみてください。

フを発音できるようになるには、いくつかの過程があります。

1番目は、唇歯音で発音する学習者に対し、フを発音して見せることです。それだけで、できるようになる学習者がほとんどです。

2番目は、見せるだけでなく、「小さいろうそくの火を消すように発音してください」と言ってやらせる方法です。これで、ほぼ全員が正しく発音できま

す。これは多くの教師用参考書に載っていますが、これだと、気を付けているときは［ɸ］で発音できますが、気を付けていないときは、学習者が慣れている、楽な［f］で発音してしまいます。日本語話者が、英語の /f/ を気を付けなければ、日本語のフ［ɸ］になってしまうのと同じです。

3番目は、気を付けなければ［f］で発音してしまうのを解決する方法で、［ɸ］と［f］の自分の発音の違いを聞き分けられるようになることです。日本語話者が、英語を話しているときに、fork などを［ɸ］で発音しているのを自分で聞いて、気持ち悪く感じたら、きちんと［f］で発音するようになるはずです。英語話者のフの発音もそれと同様です。言い分けられるだけでなく、聞き分けられることが重要です。

なお、フを［ɸ］でなく、［f］で発音する誤用は、中国語、ベトナム語、タイ語、アラビア語、ポルトガル語、インドネシア語話者にも見られます。

[母音の前の撥音の誤用]

「にせんえん」を「にせねん」や「にせんねん」と言う誤用が非常に多いです。「にせんえん」と言うとき、ンでは、舌先は上あごには付きません。一方、「にせねん」や「にせんねん」のネやンでは、舌先は上あごに付きます。それは、「にせねん」や「にせんねん」が［n］になっているからです。英語話者など、"ン ＝［n］" と思い込んでいる日本語学習者はたくさんいます。しかし、ンは、音環境によって、実際の音が決まります。特に、母音の前では、［ɲiseẽeɴ］という、鼻母音になります。鼻音化を表す［˜］を除く、つまり、鼻音化をやめると、［ɲiseeeɴ］、「にせええん」になります。「にせんえん」と「にせええん」を言って比べてみると、口の中の形が同じであることが分かります。

さて、練習方法ですが、まず、学習者が誤った発音をしていることを自覚させる必要があります。例えば、「にせんえん」のつもり

で言わせ、それを録音して聞かせます。そうすると、「にせんねん」になっていることに気づきます。

次に、「にせんねん」と言うとき、舌が上あごに付くことを確認させます。一方、「にせんえん」では舌がどこにも付かないことを説明します。そして、「にせええん」をややゆっくり発音させ、同じ口の形、つまり、舌先を上あごに付けないようにしながら、エを鼻にかけるように指導します。そのときにも、「にせん」までのモデル音声を示しながら行うとよいでしょう。

「にせん｜えん」のように、撥音と母音の間にポーズを置くとよいとする参考書があります。しかし、それでは、不自然な音になります。また、実際の会話で気を付けていないと、「にせんねん」になってしまいます。また、ゆっくりのときはいいのですが、自然なスピードでは、やはり、「にせんねん」になってしまいます。「にせん｜えん」のように、撥音と母音の間にポーズを置くという指導では、一応、正しく発音できたように思ってしまいますが、結局誤ってしまうので、そのような指導はお勧めできません。

さて、「にせええん」のように、鼻音化をやめたときの音ですが、「かんあん」「きんいん」「えんえい」「ほんを」のように前後の母音が同じときは、「かあan」「きいいん」「えええい」「ほおを」のように、その母音を使うように発音するとよいでしょう。「しんあい」「げんいん」「うんえい」「たんおん」のように、前後で母音が異なるときは、実際の音は微妙ですが、「しいあい」「げえいん」「ううえい」「たあおん」のように前の母音を伸ばすのがよいようです。

なお、母音前の撥音の誤用は、ほぼすべての言語話者に見られます。

POINT

▶ フを [f] で発音してしまう誤用については、言い分けだけでなく、聞き分ける練習もしてみよう。

▶ 母音の前にンがあることで、母音がナ行になる誤用では、そのンを母音にして、それを鼻音化させる練習をしよう。

TIPS! 50 ベトナム語の音声と誤用の傾向を知ろう

> ベトナム語は、大きく、ハノイ、フエ、ホーチミンを中心とした、それぞれ、北部方言、中部方言、南部方言に分かれますが、ここでは、北部方言を中心に述べます。

調音法 \ 調音点	両唇音	唇歯音	歯音	歯茎音	後部歯茎音	そり舌音	歯茎硬口蓋音	硬口蓋音	軟口蓋音	口蓋垂音	咽頭音	声門音
破裂音	p ɓ		t tʰ ɗ			ʈ ɖ		c ɟ	k ɡ	q ɢ		ʔ
鼻音	m	ɱ		n		ɳ		ɲ	ŋ	ɴ		
震え音	ʙ			r						ʀ		
弾き音		ⱱ		ɾ		ɽ						
摩擦音	ɸ β	f v	θ ð	s z	ʃ ʒ	ʂ ʐ	ɕ ʑ	ç ʝ	x ɣ	χ ʁ	ħ ʕ	h ɦ
破擦音				ts dz	tʃ dʒ		tɕ dʑ					
側面摩擦音				ɬ ɮ								
接近音	w	ʋ		ɹ		ɻ		j	ɰ			
側面接近音				l		ɭ		ʎ	ʟ			

189

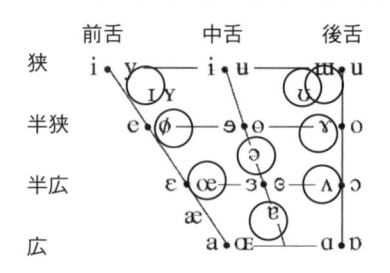

［個々の音］

　ベトナム語の音節構造は、ほぼ、頭子音＋母音（＋音節末要素）です。音節末要素は、母音のほか、子音なら、鼻音のほかに破裂せず、閉鎖で終わる内破音もあります。

　母音は、単母音と二重母音に分かれ、単母音は、さらに、長母音と短母音に分かれます。短母音は、それだけで発音せず、後ろに、音節末要素を伴って使用します[1]。そのため、短母音と長母音の聞き分けが難しく、言い分けについても、「おんち」→「おんちー」や「いてん」→「いーてん」のように短母音を長母音で発音したり、短母音のあとに子音を付けて発音する傾向があります。その場合、「いてん」を ［itᵀteɴ］ と発音することで、「いってん」のように促音が挿入されているように聞こえたり、「たくさん」を ［takᵀtaɴ］ と発音することで、「たっさん」のように促音に聞こえたりします。また、「いっそう」を ［issoː］ ではなく、［ipᵀsoː］ と発音すると、「いぷそう」のように聞こえ、非常に違和感を持たれます。

　「らんかん」→「らーかん」などの撥音と長音の交替や撥音の挿入が見られます。それから、「きんえん」を「きんねん」としたり、「きん　えん」とする不自然な発音も見られます。

　「きゃく」→「がく」、「きょう」→「きよう」、「きよう」→「きょう」等、拗音と直音の混同も見られます。

　子音のうち、/b//d/ は、Tips 42 で説明した有声入破音で、［ɓ］［ɗ］です。189 ページの子音表では便宜上、破裂音に入れておきました。両唇や歯茎で閉鎖を作った後、一旦、喉仏を下げてから発音

します。「でぐち」などは、入破音を用いると、何となくつまった感じがすることがあります。

　子音は、[s] と [z]、[f] と [v] 等、一部にしか、無声 – 有声の対立がないため、その混同が見られます。ベトナム語には存在しない [ɕ] – [ʑ] [dʑ] や [tɕ] – [ʑ] [dʑ] だけでなく、「てぐち」→「でぐち」等の [t] – [d]（ベトナム語では [t] – [d] – [tʰ]）や、[p] – [b]（ベトナム語では [p] – [ɓ]）、「こうかい」→「ごうがい」等の [k] – [ŋ] [ɣ]（ベトナム語では [k] [ŋ] [ɣ] すべてが存在する。ただし、[ŋ] は音節末のみ）でも混同が見られます。「がんたん」など、語頭のガ行を [ɣ] で発音するので、違和感を持たれることもあります。

　母音で始まる音節はなく、日本語母語話者にそのように聞こえる音節は、母音の前に、声門閉鎖音（せいもんへいさおん）[ʔ] が付いています。

　サ行とシャ行の混同が非常に多く、特に、「しょっき」→「そっき」、「かんしょう」→「かんそう」など、[ɕ] を [s] にする誤用があります。

　ザ行とジャ行の混同も多く、特に、「ぞうか」→「じょうか」、「かんぞう」→「かんじょう」など、[dz] [z] を [dʑ] [ʑ] にする誤用があります。逆の「じょうか」→「ぞうか」もあります。また、「やま」→「ざま」、「じゃま」→「やま」のように、ヤ行との混同も見られます。

　「つうしん」→「ちゅうしん」、「でんつう」→「でんちゅう」のように、ツ [ts] を無声硬口蓋 – 破裂音 [c] とすることもよくあります。

　「なだ」→「なら」、「だきます」→「らきます」のように、ダ行をラ行 [l] で発音することがあります。

　なお、ベトナム語の南部方言では、[s] [z] [c] でなく、そり舌音 [ʂ] [ʐ] [tʂ] が使われます。

[プロソディー]

　1音節内で高低の変化があり、それで意味を区別する、声調を用

います[2]。全部で6つの声調がありますが、南部方言では、4と6の区別がないと言われています。

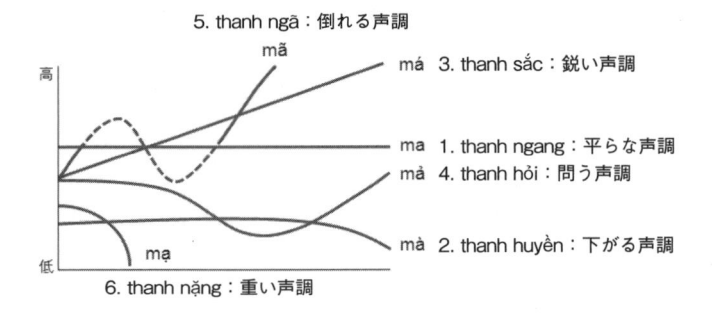

```
5. thanh ngã：倒れる声調
          mã
高                    má  3. thanh sắc：鋭い声調

                      ma  1. thanh ngang：平らな声調
                      mả  4. thanh hỏi：問う声調
                      mà  2. thanh huyền：下がる声調
低     mạ
     6. thanh nặng：重い声調
```

「ぞう¬か」、「きゃ¬く」、「い「でん」、「ま「す¬い」など、後ろから2拍目にアクセントの下がり目が来る発音が多いです。また、「ひらた」のように1拍目から2拍目への上昇がないことがあります。一方で、音節内部でピッチを変動させる誤りも見られます。

ベトナム語では、疑問文でも上昇イントネーションを用いることはありません。

「でんき」のように、平板型で発話した場合、最後の拍を伸ばし、下降させる誤用が出ることがあります。

POINT

- ▶ ベトナム語話者には、内破音を用いることで、「たくさん」が「たっさん」のように促音になってしまう誤用がある。
- ▶ ベトナム語の各単語には、声調があり、それが単語の長さにも関わる。

---

1 冨田健次（2000）『ヴェトナム語の世界』大学書林、pp.27-31.
2 同、pp.35-37.

51 ベトナム語話者のための練習方法を考えよう

> 促音を挿入させる誤用と、無声化母音を促音にする誤用の直し方を考えてみましょう。前者は多くの学習者に、後者はベトナム語話者などに見られる誤用です。

[促音を挿入させる誤用]

まず、内破音について、分かりやすくするために、英語の例で説明します。末子音が"p"の単語で、mapがありますが、最後の"p"は、日本語のプ[pɯ]のように、母音は付かず、[p]だけです。[p]は破裂音ですが、末子音では、両唇を閉じた状態で終わります。内破音であることを特に示すには、[p˥]のように表記します。

これを日本語母語話者は、[pɯ]や[pɯ̥]のように母音を付けて発音しがちです。それは、日本語では、内破音で単語が終わることがないという、日本語の音節構造と関わります。190ページでは、「いてん」を[it˥ten]と発音する例を挙げていますが、これも、ベトナム語の音節構造と関わります。

190ページで説明したように、ベトナム語の音節構造は、ほぼ、頭子音＋母音（＋音節末要素）ですが、短母音は、それだけで発音せず、後ろに、音節末要素を伴って使用します。ですから、「い」単独で発音するのは難しく、何か、音節末要素を付け加えたいのです。「いてん」の「い」であれば、そこに最も付け加えたいのが、「てん」の頭子音の[t]なのです。しかし、[t]を付け加えると、「いってん」と促音を挿入したように聞こえてしまうのです。

誤用を防ぐ練習方法としては、Tips 38で説明した、2拍1まとまりを利用したリズム教育が活用できます。

「いてん」は、次のようなリズム型になります。これを見ながら、

あるいは、指でなぞりながら練習すると、正しく発音できることが多いです。

　　いてん

　「いてん」と正しく発音できたら、「いてん」の「い」だけを言わせ、「い」はあくまでも [i] であり、[itˀ] でないこと、つまり、舌先がどこにも付かないことを確認します。さらに、「いけん」など、違う子音が続く場合について練習したり、「おてん」など、違う母音で練習したりします。
　しかし、それ以前に、「い」がどうしても、[i] でなく、[itˀ] になってしまう学習者がいます。そのときは、音節末要素を伴わない音、すなわち、短母音ではなく、長母音で練習しましょう。

　　いーてん

　上のように、「い」を長く言わせ、それを短くするように指導します。
　なお、音節構造が原因で、末子音を付け加えることで促音が挿入する誤用は、中国語南部、英語、タイ語、インドネシア語話者にも見られます。ただし、最後に示した練習方法を用いた場合、例えば、英語話者が「おてん」の練習をしていて、「おーてん」を [oːteɴ] でなく、[outeɴ] のように二重母音を使って言ってしまう恐れもあります。そのときは、まず、二重母音ではなく、長母音で言う練習をしなければなりません。

[無声化母音拍を促音にする誤用]
　「たくさん」を [takˀtaɴ] と発音することで、「たっさん」のように促音に聞こえる誤用について考えてみましょう。
　これは、「たく」を [takɯ̥] でなく、[takˀ] のように内破音で発

学習者の音声を考えるためのTIPS

音することが原因です。

練習方法として、まず、「さん」を言わせます。これについては、まったく問題ないはずです。次に、「く」（ ̥は母音の無声化を表す）を聞かせて言わせます。これは、最初は、「くー」のようにちょっと長めに発音させたほうがうまく発音できることが多いです。「く」が確実に無声化しているかを確認する、つまり、172ページで説明した、手で喉を触るか、耳をふさぐかをして、響きがないことを確認するにはちょっと長めのほうが分かりやすいのです。それから、「くーさん」を言わせます。そして、「たくーさん」を聞かせて言わせ、それを「たくさん」というふつうの長さで言わせるとよいでしょう。

後ろの「さん」からでなく、前の「たく」から始める方法もあります。どちらがいいかは、学習者にもよるので、実際にやってみるといいでしょう。

POINT

▶ 短母音の後ろに音節末要素を伴って発音してしまうときは、長母音から短母音にする発音練習をしてみよう。

▶ 無声化母音を促音にする誤用についても、まずは無声化母音を伸ばして発音練習してみよう。

---

1 杉本妙子(2007)「ベトナム語圏日本語学習者の発音の誤用と日越語音声の特徴について」『KY YEU HOI THAO KHOA HOC QUOC TE NGHIEN CUU VA DAY-HOC TIENG NHAT、DHQGHN』pp.347-359.
http://data.ulis.vnu.edu.vn/jspui/bitstream/123456789/1348/1/Sugimoto-%20tsukuba%20daigaku.doc

TIPS! 52 タイ語の音声と誤用の傾向を知ろう

> タイ語は、バンコクの方言を元にした言語を標準としています。また、ラオス語も方言の１つとされます。ラオスでは、標準タイ語を理解する人がたくさんいます。

調音法\調音点	両唇音	唇歯音	歯音	歯茎音	後部歯茎音	そり舌音	歯茎硬口蓋音	硬口蓋音	軟口蓋音	口蓋垂音	咽頭音	声門音
破裂音	p pʰ b			t tʰ d		ʈ ɖ		c ɟ	k kʰ g	q ɢ		ʔ
鼻音	m	ɱ		n		ɳ	ɲ		ŋ	ɴ		
震え音	ʙ			r						ʀ		
弾き音		ⱱ		ɾ		ɽ						
摩擦音	ɸ β	f v	θ ð	s z	ʃ ʒ	ʂ ʐ	ɕ ʑ	ç ʝ	x ɣ	χ ʁ	ħ ʕ	h ɦ
破擦音			ts dz	tʃ dʒ			tɕ dʑ tɕʰ					
側面摩擦音				ɬ ɮ								
接近音	w	ʋ		ɹ		ɻ		j	ɰ			
側面接近音				l		ɭ		ʎ	ʟ			

196

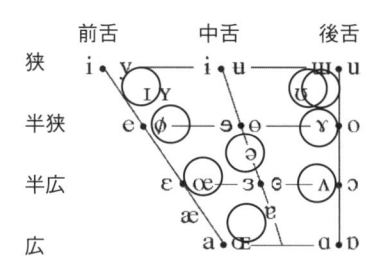

```
         前舌      中舌      後舌
狭      i･y      i･u      ɯ･u
           ɪ ʏ            ʊ
半狭       e･ø    ə ɵ        ɤ･o
                     ɜ
半広        ɛ œ     ɜ ɐ      ʌ･ɔ
          æ                
広         a･ɶ              ɑ･ɒ
```

［個々の音］

　タイ語の1音節は、頭子音＋主母音（＋音節末要素）です。

　母音は、短母音、長母音があり、ほかに二重母音があります。

　短母音は、原則としてそれだけで終わることはなく、音節末要素が続きます。母音のあとに、音節末要素の［k］［t］［p］や［ʔ］が続くと、日本語母語話者には、促音のように聞こえます。また、母音で始まる音節はなく、日本語母語話者にそのように聞こえる音は、母音の前に、頭子音として、声門閉鎖音［ʔ］が付いています[1]。「いほう」では問題がないのに対して、母音が連続すると、その母音の間に［ʔ］を挿入させることで、「いおう」→「いっおう」のように、促音があるように聞こえる発音になります。

　短母音は、原則としてそれだけで終わることはなく、音節末要素が続くので、あとに子音を伴わない短母音の発音が難しく、「てじょう」→「てーじょう」のように、短母音を長母音にしたり、「らく」→「らっく」のように、あとに子音を伴わせて促音を挿入させる問題も見られます。語末の短母音を長母音にする問題もありますが、これについては、次ページの［プロソディー］で触れます。

　「むちゅう」などに含まれる非円唇母音［ɯ］を、円唇母音［u］で代用する傾向があります。

　頭子音では、［p］－［b］－［pʰ］、［t］－［d］－［tʰ］に「無気無声－無気有声－有気（無声）」の3つの対立、［k］－［kʰ］に「無気（無声）－有気（無声）」の2つの対立があります。

「しじ」→「ちじ」、「つうしん」→「つうちん」、「おんしゃ」→「おんちゃ」のように、シ［ɕ］をチに聞こえる［tɕ］［tɕʰ］で代用することがよくあります。

また、ツ［ts］も「つきです」→「すきです」、「まつい」→「ますい」のように、［s］か、「つきです」→「ちゅきです」、「まつい」→「まちゅい」のように、チュに聞こえる［tɕ］［tɕʰ］で代用することがよくあります。

［p］−［b］−［pʰ］、［t］−［d］−［tʰ］に「無気無声−無気有声−有気（無声）」の3つの対立がありますが、［k］−［kʰ］には「無気（無声）−有気（無声）」の2つの対立しかありません。そのため、「がいしゃ」→「かいしゃ」のように、カ行とガ行を混同し、カ行音を［kʰ］、ガ行音を［k］で代用することがあります。また、「でんき」→「でんぎ」のように、語中のカ行音を、タイ語にある［ŋ］で代用することもあります。

「ふくおか」、「さいふ」などの「ふ」を日本語の両唇音［ɸ］でなく、唇歯音［f］で発音するため、違和感を持たれることがあります。

また、有声音の［dʑ］［ʑ］、［dz］［z］がタイ語に存在しないため、「ちじ」→「ちち」、「ぼうじゅ」→「ぼうちゅ」、「かんじょう」→「かんしょう」のように、［tɕ］［tɕʰ］［ɕ］［s］で代用することがあります。

［プロソディー］

1音節内で高低の変化があり、それで意味を区別する、声調を用います。5つの声調があります。

なお、声調については、声調記号がタイ文字に付されているので、声調記号と子音字の組み合わせとそれに当てはまる声調を覚えれば、正しい声調が分かるはずです。こ

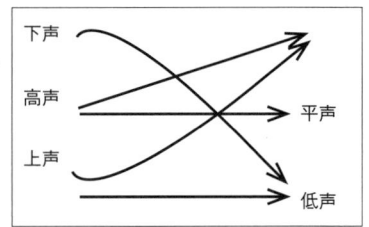

れは、中国語の声調や日本語のアクセント等が文字として表記されないのとは異なります。

　タイ語では、頭子音＋主母音という音節が続くと、語末以外の位置で声調が抑えられることが多いため、日本語の発話でも同様の音調で発音する傾向があり、「ほう｢ず」「すう｢が｢く」「ひら｢た」「だ｢く」のように、最後の拍を低く発音する、つまり、後ろから2拍目で下がるものが多いです。また、最後の拍だけを高くすることもありますが、特に、「プレゼントは」のように、文中のポーズの前の文節末は、高くなって急激に下降し、長くなって、Tips 26 でも説明した、pre-boundary lengthening（呼気段落末伸長）が顕著に現れます。しかし、「きほん」「いほう」など、特に最後が撥音や長音の場合、平板型で発音することもあります。

　タイ語では、質問文で上昇させることはありません。「はい／いいえ」で答える Yes-No 質問文では、日本語の「か」にあたる文末詞を付けます。

POINT

▶ **タイ語話者は、シャ行やジャ行をチャ行にしてしまう誤用が多い。**

▶ **タイ語話者にとって、文を音節単位で抑揚を付けないことや、文節末で抑揚を付けないことが難しい。**

1　岡滋訓（2008）『タイ語発音教室―基礎からネイティブの音まで―』ボイス、pp.54-59.

TIPS! 53 タイ語話者のための練習方法を考えよう

> ツース、シーチの誤用と母音間に声門閉鎖音を挿入する誤用の直し方を考えてみましょう。前者は多くの学習者に、後者はタイ語話者などに見られる誤用です。

[ツース、シーチの誤用]

ツをスと発音することと、シをチと発音することについて考えましょう。

ツの子音 [ts] は [t] + [s] で、歯茎−破擦音で、舌先が歯茎に付きます。一方、ス [s] は摩擦音で、舌先は歯茎に付きません。シの子音は [ɕ] で歯茎硬口蓋−摩擦音で、舌先は歯茎硬口蓋に付きません。一方、[tɕ] の子音は歯茎硬口蓋−破擦音で、舌先が歯茎硬口蓋に付きます。つまり、破擦音ツ→摩擦音スの誤りと、摩擦音シ→破擦音チの誤りは、逆方向の誤りです。しかし、逆方向だからこそ、それらが音声教育に利用できるのです。

練習方法ですが、特にツース、シーチは微妙な違いなので、ささやき声で練習することを推奨します。この方法は、ほかの音声練習でも有効です。よく発音練習を大きい声で行うことがあります。しかし、それでは、発せられた音に注目してしまい、実際の調音に集中することができない恐れがあります。そこで、ここでは、調音に集中するために、ささやき声で練習してみましょう。

摩擦音スを発音させ、舌先が上に付かずに発音することを理解させます。また、破擦音チを発音させ、舌先が上に付いた状態から発音することを理解させます。そして、ツはチと同様に舌先が上に付いた状態から発音すること、シはスと同様に舌先が上に付かずに発音することを理解させ、練習します。

ツについては、スの前に歯茎を付けてからスを発音するように指示して練習します。また、トゥ [t] とス [s] をそれぞれ言わせた後、トゥ、スと続けて言わせ、さらに、それを速く言わせるとできるようになることがあります。なお、このときのトゥ、スの母音の口構えは、ともに、[u] を用いると「チュ」[tɕu] になりやすいので、唇に力を入れすぎないように気を付けましょう。また、シについては、チ [tɕ] を発音させた後、ティ([t])、シ([ɕ])に分けて言わせて、最後にシだけを言わせる方法もあります。ただし、このときの「ティ」([t])は、トゥヤツで使われる、歯茎音ではなく、歯茎硬口蓋音で、正確には [tɟ] と表記されます。ただし、タイ語のチは破擦音 [tɕ] ではなく、破裂音の [c] とする説もあります。[tɕ] と正しく言うためには、通常よりもややゆっくり発音させるといいでしょう。

また、シについては、Tips 59（221 ページ）で説明する練習方法も有効です。

なお、ツースの誤用は、韓国語、英語、アラビア語、ポルトガル語、インドネシア語話者にも見られます。

[母音連続に声門閉鎖音 [ʔ] を挿入する誤用]

タイ語の母音には、二重母音を除くと、短母音、長母音がありますが、短母音は、原則としてそれだけで終わることはなく、音節末要素が続きます。そのため、日本語の短母音には、タイ語話者として最も違和感のない声門閉鎖音 [ʔ] を付ける傾向があります。例えば、「あなた」は [aʔnaʔtaʔ] と発音する傾向があります。頭子音がある場合は、それほど不自然ではありませんが、母音が連続している場合は不自然になることがあります。例えば、「あおい」は、それぞれの母音のあとに声門閉鎖音 [ʔ] を付けるので、[aʔoʔiʔ] となり、「あっおっいっ」のように促音が挿入されているように聞こえます。あるいは、「おい」をタイ語の二重母音 [oɪ] のように発音し、[aʔoɪ] となり、「あっおえ」のように聞こえることもあり

ます。

　練習法としては、まず、喉に触れながら「あおい」を言わせ、[ʔ]では、振動がないことを確認させます。そして、今度は、振動が途切れないように「あおい」を言う練習をします。しかし、それでは、[ʔ]の時間、つまり、振動が途切れる時間が短いので、よく分からないこともあるかもしれません。そこで、タイ語にある長母音を利用するといいでしょう。「あおい」は「あーおーいー」のように、すべて長母音で言って、それを徐々に短く発音するように練習するとよいでしょう。

　この練習方法は、連母音を二重母音で発音してしまう誤用に対する練習にも役立ちます。母音連続に声門閉鎖音[ʔ]を挿入する誤用はタイ語話者以外には、ラオス語、ビルマ語話者ぐらいにしか見られませんが、連母音を二重母音で発音してしまう誤用は、タイ語話者のほか、中国語、英語、ベトナム語、アラビア語、ポルトガル語、インドネシア語話者など多くの言語話者に見られます。

　「こー」「いー」をそれぞれ言った後、「こーいー」を言って、それから、「こい」と短く発音します。「こえ」ならば、まず、「こー」「えー」をそれぞれ言うのですが、このとき、「えー」自体を[eɪ]と二重母音で言ってしまわず、[eː]と長母音で言うように注意して練習するとよいでしょう。

POINT

- ▶ ツース、シーチの誤用は、調音法に関して、逆方向の誤用なのでそれを生かして練習しよう。
- ▶ 連母音の練習は、まず、短母音の連続ではなく、長母音の連続で言い、それを徐々に短くして練習しよう。

TIPS! 54 アラビア語の音声と誤用の傾向を知ろう

> アラビア語は、アラビア半島から、イスラム教の布教などによって北アフリカなどに広がっています。ここでは、現代標準アラビア語について述べます。

調音法\調音点	両唇音	唇歯音	歯音	歯茎音	後部歯茎音	そり舌音	歯茎硬口蓋音	硬口蓋音	軟口蓋音	口蓋垂音	咽頭音	声門音
破裂音	p b		t d / tˤ dˤ			ʈ ɖ		c ɟ	k g	q ɢ		ʔ
鼻音	m	ɱ		n		ɳ		ɲ	ŋ	ɴ		
震え音	ʙ			r						ʀ		
弾き音		ⱱ		ɾ		ɽ						
摩擦音	ɸ β	f v	θ ð / ðˤ	s z / sˤ	ʃ ʒ	ʂ ʐ	ɕ ʑ	ç ʝ	x ɣ	χ ʁ	ħ ʕ	h ɦ
破擦音				ts dz	tʃ dʒ	tɕ dʑ						
側面摩擦音				ɬ ɮ								
接近音	w	ʋ		ɹ		ɻ		j	ɰ			
側面接近音				l		ɭ		ʎ	ʟ			

203

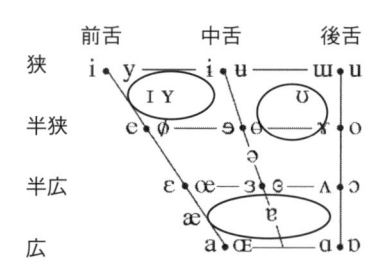

```
          前舌        中舌        後舌
狭       i•y ───ɨ•ʉ───ɯ•u
          ⓘⓎ        ⓤ
半狭      e•ø────ɘ•ɵ────ɤ•o
                  ə
半広      ɛ•œ───ɜ•ɞ───ʌ•ɔ
            æ   ⓐ
広            a•ɶ         ɑ•ɒ
```

［個々の音］

アラビア語の基本は、子音＋母音（＋子音（＋子音））です[1]。

「じゅこう」→「じゅーこう」、「きねん」→「きーねん」のような短母音→長母音のほか、「じゅこう」→「じゅーこ」のような長母音→短母音の誤りがあります。アラビア語には短母音と長母音の区別がありますが、アラビア語の短母音と長母音を区別する境目が日本語の短母音と長母音を区別する境目よりも短いところにあるためだろうと考えられます。また、「てちょう」→「てっちょう」や「てちょう」→「てんちょう」のように促音や撥音を挿入する誤りや、「ようか」→「よっか」のように長音と促音の交替もあります。

「きゃく」→「きやく」のように、拗音を1拍でなく2拍で発音する誤りと、その逆に、「きよう」→「きょう」のように、2拍を拗音1拍で発音することがよくあります。

撥音を［n］で発音するため、「きんえん」→「きんねん」など、撥音のあとに母音や半母音がナ行になることがあります。

アラビア語の発音の大きな特徴として、喉のあたりを調音点とした、つまったような音があります。「強調音」「強勢音」などと呼ばれる音で、奥舌が口蓋垂や喉頭に向かった状態で発音され、口蓋垂化（こうがいすいか）、咽頭化（いんとうか）と呼ばれます。奥舌を口蓋垂に近づけて、喉を詰めるように発音します。口蓋垂化の場合、［t］［d］［s］［ð］に対して、［tʶ］［dʶ］［sʶ］［ðʶ］と表記し、咽頭化とすると、［tˤ］［dˤ］［sˤ］［ðˤ］と表記します。そして、アラビア語のローマ字転写の、［ṭ］［ḍ］［ṣ］

[ð] を用いることもあります。また、[q] [ħ] [ʕ] を [k] [h] [ʔ] に対する強調音と考えることもできます[2]。

「ほそいです」、「きほん」など、ハ・ヘ・ホの子音である [h] が強く聞こえることがあります。これは、アラビア語の強調音、強勢音である、咽頭音 [ħ] を用いているためです。

ほかに、「つきです」→「すきです」のように、「ツ」に関する誤りがあると言われることがあります。

アラビア語には、[t]–[d]、[s]–[z] 等の無声−有声の対立があります。しかし、直後の子音の影響で、有声化や無声化することがあります。また、有声音 [b] に対する無声音 [p] はありません。そのため、「ぽたぽた」→「ぼたぼた」、「せんぱい」→「せんばい」のように、[p] を [b] で発音することがあります。

また、「ほんしゃ」→「ほんじゃ」、「かんそう」→「かんぞう」のように、対立があるはずの、[t]–[d] や [s]–[z] などについても間違えることがあります。

「らく」、「みられる」のように、ラ行音が、震え音 [r] になりやすいです。

アラビア語の母音は、/a//i//u/ の3つしかないと言われ、これも特徴的です。母音数は、言語によって違います。日本語は、/a//i//u//e//o/ の5つです。英語は、単母音だけでも、12もあります。母音が3つというのは、現在使用されている言語の中では、最も少ないと言われており、それらの言語の母音は、すべて、/a//i//u/ のようです。例えば、琉球語もそうです。そのため、沖縄では、「そば」を「すば」と書いてある看板もあります。また、/a//i//u/ はどの言語にもあると言われています。これは、/a//i//u/ が調音上、最も離れた所に存在するからです。

アラビア語では、実際には、短母音 /a//i//u/ の3母音とそれに対応する長母音 /aː//iː//uː/、さらに二重母音の /ai//au/ しかありません。そのため、/u/−/o/ の混同、/i/−/e/ の混同が多いです。

「えき」→「いき」のように、/e/ が [i] になりやすいですが、

これも逆に、「こい」→「こえ」、「みらい」→「めらい」のように、/i/ が [e] になることもよくあります。

非円唇母音 [ɯ] を円唇母音 [u] で代用する傾向もあり、「うります」→「おります」、「きょうゆう」→「きょうよう」など、/u/ が /o/ になりやすいです。ただし、「よそう」→「よすう」、「かお」→「かう」、「きょうゆう」→「きゅうゆう」など、/o/ が /u/ になることもよくあります。

ほかに、「おいてください」→「おいたください」などの /e/ → /a/、「だきます」→「できます」などの /a/ → /e/ などもあります。

[プロソディー]

ストレスアクセントです。ただし、弁別機能は持っていません。

後から2つ目の音節にアクセントが来るのが基本ですが、単語の音節構造によって異なることがあります。

「ぞ￫うか」のように、最後から2音節目にアクセントを置く傾向がありますが、そうでないこともあります。

疑問詞を含む質問文では、上昇しないこともありますが、「はい／いいえ」で答える Yes-No 質問文では上昇させます。

イントネーションには、目立った大きな問題はありません。

POINT

▶ 「強調音」「強勢音」などと呼ばれる喉を詰めるように発音する音があるため、[h] の音を強く発音してしまうことがある。

▶ 母音が /a/ /i/ /u/ の3つしかないため、[e] や [o] に関する誤用が多い。

1　長渡陽一(2011)『ニューエクスプレス エジプトアラビア語』白水社、pp.11-21.
2　「東外大言語モジュール」
　http://www.coelang.tufs.ac.jp/modules/ar/pmod/theory/index.html

TIPS! 55 アラビア語話者のための練習方法を考えよう

> イーエ、ウーオの誤用と咽頭音に関する誤用の直し方を考えてみましょう。前者の、特に、ウーオの誤用は多くの学習者、後者はアラビア語話者特有の誤用です。

[イーエ、ウーオの誤用]

母音は、調音の際の舌の最高点が口内の前か後ろか、上か下かで分類されます。このうち、舌の最高点が上か下かは、口の開きが狭いか広いかとほぼ連動しています。ほおづえをつくように、あごに手を当てて、「イー、エー、アー」「ウー、オー、アー」と言うと、段階的に口の開きが広くなるのが分かります。

イーエ、ウーオの誤用が起こる場合、イ、ウは狭母音なので、口の開きを狭く、エ、オは半狭母音〜半広母音なので、口の開きを中ぐらいにすればよいのです。特に、エ、オをイ、ウと言ってしまうときは、イとア、ウとアを言わせ、エとオはそれぞれの中間の口の開きになるように練習します。

ただ、母音特有の問題があります。例えば、子音のプ[p]、フ[ɸ]はどちらも両唇音で、調音法が、それぞれ破裂音と摩擦音です。「では、[p]と[ɸ]の間の音を出してください」と言われても、なかなか出せません。また、シ[ɕ]、ヒ[ç]はどちらも摩擦音で、調音点が、それぞれ歯茎硬口蓋と硬口蓋で、隣り合っています。それで、

「［ç］と［ɕ］の間の音を出してください」と言われても、やはりなかなか出せません。それに対して、母音は、イーエーアや、ウーオーアは連続的であり、イとエの間や、ウとオの間の音を出すように言われたら出すことができます。このことから、イーエやウーオを言い誤ったとしても、指摘され、また、例えば「もっと口を大きく開いてください」と指導するだけでできるようにはなります。しかし、それがなかなか持続しないのです。

そこで、そのような言い分けの指導だけでなく、イーエや、ウーオを聞き分ける練習を適宜取り入れ、自分で自分の発音が正しいかどうかを確認できるようにするとよいでしょう。

また、ウーオについては、口の開き以外の問題もあります。標準的な日本語のウは、唇を丸めない、つまり、非円唇の［ɯ］です。日本語では円唇か非円唇かで対立しませんが、オは円唇［o］で発音するのがふつうです。ウを、アラビア語で標準的な、円唇の［u］で発音すると、同じ円唇の［o］との区別が難しくなります。また、口蓋垂化子音［tˤ］［dˤ］［sˤ］［ðˤ］の後では、円唇－後舌－広めの狭母音［ʊ］で発音されますが、これは、［u］よりも口の開きが広く、［u］と［o］の間なので、さらに、［o］との区別が難しくなります。ウは、円唇ではなく、唇に力を入れない非円唇で発音するように気を付けさせましょう。

これら、イーエや、ウーオができるようになったら、ア行だけでなく、キーケなど、ほかの段でも練習します。特に日本語を母語とする教師は、イーエができるようになったら、ほかの行でもできるはずだと考えてしまいがちですが、決してそうではありません。

ウーオの誤用は、中国語、韓国語、ポルトガル語話者にも見られます。

［ハ行音［h］に咽頭音［ħ］を用いる誤用］

どんな誤用でも、その対処として、まず基本になるのは、その誤用が起こっていることに気づかせることです。そして、気づかせる

のに最も簡単な方法は、誤用を指摘し、正用を示すことです。それだけで、正しく発音できるようになることもあります。

Tips 47（179ページ）で述べたように、日本語では、無気－有気で対立しませんが、語頭・語中などの音環境によって気息の量が異なります。しかし、一般の日本語母語話者はそれを意識していませんし、その違いもそれほど大きくありません。英語では、"key"、"tea"などの語頭の破裂音は気息が非常に多くなりますが、日本語母語話者が発音すると気息があまり多くないのです。そのため、英語話者には子音がきちんと発音されていないように聞こえ、例えば、"key"を"tea"に聞き間違えられることがよくあります。それに対処するには、まず、指摘して、子音をはっきりと発音するようにリピートさせるなどして練習することが重要です。

それと同様に、口蓋垂音化、咽頭化して、つまったように聞こえたり、強く聞こえる発音については、まずは指摘して、リピートさせるとよいでしょう。アラビア語でも、《هاتف》（ハーティフ）「電話」、《هو》（ホワ）「それ」、《نهار》（ナハール）「昼間」など、[h]はふつうに存在します。しかし、日本語発音で[h]ではなく、[ħ]を用いるのは、日本語のハ行子音がアラビア語の[h]よりも強く聞こえるからかもしれません。そこで、ヒ、フを除き、アラビア語の[h]でよいと説明すれば、ほぼ発音できるようになります。

それでも発音できない場合は、「ヘ」を[e̥e]と表記するなど、後続母音の無声化母音が前にあるとする説もあるように、まず「エー」を言い、最初の「エ」をささやき声で言い、ささやき声でない普通の「エ」を付けて発音する練習をするとよいでしょう。

POINT

▶ イ―エ、ウ―オについては、言い分けるだけでなく、聞き分ける練習もしよう。

▶ 子音が強すぎる／弱すぎる誤用への対処として、まずは誤用を指摘し、正用を示してからリピートさせて練習してみよう。

TIPS! 56 ポルトガル語の音声と誤用の傾向を知ろう

> ポルトガル語話者は、日本語学習者数でいうと、ブラジルが大部分を占めます。そこで、ブラジルのポルトガル語(ブラジルポルトガル語)について説明していきます。

調音法＼調音点	両唇音	唇歯音	歯音	歯茎音	後部歯茎音	そり舌音	歯茎硬口蓋音	硬口蓋音	軟口蓋音	口蓋垂音	咽頭音	声門音
破裂音	p b		t d			ʈ ɖ		c ɟ	k g	q ɢ		ʔ
鼻音	m	ɱ		n		ɳ		ɲ	ŋ	ɴ		
震え音	ʙ			r						ʀ		
弾き音		ⱱ		ɾ		ɽ						
摩擦音	ɸ β	f v	θ ð	s z	ʃ ʒ	ʂ ʐ	ɕ ʑ	ç ʝ	x ɣ	χ ʁ	ħ ʕ	h ɦ
破擦音			ts dz	tʃ dʒ			tɕ dʑ					
側面摩擦音				ɬ ɮ								
接近音	w	ʋ		ɹ		ɻ		j	ɰ			
側面接近音				l		ɭ		ʎ	ʟ			

210

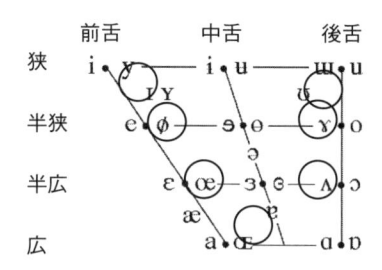

```
         前舌      中舌      後舌
狭      i･y      i･u      ɯ･u
                            ʊ
半狭    e-ø      ɘ-ɵ      ɤ-o
半広    ɛ-œ      ɜ-ɞ      ʌ-ɔ
        æ        ɐ
広      a-ɶ              ɑ-ɒ
```

[個々の音]

ポルトガル語の音節構造は、(子音＋)(子音＋)母音(＋母音)(＋子音)ですが、日本語のように、子音で終わらず、母音で終わる開音節が圧倒的に多いです。

「てじょう」→「てーじょう」、「てちょう」→「てんちょう」、「まつい」→「まっつい」のように、長音、撥音、促音を挿入することがよくあります。

「きやく」→「きゃく」など、直音＋ヤ行音を拗音1拍で発音してしまうことがよくあります。

また、「かんたん」のように、撥音がある音節を鼻母音で発音することがあります。それによって、ややこもったような、母音がはっきりしない音になります。

「有声－無声」で対立します。しかし、「かす」→「がす」、「がいしゃ」→「かいしゃ」、「こうがい」→「こうかい」、「いじょう」→「いちょう」のように、有声－無声の混同は非常に多いです。

[ʎ] は硬口蓋－側面接近音です。日本語の「ヤユヨ」の [j] の調音点に前舌を付け、[l] のように「リャリュリョ」と発音すると、この音が出ます。

"r" に関する音は、スペルと音環境によって2つに分かれます。語中で、前が母音で、後ろも母音の "r" は [ɾ] です。一方、それ以外の "r" やスペルが "rr" のものは、[x] で発音されることが多いです。ただし、歯茎－震え音 [r]、そり舌－接近音 [ɻ] や声門

−摩擦音［h］などが用いられることもあります。

また、"l" と表記される［l］の音もあります。

音節頭(おんせつとう)の子音連続として、［kw］［gw］があります。

音節末子音には、"l" があります。これは、210ページの子音表には載せていませんが、「暗いエル(dark l)」と呼ばれる［ɬ］で、舌の奥を軟口蓋に接近させて /l/ を発音するもので、英語等でも存在します。

"h" は文字として表記されますが、発音はされません。そのため、日本語でも、「ほそいです」→「おそいです」のように語頭の［h］の脱落や、その逆に、「おそいです」→「ほそいです」のような添加があると言われています。

/t/ /d/ は、［i］の前では、［ti］［di］ではなく、［tʃi］［dʒi］になります。

「いほう」「ひなた」などのハ行子音として、軟口蓋−摩擦音の［x］を使用することがあります。

また、「ひろい」→「しろい」、「せいびひ」→「せいびし」など、「ひ」の子音について、硬口蓋−摩擦音［ç］ではなく、後部歯茎−摩擦音［ʃ］を用いてしまうことがあります。

「ふくおか」や「さいふ」の「ふ」については、両唇−摩擦音［ɸ］でなく、唇歯−摩擦音［f］を用いることがよくあります。

「つきです」→「すきです」のように、「つ」を「す」に言うことがあります。「つ」を「ちゅ」に言うこともあると言われています。

「らく」のような語頭のラ行音が、弾き音［ɾ］でなく、震え音［r］や、「だく」のようなダ行音［d］で発音されることがあります。ほかに、ナ行音［n］や軟口蓋−摩擦音［x］で発音されることもあると言われています。

母音は、口母音(こうぼいん)と鼻母音があります。鼻母音は、単母音・二重母音ともに、スペルとしては、i, e, a, o, u のあとに m, n を添えるか、ã, ão, ãe, õe のように、文字の上に「˜」を添えて表します。

音節末の /p/ 及び /b/ に後続する音節頭に子音がある場合、子音

の連続を避け、/pt//ps/ の子音間に [i]、/bt//bs//bd//pn//bn/ の子音間には無声化した [i̥] を加えます[1]。

「おります」→「うります」、「かお」→「かう」、「きょうゆう」→「きゅうゆう」のように、オ段→ウ段の誤りや、「ぼうず」→「ぼうぞ」ように、ウ段→オ段の誤りがあります。

[プロソディー]

強弱アクセントです。アクセントの位置は、後ろから 2 つ目が多いです。語末の音節が /i//u/ で終わっているとき、二重母音で終わっているとき、/l//r//z/ で終わっているときは、いちばん後ろになります[2,3]。

「ぞう⌐か」、「で⌐ぐ⌐ち」のように、後ろから 2 音節目にアクセントを置くことが多いですが、そうでないものもあります。

ポルトガル語の Yes-No 質問文は、平叙文と同じ語順で、また、日本語の「か」などにあたる文末詞を付加せず、上昇イントネーションだけで表すのがふつうです。また、疑問詞を含む質問文では、下降調にします。

しかし、日本語のイントネーションの発音について、特に大きな問題はないようです。

POINT

▶ ポルトガル語には、開音節が多く、それぞれの音節がはっきり発音されているように聞こえる。

▶ ポルトガル語には、単母音、二重母音ともに、鼻母音が多く、撥音を含む音節を鼻母音で代用することがある。

---

1 弥永史郎(2005)『ポルトガル語発音ガイドブック』大学書林、p.53.
2 同、pp.81-82.
3 香川正子(2007)『ニューエクスプレス ブラジルポルトガル語』白水社、pp.19-20.

TIPS! 57 ポルトガル語話者のための練習方法を考えよう

撥音がある音節を鼻母音で発音する問題と、直音と拗音の誤用についての直し方を考えてみましょう。後者は多くの言語話者に見られます。

[鼻母音の誤用]

撥音がある音節を鼻母音で発音することについて述べます。

まず、鼻母音について改めて詳しく説明します。「ア」と「ナ」を言って、今度は鼻をつまんで言ってみます。すると、「ナ」だけが、こもった、鼻がつまったような変な音になります。それは、口蓋帆(こうがいはん)の部分が開いていて、呼気が口のほうだけでなく、鼻のほうにも抜けるからです。「かんぞう」などの「ん」も [n] です。一方、[a] は鼻音ではありません。[a] を鼻音にしてみましょう。つまり、[a] の口の開き、舌の位置のままで、息を鼻に抜くのです。[a] の口の開き、舌の位置のままで、「ん」を言う感じでしょうか。友達に返事をするときに、「うん(Yes)」、「ううん(No)」と言ったりしますが、もっと、いい加減な発音だと、「あん(Yes)」、「ああん(No)」となります。この音が、鼻母音 [ã] です。

[a]

[n]

[ã]

「かんぞう」は、[kandzo:] です。Tips 40 で、2拍を1まとまりにする、つまり、「かん・ぞう」のようにして練習することを提唱しました。しかし、鼻母音になってしまう場合は、「か」「ん」のように、1拍ずつに分けて練習し、それをより自然な速さで言うように練習するといいで

しょう。ただし、このとき、「ん」の発音が、[m] [n] [ŋ] [N] などのいずれであるかを考えて練習する必要があります。撥音が具体的にどのような音になるかは、「かんぱ」「かんばん」「かんまん」は [m]、「かんたん」「かんつう」「かんぞう」「かんらん」「かんな」は [n]、「かんちょう」「かんじょう」「かんにん」は [ɲ]、「かんがえ」「かんかん」は [ŋ]、「かん。」は [N] など、後続音によって異なるので、それに合わせて練習します。また、[kandzoː] と言っても、実際には [ka] も [n] の準備として、若干、鼻音化しています。ですから、[kan] の [ka] は鼻をつまんでも声が変にならないという指導は、避けたほうが混乱がないでしょう。

[拗音－直音の誤用]

「きゃく」→「きやく」や、「きやく」→「きゃく」の誤用について述べます。

「きゃ」と「き(や)」は3つの点で大きく異なります。

1つ目は拍数です。言うまでもなく、「きゃ」は1拍、「きや」は2拍です。そこで、「きゃく」→「きやく」の誤用では短くするように、また、「きやく」→「きゃく」の誤用では長くするように指示するだけで、できるようになることが多いです。その際、分かりやすくするために、右のようなジェスチャーをするといいでしょう。

また、その際、Tips 37 ～ 40 で説明したように、2拍1まとまりを示すと、さらに分かりやすいです。

きゃく　　きやく

2つ目は、後の母音です。言うまでもなく、「きゃ」([kʲa]) の母音は [a]、「き」([kʲi]) の母音は [i] です。そのため、国際音声記

号では同じ［kʲ］でも、母音の違いで、口の形が違います。正確には、口の開きが違い、「きゃ」のほうが「き」よりも広くなります。

練習方法としては、1つ目とも関係しますが、「きゃ」のほうはできるだけ速く口を開き、「き」は口をあまり開かずにじっくりと「き」を発音するようにします。

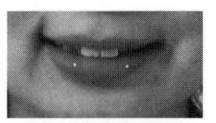

「き」

3つ目は、2つ目とも関係しますが、閉鎖面の面積や閉鎖の強さです。「き」のほうが「きゃ」よりも、後舌が軟口蓋に広く接触します。しかし、「き」と「きゃ」ならともかく、

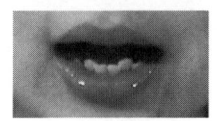

「きゃ」

「び」と「びょ」の場合、「び」のほうをより広く接触させようとしても、それを意識するのは難しいので、広くではなく、強く接触させることを意識するといいでしょう。

また、「きゃく」を「かく」と発音する誤用もあります。このときは、「きゃ」は「か」と調音点や舌の形が異なり、「き」と同じであることを意識させ、「き」から「きや」を言わせることから始めるといいでしょう。

なお、拗音－直音の誤用は、韓国語、英語、ベトナム語、アラビア語、ポルトガル語話者にも見られます。

POINT

- ▶ 鼻母音になっているときは、2拍のまとまりではなく、まず、1拍ずつで練習してから、自然な速さで練習しよう。
- ▶ 拗音と直音は、長さや母音、また、接触の強さが違うことを利用して練習しよう。

TIPS! 58 インドネシア語の音声と誤用の傾向を知ろう

> インドネシアでは、各地方で使われる言語があり、インドネシア語は、公の場で使われる共通語です。そのため、地方語の影響もありますが、共通点もあります。

調音法＼調音点	両唇音	唇歯音	歯音	歯茎音	後部歯茎音	そり舌音	歯茎硬口蓋音	硬口蓋音	軟口蓋音	口蓋垂音	咽頭音	声門音
破裂音	p b		t d	t d		ʈ ɖ		c ɟ	k g	q ɢ		ʔ
鼻音	m	ɱ		n		ɳ		ɲ		ŋ		
震え音	ʙ			r						ʀ		
弾き音		ⱱ		ɾ		ɽ						
摩擦音	ɸ β	f v	θ ð	s z	ʃ ʒ	ʂ ʐ	ɕ ʑ	ç ʝ	x ɣ	χ ʁ	ħ ʕ	h ɦ
破擦音				ts dz	tʃ dʒ		tɕ dʑ					
側面摩擦音				ɬ ɮ								
接近音	w	ʋ		ɹ		ɻ		j	ɰ			
側面接近音				l		ɭ		ʎ	ʟ			

217

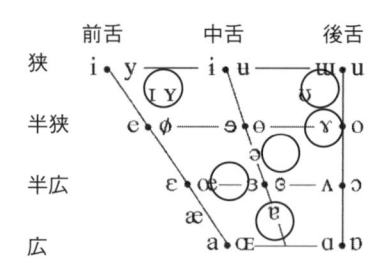

```
        前舌      中舌      後舌
狭     i•y ──── i•u ──── ɯ•u
            ɪ ʏ                    ʊ
半狭    e•ø ──── ɘ•ɵ ──── ɤ•o
                     ə              
半広    ɛ•œ ──── ɜ•ɞ ──── ʌ•ɔ
              æ        ɐ
広        a•ɶ ──────────── ɑ•ɒ
```

［個々の音］

　インドネシア語は、外来語を除き、(頭子音+)母音(+末子音)がほとんどです。

　母音は、末子音を伴わないときは長めに、末子音を伴うときは短めに発音される傾向があります。

　「きほん」→「きーほん」や「かんぞう」→「かんぞ」のように、長母音と短母音の誤用があります。また、「いちょう」→「いっちょう」のように、子音を長く発音してしまうことで、促音が挿入されているように聞こえることもあります。それ以外は、母音については、特に大きな問題は見られません。

　母音や半母音が続く撥音を [n] で発音することで、それらがナ行になり、「にせんえん」が「にせんねん」「にせねん」になることがあります。また、「せん　えん」など、不自然な発音も見られます。

　頭子音は、無声-有声で対立すると言われています。しかし、「てんき」→「でんき」、「かんたん」→「かんだん」のように、子音の無声-有声を誤ることがあります。それも踏まえ、インドネシア語は、無声-有声ではなく、喉頭化の有無や、無気-有気で対立する可能性があることも指摘されています [1]。

　震え音 [r] が特徴的です。「みられる」など、ラ行音を日本語の弾き音 [ɾ] ではなく、震え音 [r] で発音することがよくあり、違和感がある発音になります。

　語頭の [h] は、アラビア語やオランダ語からの借用語の場合は必ず発音されますが、インドネシア語本来の単語では、発音されな

いこともあります。また、表記として"h"があっても、その"h"の前の母音と後ろの母音が異なっているときは、[h] の音は、原則として発音されません。

[ʃ] [dz] [f] [x] も外来語だけに用いられます。

「しょっき」→「そっき」、「しんたい」→「スィんたい」のように、[ç]「シャ、シ、シュ、ショ」を [s]「サ、スィ、ス、ソ」で発音しやすいです。なお、「いきました」のように、「し」が「スィ」と発音され、それが「ス」に聞こえることもあります。また、「ぞうか」→「じょうか」のように、「ザ、ズ、ゼ、ゾ」が「ジャ、ジュ、ジェ、ジョ」になることもあります。

末子音は、[s] [h] [r] [f] [m] [n] [ŋ] のほかに、内破音の [p] [t] [k] もあります。

[h] は頭子音だけでなく、末子音にも来ることができます。末子音の [h] は、頭子音のときよりも強く感じられます。

「つきです」→「ちゅきです」のように、「ツ([ts])」を「チュ([tʃ])」と発音することが多いと言われますが、ほかに、「つうがく」→「すうがく」のように、[s] で発音したり、「かつ」→「かトゥ」のように、[t] で発音したりすることもよくあります。また、「つうしん」のように、[ts] と発音している場合でも、日本語の歯茎音ではなく、歯音で発音することで、違和感を覚えることがあります。日本語の [t] は、歯茎だけ、あるいは、歯の裏と歯茎の両方に舌先が付きます。一方、インドネシア語の [t] は舌先が歯の裏にしか付きません。歯音で「タ」を発音すると、「サ」に近い音に聞こえます。そのため、217ページの子音の表では、「×」を破線で示しています。

[プロソディー]

語を単独で発音したときは、アクセントの位置は、後ろから2つ目に来ます。アクセントのある音節は、高く、長く発音されます。

「ちゅう⌐しん」、「きん⌐えん」のように、後ろから2番目の音節の

みを高くする傾向があると言われますが、そうでない発話も多く見られます。

文末イントネーションのYes-No質問文は、平叙文と同じ語順で、また、日本語の「か」などにあたる文末詞を付加せず、上昇イントネーションだけで表すのがふつうです。

疑問詞を含む質問文では上昇させないこともあります。

文中では、主部と述部の境界を句末イントネーションで表します。述部の最後、つまり文末では、後ろから2つ目の音節にアクセントが来て、それ以前は低くなります。ただし、プロミネンスが置かれる単語では、やはり、後ろから2つ目の音節にアクセントが来ます。

一方、主部と述部の境界直前では、後ろから2つ目ではなく、いちばん後ろの音節にアクセントが来ます。それによって、主部と述部の境界を表すのです。

Ini buku saya.	Buku saya ini.
これ／本　私	本　　私／これ
これは　私の本です。	私の本は　これです。

文中にポーズがあると、その前の部分を上昇させてしまうことがありますが、日本語として違和感があるほどの大きな問題は見られません。

POINT

▶ **インドネシア語では、震え音 [r] をしばしば用いるため、その誤用がある。**

▶ **インドネシア語話者の誤用として、ショ－ソや、ツの問題もある。**

1　尾形佳助（1993）「日本語インドネシア方言の音声―インドネシア語話者に対する日本語の音声指導上の留意点―」『九州大学留学生センター紀要』5、pp.13-14.

TIPS! 59 インドネシア語話者のための練習方法を考えよう

> インドネシア語話者は、「〜ました」が「〜ますた」になったり、「〜でしょう」が「〜ですよ」になるなどが印象的です。その直し方を考えてみましょう。

［ショーソの誤用］

まず、インドネシア語話者には、「〜でしょう」の代わりに「〜ですよ」を用いる誤用があると言われることがあります。「晴れでしょう／晴れですよ」は誤用かどうか分かりませんが、「雨が降るでしょう」が正用であるのに対し、「雨が降るですよ」については、知識がなければ、教師は、文法的な誤用だと考えるでしょう。しかし、これはほぼ間違いなく、音声の問題です。

インドネシア語話者の誤用には、[ɕ] → [s] があります。これからすると、「でしょう」→「でそう」となります。「でそう」という日本語はないので、日本語母語話者には意味を推測して「ですよ」に聞こえるのです。実際に発音してみると、「でそう」と「ですよ」が音声的に紛らわしく、よく聞き間違えることがあることが簡単に想像できます。音声の誤用の傾向を知っていれば、文法の問題だと解釈して、「でしょう」と「ですよ」の違いに関する必要ない指導をする、という無駄が省けます。

さて、[ɕ] → [s] の誤用ですが、[ɕ] は歯茎硬口蓋音、[s] は歯茎音で、調音点の違いはわずかです。しかし、日本語母語話者にとっても、そのすべてが同じように苦手なわけではありません。例えば、see [siː] – she [ʃiː] は、カタカナであえて書くと「スィー」–「シー」ですが、母語話者にはともに、「シー」と聞き取ってしまいます。しかし、so [soʊ] – show [ʃoʊ] は、カタカナで書くと

221

「ソー」と「ショー」で、明らかに区別されます。それと同じように、日本語学習者も「サ・スィ・ス・セ・ソ」と「シャ・シ・シュ・シェ・ショ」のすべてが同じように苦手なわけではありません。

うるさい子供を静かにさせるために、唇に指を当て、「しー」と言ったりしますが、これは、万国共通のようです。少なくとも、母語に［ɕ］や［ʃ］が存在しないインドネシア、ベトナムでも使われています。そこで、それを示し、まずは、シの練習をし、それを元に、シャ、シュ、ショの練習をすると比較的、簡単にできるようになるでしょう。

なお、ショーソの誤用は、ベトナム語話者にも見られます。

[震え音［r］の誤用]
　震え音［r］と日本語の標準的なラ行音［ɾ］の違いは調音法です。［ɾ］は舌先、正確には、舌の先端である舌先ではなく、それよりも少し奥の舌端で歯茎を1度軽く弾きます。一方、［r］は、舌端を歯茎あたりで震えさせる、言い換えると、舌端で歯茎を素早く何度も弾きます。

　震え音［r］を使う日本語学習者が、日本語の標準的なラ行音［ɾ］を発音できるようになるための練習方法ですが、まずは、学習者の母語に［ɾ］がある可能性を探ってみましょう。震え音［r］を使う言語として最も有名なのは、スペイン語とインドネシア語だと思いますが、スペイン語では、日本語母語話者には同じように「ペロ」としか書けない単語でも、震え音［r］か弾き音［ɾ］かで、「犬(perro)」と「しかし(pero)」という違う意味になります。つまり、対立します。さらに、［l］だと、「毛(pelo)」の意味になります。

　しかし、一方で、いろいろなバリエーションがあります。［r］［ɾ］［l］［ɹ］［ɽ］［ɻ］など、日本語ではラ行子音と一般にとらえられる音は「流音」と呼ばれます。「流音」とひとまとめにして呼ばれるのは、1つの言語内でもいろいろバリエーションがあるからです。

例えば、日本語でも、標準的には弾き音［ɾ］ですが、語頭やンの後では必ずしも弾き音ではなく、歯茎−側面接近音［l］、そり舌−破裂音［ɖ］、あるいは、そり舌−弾き音［ɽ］です。また、違う音環境でも、癖で、［l］やそり舌−接近音［ɻ］を用いる日本語母語話者もいます。

インドネシア語でも、語頭などでは、［r］ではなく、［ɾ］で発音されることもよくあります。［r］が使われるタイ語では、音環境に関わらず、［l］や［ɾ］が用いられ、どれが標準とは言えなくなっています。アラビア語、ポルトガル語も同様です。このような言語話者については、［ɾ］で発音しているとしても、［r］であることを指摘するだけで、すぐに正しく発音できる可能性は高いです。

また、「あら」を、［r］を用いるよりも軽く発音するようにするだけで、できるようになることもあります。しかし、それでもできない場合は、Tips 45（173ページ）で述べた、中国語話者のダーラの誤用に対する練習方法が役立つでしょう。まず、ダを発音して、それから、ラを練習する方法です。［d］は破裂音、［ɾ］は弾き音で、舌の動き方が異なりますが、それよりも、舌先が歯茎に接触している時間に注目し、ラは、ちょっと速めに軽く「アララララ」と言うといいでしょう。ダは、「アッダッダッダ」とちょっとゆっくり、かつ、舌先を強めに歯茎の前の方に当てるようにします。

その後、「だらだら」「なら」「なだ」「らくだ」などの単語を使って、練習します。「らだ」「らな」「だな」などの無意味語を使ってもかまいません。

POINT

▶ シャ行が発音できなくても、「シー」ができれば、それを元にシャ行の練習をしてみよう。
▶ 震え音［r］が存在する言語には、［ɾ］も存在することが多いので、それを生かすように指導しよう。

223

TIPS! 60 知らない言語の音声を知る方法を考えよう

> 英語の音声の参考書はありますが、韓国語、中国語については、それほどありません。それ以外の言語についてはさらに少ないのですが、どうしたらいいでしょうか。

　日本国内には、英語は音声学の参考書や発音学習に特化したテキストがたくさんありますが、それ以外の言語については、その言語のテキスト自体があまりありません。また、文法は詳しくても、音声に関する記述はかなり少ないです。知らない言語について、その特徴を知りたいときは、どうすればよいでしょうか。

　「ニューエクスプレス」シリーズ(白水社)、「言葉のしくみ」シリーズ(白水社)、「外国語レッスン」シリーズ(スリーエーネットワーク)は、それぞれ、51、23、10の言語が扱われていますので、目的に応じて選ぶことができます。

　インターネットで調べたいならば、「ドイツ語　音声」等、目的の言語名で検索するとよいでしょう。ただし、インターネットの情報は必ずしも定説ではなく、それを記述した人の考えのみに基づくことであったり、宣伝のために記述されたりしていることがあるので、記述をそのまま信じないことも重要です。

　ほかに、『新版日本語教育事典』(大修館書店)は、25の外国語の音声が扱われ、各言語話者の日本語発話の特徴も挙げられています。

　インターネットでは、「東外大言語モジュール」[1]や「高度外国語教育独習コンテンツ」[2]も使用できます。それぞれ22と20の言語が扱われています。

　これらで十分な情報が得られないときでも、自分で、ゼロから始めなければならないわけではありません。

まず、文法を例にしますが、日本語では、「青いネクタイ」のように、形容詞は名詞の前に来ます。このような言語には、韓国語、英語、ドイツ語、中国語等があります。形容詞が名詞のあとに来る言語は、フランス語、ポルトガル語(例外あり)、ベトナム語、タイ語、インドネシア語、アラビア語等です。しかし、このどちらかであって、形容詞部分と名詞部分が離れている言語はありません。そのような語順は、人間の思考として、非常に不自然だからでしょう。

音声の場合は、調音は生理的なものなので、もっと共通点があります。例えば、舌先を口蓋垂に付けて調音するのは生理的に不可能なので、それを使う言語はありません。[f] は、唇歯音(しんしおん)と言い、下唇と上の歯が調音点です。唇歯音なら、上唇と下の歯が調音点でもよさそうですが、そのような音声を使う言語はありません。

どの言語も、Tips 43〜59 ですでに扱っている言語の音声の特徴の範囲にほぼ収まります。どのような観点で分析すればいいか、音声項目別に見ていきましょう。対象の言語はどうでしょうか。

[音節構造と子音]
・音節構造は、母音を中心として、前後に子音がありますか。
・子音が2つ、3つと連続することがありますか。
・音節末の子音は、破裂せず、閉鎖した状態で終わりますか。
・子音が「無声-有声」か、「無気-有気」で対立しますか。
  (タイ語のように、3つの対立があることもあります。)
・日本語のラ行子音に入る音は、[ɾ] のほか、[l] [ɹ] [ɻ] [r] 等がありますが、対象の言語には、何がありますか。
・日本語のイ段や拗音になる口蓋化音はありますか。
・フの子音になる [ɸ] はありますか。あるいは、[f] ですか。
・ワやシャ・ジャ行音は、日本語より円唇性が強くないですか。

子音に限りませんが、日本語音声の誤用から、その母語の特徴を推測することもできます。例えば、ツの誤用があれば、それに当てはまる音がないと推測することができます。

［母音］
- 母音は、いくつありますか。
  （日本語のような5母音は、多いほうではありません。）
- 「短母音 – 長母音」の対立がありますか。
  （長母音ではなく二重母音になることもあります。）
- 日本語のウのように非円唇母音ですか。

［アクセント］
- アクセントは、高さアクセントですか、強さアクセントですか。
  （強さアクセントでは、強い音節は長くもなります。）
- 音節内で高さが変わる声調言語ですか。

［イントネーション］
- イントネーションは、質問文で上昇しますか。
- 疑問詞を含んだ質問文で上昇しますか。
  （上昇しないことが多いです。）

また、文が終わっていないことを示すために、上昇イントネーションを用いたり、終わっていることを示すために、Tips 26 で説明した pre-boundary lenthening（呼気段落末伸長）を用いる言語もあります。

以上のような観点で、対象の言語を分析してみましょう。

POINT

- ▶ さまざまな教材や参考書、インターネットを参考にして、知らない言語の音声的特徴を知ろう。
- ▶ あまりに特別な音声的特徴はないはずなので、すでに見た言語の音声的特徴の範囲内で考えてみよう。

---

1 「東外大言語モジュール」
   http://www.coelang.tufs.ac.jp/modules/index.html
2 世界言語研究センター「高度外国語教育独習コンテンツ」
   http://el.minoh.osaka-u.ac.jp/flc/index.html

TIPS! 61 知らない言語の話者の誤用の傾向を知ろう

> 担当している学習者にはどのような誤用があるかを前もって知っていると、さまざまなメリットがあります。知らない言語の話者の誤用を知る方法を考えましょう。

　本書では、研究が多い、中国語、韓国語、英語のほかに、研究が少ない、ベトナム語、タイ語、アラビア語、ポルトガル語、インドネシア語の音声や、それらの母語話者の誤用について触れました。

　しかし、みなさんの実際の日本語クラスでは、ほかの母語話者もいると思います。例えば、ネパール語やマレー語、モンゴル語、フィリピン語、フランス語、ヒンディー語(インド)、ロシア語、ドイツ語話者など、いろいろな学習者がいます。それらの言語話者の誤用に関する研究を探すのはなかなか難しいものです。

　では、自分のクラスにいる学習者の誤用の傾向を知るにはどうしたらいいでしょうか。

　まず、Tips 60で触れたように、各外国語の教科書・参考書・辞書に、その言語の音声の説明があるので、それを元に誤用を推測することができます。また、ラオス語とタイ語の関係のように、親戚関係にある言語については、同様の誤用があると推測することができます。しかし、それは、あくまでも推測にすぎません。

　それ以前に、まずは、実際の学習者の誤用に注目するのが基本です。パターンプラクティスやシナリオドラマの中で起こった学習者の誤用を学習者ごとに書き留めておくとよいでしょう。これは、もちろん、参考書などにほとんど載っていない言語の話者の誤用を把握するのには大変有効ですが、今まで扱った外国語話者の誤用にも個人差があるので、各学習者の問題点を把握するのに有効です。

また、手っ取り早く、効率的に誤用を知るには、Tips 15 の発音チェックリストを見て、読ませ、それを録音するのがいいでしょう。リストを読ませる方法は、自然会話よりも誤用が出にくいことは研究で明らかになっています。しかし、リストを読ませる方法で現れる誤用は、その学習者にはかなり難しい音だと考えられますので、指導の対象とすることができます。また、各言語について Tips 60（225 ページ）で紹介したような音声項目別の観点で分析することは、そのまま、誤用を知るために分析する際にも役立ちます。

　ほかには、ストレートに、学習者本人に苦手な発音を聞いてみるという方法もあります。それによって、気を付ければできるけれども、気を抜くと誤用になる発音を知ることもできます。

　ただ、初級学習者に聞くことは、教師の外国語能力の問題で、難しいことも多いでしょう。そのときは、中上級の学習者に通訳してもらって、初級学習者に聞くことができます。それ以外にも、中上級の学習者に、今でも苦手だと思う音を聞いたり、初級当時、苦手だった発音のことを聞いてみるといいでしょう。さらに、どうやって苦手な発音を克服したのかを聞いてみると、実際の教育にも大いに役立つでしょう。

POINT

- ▶ 教室で起こった誤用を学習者ごとに書き留めておこう。
- ▶ 発音チェックリストで調べたり、学習者自身に聞いたりすれば、クラスの学習者により近い情報が得られる。

TIPS! 62 母語別の誤用の傾向を知ることについて考えよう

母語別のクラス編成ではないので、母語別の誤用を知っても仕方がないと考える教師もいるでしょう。母語別の誤用を知るメリットやデメリットを考えてみましょう。

1つの初級日本語教科書について、英語だけでなく、中国語、韓国語など、複数の言語で書かれた文法解説書があるものもあります。しかし、その記述は、言語によらず、同じ内容が書かれています。例えば、「は」と「が」は、多くの学習者には難しい文法項目ですが韓国語話者はあまり誤りません。韓国語の"는・은"と"가・이"とほぼ同じだからです。そのときに、韓国語での文法解説が英語や中国語での文法説明と同じであるのは無駄が多いだけでなく、無駄なものを読むことで、ほかの重要な部分も適当に読んでしまう恐れもあります。それと同様に、日本語の音声すべてについて同じように詳しく説明するのは効率が悪いだけでなく、効果が低くなると思われます。

そこで、学習者の母語別の誤用を知ることが、何をどのように説明するかを考えるときのメリットになります。

まず、何を説明するかですが、先に注意点を述べます。日本語母語話者は、英語の /r/ と /l/ の発音や聞き分けが苦手です。しかし、同じ日本語母語話者でも、それらが練習すればできるようになる人もいれば、練習しなくてもできる人さえいます。それと同様に、「韓国語話者だから、ツはできないはずだ」と目の前の学習者の発音を見ないのでは本末転倒です。このように、その人の実際ではなく、その人のある特徴の影響を受けて、その人の別の側面も評価してしまうことを「ハロー効果」と言います。これはさらに2つに分けら

れます。例えば、「Aさんは韓国語話者だから、『ツ』はできないはずだ」というのは「ネガティブハロー効果」です。「Bさんは韓国語話者だから、『は』と『が』の区別はできるはずだ」というのは「ポジティブハロー効果」です。

Tips 5 ですでに述べたように、決め付けはよくありませんが、母語別の誤用を知っておくことで、学習者の音声をより正確に聞き取ることができることもあります。例えば、中国語話者は、Tips 45 でも述べたように、「きょうゆう」→「きょうよう」という誤用が多いのですが、実際には、「きょうよう」と「きょうゆう」の間とでもいうような発音をすることがよくあります。そのときに、「きょうゆう」→「きょうよう」という誤用の傾向を知っていれば、聞き逃すことなく、キャッチできるかもしれません。

ただし、誤用の傾向を知っているだけでは、必ずしも音声教育には役立ちません。学習者の誤用は、学習者の母語と目標言語の違いを明らかにする「対照分析」から予想することができます。これは、音声と音韻に関係があります。例えば、日本語母語話者は英語の /r/ と /l/ の区別が苦手です。それは、日本語に /r/ /l/ の音がないからです。音がないというのは、実際に存在しないということではありません。例えば、「せんろ」など、「ん」の後のラ行子音は、舌先を歯茎に付けて、舌の両端から息が抜ける、側面-接近音の [l] になりやすいです。さらに、サザンオールスターズの桑田佳祐さんは歌うとき、ラ行音を [l] で発音していることがあります。また、日本語の母音は5母音だと言われますが、美空ひばりさんは、歌うとき、さまざまな母音を使っています。

しかし、日本語では、ラ行音を、英語の /r/ で一般的な [ɹ] や [ɻ] で発音しようと、/l/ で一般的な [l] で発音しようと、また日本語で一般的な [ɾ] で発音しようと、指す単語は同じです。一方、英語では、[ɹaɪt]（"right"）と [laɪt]（"light"）では指す単語がまったく違います。

このように、意味の区別があるかという観点で音を区別したもの

を「音韻」といいます。音韻は各言語によって異なります。その違いから誤用が起きることが多いのです。

中国語話者は、Tips 44でも述べたように、「がんたん」→「かんだん」のように、清濁の違いが難しいです。これは、中国語には、有声－無声という音韻的な区別がなく、有気－無気の区別があるため、日本語の音声を聞いたときも、母語である中国語の音韻にある有気－無気に置き換えて聞いてしまうのです。「がんたん」の「た」は無気音に聞こえるので、それを無気音で発音すると、日本語母語話者には、「だ」に聞こえるのです。

ただ、各母語話者にどのような誤用があるかを知り、その原因として最も大きいと思われる母語の音声を知っただけでは、必ずしも有効な音声教育には結び付きません。例えば、日本人の英語の /r/ – /l/ について、目の前の学習者が苦手であることを知り、苦手である原因が、母語である日本語に /r/ – /l/ の区別がなく、一般的に [ɾ] で発音するということを知ったとしても、結局正しい発音を説明し、それができるようになるために練習をするしかないのです。

学習者の母語別の誤用を知ることは、目の前にいる学習者の誤用を正確にとらえることに活用しましょう。また、学習者の母語に関する情報は、学習者が自己モニターを行うのを支援するために、ぜひ活用しましょう。そうでなければ、学習者の母語別の誤用を知ることは、ただ単に、対照研究を学問として学ぶのと同じになってしまいます。

POINT

▶ 母語別の誤用を知ることは重要であるが、目の前の学習者の音声を正確にとらえることに活用しよう。
▶ 母語別の誤用を知るために、対照研究を学んだ後は、実際の教育に役立てるように心がけよう。

TIPS! 63 母語別にこだわらない音声教育を考えよう

> 母語別に対応することはできない、または対応するべきではないと考える教師もいるでしょう。母語別の誤用にこだわらないことについても考えてみましょう。

　自分のクラスにいろいろな母語話者がいて、ある母語話者にどのような誤用があるかを知っても、母語別に対応できないことは多いでしょう。しかし、もっと広く、さまざまな言語話者の音声の誤用を知っておくことは役に立ちます。Tips 62 で述べたように、初めて遭遇する言語話者についても、その範囲内に収まるものです。例えば、「ぞ」の誤用については、「じょ」「そ」「しょ」「ちょ」ぐらいしか考えられません。「ぞうか(増加)」を「もうか」と言う誤りは、私の四半世紀以上にわたる日本語教師の経験の範囲内ですが、絶対にあり得ません。その言語話者の誤用についての研究が見当たらないからといって、お手上げ状態になる必要はないのです。

　233 ページの表は、Chapter 4 で扱った誤用をまとめたものです。この表を見ると、ツ、シ、ラ、キャなど、母語によらない誤用もあることが分かります。これは、「有標性差異仮説」で説明できます。

　「有標性差異仮説」の「有標」とは、特別でないかどうかということです。例えば、「シンの顔の大きさ、見て!」に対して、「わ! 大きい!」も「わ! 小さい!」も可能です。つまり、「大きさ」は、「サイズ」程度の意味です。一方、「シンの顔の小ささ、見て!」に対しては、「わ! 大きい!」は不可能で、「わ! 小さい!」のみ可能です。つまり、「大きさ」は特別ではなく、「小ささ」は特別です。特別でないことを「無標」、特別であることを「有標」と言います。

Chapter 4 で扱った誤用のまとめ

		中	韓	英	ベ	タ	ア	ポ	イ
1	ゾとジョ(語頭)		■		■	■	■	■	■
2	ゾとジョ(語中)		■		■	■	■	■	
3	キヤとキャ	■		■	■		■		
4	テとデ(語頭)	■	■	■		■			
5	テとデ(語中)	■	■	■	■	■			
6	ツとス(語頭)		■	■	■	■	■	■	■
7	ツとス(語中)		■	■	■	■	■	■	■
8	ツとチュ(語頭)		■	■	■	■	■	■	■
9	ツとチュ(語中)		■	■	■	■	■	■	■
10	ホとオ(語頭)			■			■		
11	ホとオ(語中)			■					
12	ンエとンネ	■	■	■	■	■	■	■	■
13	ラとダ(語頭)	■		■			■	■	
14	ラとダ(語中)	■		■				■	
15	ダとナ(語頭)			■					
16	ダとナ(語中)			■					
17	ショとソ(語頭)				■	■			
18	ショとソ(語中)				■	■			
19	ナとラ(語頭)	■	■						
20	ナとラ(語中)	■	■						
21	カとガ(語頭)	■	■			■	■		
22	カとガ(語中)	■	■			■	■	■	
23	シとチ(語頭)				■			■	
24	シとチ(語中)				■			■	
25	ジとチ		■		■	■	■	■	
26	チョとジョ		■		■	■	■	■	
27	ヤとジャ		■					■	
28	ウとオ						■	■	
29	ヨとユ			■				■	
30	イとエ								■

中：中国語　　韓：韓国語　　英：英語　　ベ：ベトナム語　　タ：タイ語
ア：アラビア語　　ポ：ポルトガル語　　イ：インドネシア語話者
■は誤用が多いことを表す。

前ページの表から、ツ、シ、ラ、キャなど、母語によらない誤用もあることが分かりますが、さらにそれらは、有標性が高いと考えることもできます。これらの有標性は、母語によらず、さまざまな言語で共通するものです。特に、音声に関しては、Tips 60 でも述べたように、生理的な問題が大きいものです。母語にない発音は難しいということはよくあります。例えば、ツがない言語は多く、そのため、ツができない学習者が多いのですが、それ以前に、なぜ、ツがない言語が多いかというと、ツが有標、つまり、特別であるということです。そして、なぜ有標になるかというと、ツは難しい音だからです。ツは、日本語学習者だけでなく、日本語母語話者である子供も苦手です。「みっつ」を「ミッチュ」などという子供は多いです。また、「帰る」を「かえゆ」という子供もたくさんいます。これもラ行音が難しいからです。

　このように、必ずしも母語によらない学習者の誤用の量と、子供が音声を獲得する獲得順序はかなり似ています。

　日本語を母語とする子供が日本語の子音を正しく発音できるようになる時期は、研究方法などによって若干異なりますが、それらをまとめると、おおよそ次ページの表のようになります[1]。この表を見ると、学習者の誤用が多いものと、日本語を母語とする子供の獲得時期の遅いものがかなり重なっているのが分かります。このことから、学習者の誤用が多いものは、単に母語にないからではなく、「もともと、難しい音だ」という考えも成立します。音声教育では、ただ単に、「目立つ誤用だから、優先的に教えよう」と考えることもありますが、それは、難しいものから教えようとしていないかどうか、再考する必要もあるでしょう。

日本語を母語とする子供の子音の獲得年齢

	子音	主な音	獲得時期（歳）3・4・5・6・7
1	[j]	ヤユヨ	3–4
2	[m]	マミムメモ	3–4
3	[tɕ]	チャチチュチョ	3–4
4	[t]	タテト	3–4
5	[p]	パピプペポ	3–4
6	[g]	ガギグゲゴ	3–4
7	[k]	カキクケコ	3–4
8	[h]	ハヘホ	3–4
9	[d]	ダデド	3–4.5
10	[w]	ワ	3–4
11	[b]	バビブベボ	3–5
12	[ɸ]	フ	3.5–4
13	[dʑ] [ʑ]	ジャジジュジョ	3–4
14	[n]	ナヌネノ	3.5–4.5
15	[ç]	ヒャヒヒュヒョ	4–6
16	[r]	ラリルレロ	4–6
17	[dz] [z]	ザズゼゾ	4.5–6
18	[ɕ]	シャシシュショ	4.5–6
19	[s]	サスセソ	4.5–6
20	[ts]	ツ	4.5–6

POINT

▶ 音声の誤用は、母語別の傾向はあるが、母語別でない音声教育についても考えてみよう。

▶ 各音声自体の難易度も考えて、音声教育の項目別の順序も考えてみよう。

1　河野俊之(2009)「日本語の音のかたち」畠山雄二編著『日本語の教科書』ベレ出版、pp.251-254.

Chapter 5

よりよい音声教育を考えるための
TIPS

TIPS! 64 シャドーイングについて考えよう

> 音声教育でシャドーイングが盛んになってきており、教材も出版されています。シャドーイングとは何か、より効果的に行うにはどうすべきかについて考えましょう。

シャドーイングとは、モデル音声を聞きながら、影(shadow)のように、それをできるだけ同時にそのまま繰り返す活動のことです。似たものとして、モデル音声を聞いてから、すぐに繰り返す「リピーティング」や、テキストを見ながらモデル音声に合わせて声を出す「オーバーラッピング」があります。

シャドーイングは、本来、同時通訳養成の訓練法の1つです。それが外国語教育にも導入され、日本語教育でも盛んになりつつあります。同時通訳養成の訓練でシャドーイングが用いられている理由の1つは、同時通訳では、文法の試験のようにじっくり考える時間はなく、言語Aを話しているのを聞きながら、頭の中で言語Bに訳して話さなければならないために、自動的処理が要求されるからです。そのためには、繰り返し練習することがかなり必要となります。

シャドーイングは、「モデル音声を繰り返す」という簡単で、学習者にも教師にも分かりやすい方法で、特別な教材を使わなくても、いつでもどこででも練習できます。また、特に教室などでの練習中は、モデル音声が次々と出てくるので、さぼることがなかなかできません。シャドーイングは、主に、リスニング能力、スピーキング能力、発音の能力という3つの能力に効果があると言われています[1,2]。

リスニング能力については、まず、単語の発音やアクセント、イントネーションなど、音声そのものの情報を記憶しなければなりません。そのため、ふだんの外国語学習やふだんの外国語生活よりも

音声そのものに注意を向けなければなりません。また、単語など短いものならともかく、ある程度の長さの文や文章を唱えるには、意味が分からないまま言おうとしても、覚えておくことができません。覚えておくためには、単語の意味を知っており、さらに、文や文章の構造を分析し、意味を理解しておかなければなりません。

　スピーキング能力は、発音する能力と大きく関係がありますが、それ以外の部分、文法、語彙の能力も重要です。そして、そのためには、インプットが重要になります。今までの日本語教育では、それが質・量の両面において、必ずしも十分でなかったと考えられます。インプットの量自体も少なかったし、それを言うことも少なかったため、覚えることができていなかった、また、言う練習をほとんどしないために、せっかく覚えた文法、語彙も、なかなか自動的に口から出てくるまでにはならなかったのではないでしょうか。

　そして発音の能力ですが、特に、アクセント、イントネーションといった音の高さに顕著な効果があると言われています[3]。これは、学習者に対して、十分なインプットが与えられるからではないかと考えられます。学習者は、自分の日本語発話のアクセントやイントネーションが誤っているだろうと思っていても、では、それらの文をどのようなアクセントやイントネーションで発音したらよいのか分からないということがよくあります。シャドーイングを行う際は従来よりも十分なインプットが得られるものです。

　さて、高さ以外の発音の能力についてですが、まず、音変化の学習に効果があります。自然な速さで発音しなければならないということで、英語の例で言えば、(1)の英文は、日本人英語だと(2)のように発音してしまいがちですが、実際は(3)のようになります。

(1)　The man was running in the city park yesterday.
(2)　ザマンワズランニングインザシティーパークイエスタデー
(3)　ザマナズラニンギンザスィディパークェスタデイ

モデル音声と同じ速さで発話することが求められるシャドーイングでは、(2)のように発話しようとすると、間に合いません。そのため、どうしても、音変化を使わざるを得ないのです。もともと、音変化は、発音する際にきちんと発音するのではなく、生理的に怠けて発音するためのものです。これは"Come here."→「×カムヒヤ。／○カミヤ。」などの英語だけでなく、もちろん、日本語にも存在します[4]。

- かわの　　→　かあの
- としゆき　→　としゅーき
- いらっしゃいませ　→　いらっしゃいあせ
- ごはん　　→　ごあん

また、自然な発話では、文字で書くと違和感がありますが、以下のような音変化もあり得ます。

- それから　　→　そいがあ
- いくとおもう　→　いくとも

音変化を学習するためには、モデル音声と同じ発話速度で発話しなければならないシャドーイングは非常に適していると考えられます。音変化に限りませんが、スピーキングを学習すれば、どのような音変化があるかを知ることもでき、リスニングにも大いに効果があります。

ほかにも、単音や特殊拍についても効果があると言われています。

一方、シャドーイングが、学習者、教師に人気がある理由は、以下のようにまとめられます。

(1) 教師にとって、方法が分かりやすい。
(2) 学習者にとって、方法が分かりやすい。

(3) 特別な教材を使わず、いつでもどこででも練習できる。
(4) さぼっていたら、すぐに分かる。
(5) 知らない間に、繰り返し、聞いている。
(6) 知らない間に、繰り返し、発話している。

　シャドーイングは、発音の学習に効果があるのは確かだと思います。しかし、やはり、魔法の方法はありません。音声教育だけを考えると、ただ単にシャドーイングを導入するだけでは、必ずしも十分な効果は期待できません。発音の向上を期待してシャドーイングを実践するなら、その特徴をよく考えて実践しましょう。また、シャドーイングの特徴や利点を、音声教育のほかの方法に生かすことも考えてみましょう。

POINT

▶ シャドーイングの長所、特徴を考えて、より効果的になるように、練習方法や材料を考えよう。
▶ シャドーイングの長所、特徴を考えて、音声教育のほかの方法にも生かしてみよう。

---

1 望月通子(2006)「シャドーイング法の日本語教育への応用を探る－学習者の日本語能力とシャドーイングの効果に対する学習者評価との関連性を中心に－」『関西大学視聴覚教育』29、pp.37-53.
2 大津由紀雄(2007)『英語学習7つの誤解』NHK出版、pp.185-189.
3 高橋恵利子・松崎寛(2007)「プロソディシャドーイングが日本語学習者の発音に与える影響」『広島大学日本語教育研究』17、pp.73-80.
4 河野俊之(2009)「日本語の音のかたち」畠山雄二編著『日本語の教科書』ベレ出版、pp.251-254.

TIPS! 65 モデル会話を音声教育に活用しよう

> モデル会話を読ませるときに、ただ読ませるだけにしていませんか。どのようにしたら、効果もあって、学習者も喜ぶか、日本語教育全体の観点から考えてみましょう。

初級教科書には、ふつう、各課の最初のほうに、会話、本文などと呼ばれるモデル会話が載せられています。しかし、その課の構成の順に教えることは、あまりありません。例えば、教師用指導書には次のように書かれています[1]。

> 会話は、その課の学習項目すべてを含んだ2つから3つの会話文からなる。このため、その課の初めに扱うと知らない項目が多すぎて、学生がとまどう場合がある。基本的に、会話を使った練習はその課の学習項目すべてを練習した後に行う。

しかし、次のように書かれているものもあります[2]。

> 会話は、基本的にはその課の最後に勉強します。しかし、学習者にその課の新しい文型や表現に気づいてもらい、学習項目を意識してもらうために文型を導入する前に会話を紹介することもあります。

私も、しばしばモデル会話をその課の最初に扱います。それは、モデル会話を用いて、その言葉の文型や表現を意識してもらうためなのですが、やはり、モデル会話を詳しく扱うのは、その課の最後のほうが一般的だと言えるでしょう。

では、すでに単語や文法を勉強し、ロールプレイなどを行ったあと、さらにモデル会話を扱う理由は何でしょうか。ロールプレイができれば、モデル会話を扱う必要はないのではないでしょうか。それがよく分からないため、私は、モデル会話を課の最後のほうで扱うのが苦手でした。1回読んで、モデル会話でしか出ていない単語や表現を軽く扱う程度でした。しかし、最近は、音声教育のためにも、課の最後でモデル会話を扱う時間を長く取るようにしています。

　実習生の実習を見ていると、モデル会話を提示する際に、それを棒読みすることがほとんどです。学習者も同様です。例えば、誘いを「いいですね。」と受けるならば、「うれしそうに」言うものです。また、「金曜日の晩はちょっと…。」と断るなら、「申し訳なさそうに」言うべきです。狭い意味での発音が完璧でも、棒読みでは、「通じた」とは言えません。モデル会話などを読む際は、感情を込めて発話することが重要で、棒読みでは、実際に活用できず、さらに、棒読みの習慣が付けば、実際に誤解を受ける恐れすらあります。また、モデル会話をふだんは使わないような大きな声で読む授業がしばしば見られます。それによって、活気のある授業だと思われているようです。しかし、モデル会話を使った活動では、相手の気持ちになって言葉を使う、状況に応じて声の大きさや言い方をコントロールすることも、ぜひ取り入れたい内容です[3]。

　感情を込めて発話する練習自体は、シャドーイングで練習することはできます。ただ、それでは、モデル音声を模倣するにすぎません。実際には、話者の気持ちを考えて、それに合わせて発話する必要があります。そして、話者の気持ちを考えるには、場面や文脈を考えたり、推測したりする必要があります。しかし、シャドーイングなどでモデル音声を模倣するだけでは、それができないのです。

　では、『みんなの日本語　初級Ⅱ　第2版』（スリーエーネットワーク）の第47課の「会話」を例に、どのような感情のバリエーションを指導できるか考えてみましょう。渡辺さん（女性）、林さん（女性）、高橋さん（男性）は、パワー電気の同僚社員です。

(1) 渡辺：お先に失礼します。
(2) 高橋：あっ、渡辺さん、ちょっと待って。僕も帰ります。
(3) 渡辺：すみません、ちょっと急ぎますから。
　　　　―――――――
(4) 高橋：渡辺さん、このごろ早く帰りますね。
　　　　どうも恋人ができたようですね。
(5) 林　：あ、知らないんですか。この間婚約したそうですよ。
(6) 高橋：えっ、だれですか、相手は。
(7) 林　：IMCの鈴木さんですよ。
(8) 高橋：えっ、鈴木さん？
(9) 林　：ワットさんの結婚式で知り合ったそうですよ。
(10) 高橋：そうですか。
(11) 林　：ところで、高橋さんは？
(12) 高橋：僕ですか。僕は仕事が恋人です。

　まず、「会話」をどのように発話するかを考え、それを付属教材の音声と比べてみます。なお、CDとDVDとで異なる部分もあり、モデル音声が唯一絶対でない好例として、両方を参照します。

　(3)は、「申し訳なさそう」に言うこともあり得ますが、デートに向かっているので、うれしそうに、弾んだ調子で言うこともあり得ます。また、高橋さんを疎ましく思っている感じで言うこともあり得ます。CD, DVDともに、ちょっと申し訳なさそうな感じで発話されています。

　(4)は、文字だけを見ると「冷やかしている感じ」も予想されますが、CDでは「平静」、DVDでは、ちょっと「残念そう」に発話されています。しかし、「残念」なときに、自分にとって好ましくない「どうも恋人ができたようですね。」を口にするか、少し疑問が残ります。

　(5)と(7)は、「得意気」と「平静」が考えられますが、CD, DVDともに「平静」で発話されています。

(6)は「驚き」が予想されますが、CDでは「驚き」、DVDでは「平静」で発話されています。

(8)は「驚き」が予想されます。CDでは「驚き」ですが、DVDでは「怒り」を含んだ「驚き」で発話されています。

(9)は「得意気」と「平静」が考えられますが、CD，DVDともに「平静」で発話されています。

(10)は「落胆」と「平静」が考えられますが、CD，DVDともに「落胆」で発話されています。

(11)は「冷やかし」や高橋さんに興味を持っている発話などが考えられますが、CD，DVDとも「平静」で発話されています。

(12)は、「落胆」が予想されますが、CD，DVDともに比較的「平静」で発話されています。

実際の授業では、会話文を見て、登場人物の関係や場面や文脈、発話意図を考えて、どのような感情を込めたらいいかを考えて、会話練習することで、より効果的になります。そして、それを教室外での日本語使用につなげるとよいでしょう。

場面や文脈を考えたり、推測したりして、話者の気持ちを考えて、それに合わせて発話することで、モデル会話などの練習をより効果的なものにしましょう。

POINT

▶ モデル会話などをそのまま読むシナリオドラマでは、感情を込めて発話する練習をしよう。
▶ 感情を込めて発話するために、場面や文脈を考えたり、推測したりして、話者の気持ちを考える機会を設けよう。

---

1 坂野永理・大野裕・品川恭子・渡嘉敷恭子(2012)『初級日本語 げんき 教師用指導書 第2版』ジャパンタイムズ、p.18.
2 木戸恵子「日本語教科書活用講座④ 第1回 『みんなの日本語初級』の構成と基本的な教え方」スリーエーネットワーク
http://www.3anet.co.jp/ja-relation/minna-katsuyoukouza/142/
3 金森強(2011)『小学校外国語活動 成功させる55の秘訣』成美堂、pp30-35.

TIPS! 66 ディクテーションについて考えよう

> 聴解の練習やテストにディクテーションが用いられることがあります。どのような効果があるのか、より効果的にするにはどうしたらいいのかについて考えましょう。

　ディクテーションとは、言うまでもなく、音声を聞いて、それを正確に文字に書き写す活動のことです。聴解練習の際、正確に聞き取っているかどうかを確認することに重点を置くもので、方法としては、穴埋め式から全文を書かせるものまで、さまざまです。

　私は、英語などを学ぶときに、ディクテーションをした経験がほとんどありません。大学院の入試で、英語のディクテーションの問題があったのと、大学院入試のために中国語を勉強していたときに、クラスで少し行ったぐらいです。そのため、日本語教師となった今でも、ディクテーションにはどのような方法があるのか、また、どのような効果があるのか、よく分からない部分もあります。

　竹内氏は、英語学習の成功者＝達人たちの学習法の共通点を、インタビューなどから明らかにしています[1]。その中で、リスニングについて、以下のように述べています。

> 　リスニングに関しては、細部まで「深く・細かく聞く」という学習方法と、意味内容や情報に重きをおきながら「浅く・広く聞く」という学習方法が、達人たちの研究から浮かび上がってきます。
> 　まず「深く・細かく聞く」とは、音声教材を何度も繰り返し聞いて、その音を隅々まで理解しようと試みたり、ディクテーションをして、すべての音を書き取ったりするという行動をさ

します。音声教材付属のスクリプトを利用して、聞き取った内容が正しいのかを後から確認しているところも特徴的です。
　　この学習法は、英語学習をはじめたばかりの初期段階から、技能が少し上達を見せた中級段階にかけて、多くの達人たちが利用しているようです。

また、以下のようにも述べています。

　　達人たちは、初期に「深く・細かく聞く」ことで、頭のなかに英語音声（音の変化や脱落を含む）のデータベースをつくりあげ、あとはそれを現実場面で試すために「浅く・広く聞く」という具合に、実に合理的に学習方法を切り替えています。

このように竹内氏は、意味内容や情報をとらえるための前提として、音声を識別したり、知覚するという意味で、初期に「深く、細かく聞く」ことの重要性を述べています。
　これは、日本語学習者についても同様のことが指摘されています[2]。
　最近、日本語教育を含めた外国語教育では、authentic（本物の）であるかどうかが大変重視されます。例えば、ロールプレイでは、「ロシアとアメリカの大統領の会話」などのように、あり得ない設定で行っても、感情移入ができず、あまり効果がないかもしれません。ほかに、聴解問題でも、2人が話している会話を聞いて、「誰と誰が話しているか」という問題がよくありますが、実際の場面で「誰と誰が話しているか」を推測する状況はあまりありません。例えば、電車で自分の知らない人たちが話しているのを一生懸命聞こうとする人はほとんどいないでしょう。ディクテーションに話を戻すと、確かに、実際の場面で、聞いたものを1字1句違わずに正確に書き取るということはあまりしません。つまり、穴埋め式はともかく、全文を書かせるのは、authentic ではありません。
　しかし、authentic ではないものは意味がないのかというと、そ

んなことはありません。例えば、リスニングの練習で、すべてを1字1句きちんと聞こうとするのではなく、70%ぐらいの力で聞いて、全体の内容を理解するということはよくありますが、その際には、話し手が言っていないことや聞き逃したことを補って推測する能力が必要です。それは、「誰と誰が話しているか」を推測する能力と相関があるのではないでしょうか。少なくとも、学習の過程では、authenticでなければだめだということはありません。

では、どのようにしたら、ディクテーションがより効果的な練習方法になるか考えてみましょう。まず、ディクテーションの方法について整理してみます。

例えば、「明日の小テストは、例文1から4までです」などと、ディクテーションするものを宿題として前もって提示しておく方法があります。これは、きちんと自宅学習をさせ、それをしてきているかを調べる、あるいは、暗記力を問うのが目的です。つまり、逆に言えば、この方法は、きちんと自宅学習をしている学習者にとっては、リスニング力の養成とは言えません。

また、ディクテーションの材料として、単語と文があります。単語でディクテーションを行う場合は、もともと、「深く・細かく聞く」わけですから、上に述べたようなディクテーションの効果はあまり期待できません。

上記のように、予告しておかず、新しい文を用いてディクテーションを行う方法について考えてみましょう。

Tips 64で扱ったシャドーイングでは、

(1) かわの → かあの
(2) としゆき → としゅーき
(3) いらっしゃいませ → いらっしゃいあせ
(4) ごはん → ごあん
(5) それから → そいがあ
(6) テープをきく → テーポきく

のように、表記＝正しい発音と思われているものが、実際の音声では異なっていて、その音声を発話することを学ぶことができます。

それに対して、ディクテーションでは、それとは逆に、実際の音声を、正しい表記に変えることも求められます。

(1) かあきもの　　→　かわきもの
(2) のこりゅー　　→　のこりゆ
(3) いきあせんか　→　いきませんか
(4) ごあん　　　　→　ごはん
(5) そいがあ　　　→　それから
(6) テーポきく　　→　テープをきく

また、語彙や文法の力が高いほうが、より正確にディクテーションができるのは言うまでもありません。教室でリスニングの練習をした後、正解であればそのままにしてしまいがちですが、音声教材付属のスクリプトを利用して、聞き取った内容が正しいかどうかを後から確認すると、より効果的になります。また、きちんと聞き取れなかった部分については、どのように聞こえたかをそのまま書いておき、スクリプトと比べると、自分の聞き取りの癖や、音変化の傾向を知ることができます。

POINT

▶ 「深く・細かく聞く」練習として、ディクテーションを活用しよう。
▶ ディクテーションを用いて、実際の音声を、正しい表記に変える練習をしよう。

1　竹内理（2007）『「達人」の英語学習法』草思社、pp.84-89.
2　戸田貴子（2008）「「発音の達人」とはどのような学習者か」戸田貴子編著『日本語教育と音声』くろしお出版、pp.66-68.

TIPS! 67 文が言えないときの対応について考えよう

> 初級で「おはようございます」などのあいさつを教えますが、それさえ言えない学習者もいます。長い文が言えない学習者への対応について考えてみましょう。

　初級の最初の授業で、あいさつを扱うことはよくあります。あいさつは、「～は～です」や「～を～ます」などと違って、文法を意識する必要はないため、発音に集中しやすいはずなのですが、そのあいさつ文でさえもリピートできない学習者もいます。最初からつまずいてしまっているわけで、先が思いやられると思うこともあるでしょう。また、「やる気がない」とか「日本語を学習するための能力が著しく欠けている」などと考えることもあるでしょう。しかし、そのようなことを考える前に、どうしたらいいのか考えてみましょう。

　まずは、その学習者にとって、文が長すぎるのではないでしょうか。文法的には難しくなくても、文が長いだけで、さらに、単語が長いだけで、言えなくなってしまう学習者もいます。日本語を母語とするネイティブ教師や日本語学習が得意だったノンネイティブ教師には、そういうことに対してちょっと鈍感になってしまっていることがあります。

　そのときの練習として、拡大ドリルがあります[1]。拡張ドリル、expansion drill などとも言います。

　　基本文：明日レポートの締め切りなので、今日は徹夜します。
　　教　師：徹夜します。
　　学習者：徹夜します。

教　師：今日は徹夜します。
　　学習者：今日は徹夜します。
　　教　師：締め切りなので、今日は徹夜します。
　　学習者：締め切りなので、今日は徹夜します。
　　教　師：レポートの締め切りなので、今日は徹夜します。
　　学習者：レポートの締め切りなので、今日は徹夜します。
　　教　師：明日レポートの締め切りなので、今日は徹夜します。
　　学習者：明日レポートの締め切りなので、今日は徹夜します。

また、以下のような方法もあります。

　　教　師：徹夜します。
　　学習者：徹夜します。
　　教　師：今日は
　　学習者：今日は徹夜します。
　　教　師：締め切りなので
　　学習者：締め切りなので、今日は徹夜します。
　　教　師：レポートの
　　学習者：レポートの締め切りなので、今日は徹夜します。
　　教　師：明日
　　学習者：明日レポートの締め切りなので、今日は徹夜します。

　このように、日本語の場合は、後ろから徐々に長くしていきます。
「どうぞよろしくお願いします。」を言えるようにするためにも、
下のような拡大ドリルを使うといいでしょう。

　　教　師：お願いします。
　　学習者：お願いします。
　　教　師：よろしくお願いします。
　　学習者：よろしくお願いします。

教　師：どうぞよろしくお願いします。
学習者：どうぞよろしくお願いします。

　また、「行きます」など、1文節でさえも、言えない学習者もいます。その場合は、以下のように、拍レベルで拡大ドリルをしてもよいでしょう。

教　師：ます
学習者：ます
教　師：きます
学習者：きます
教　師：行きます
学習者：行きます

　実は、このような練習は、マス形や複合語のアクセントの練習にも役立ちます。

教　師：　　ま￣す
学習者：　　ま￣す
教　師：行きま￣す
学習者：行きま￣す

などを練習したあとに、

教　師：書きま￣す
学習者：書きま￣す
教　師：食べま￣す
学習者：食べま￣す
教　師：習いま￣す
学習者：習いま￣す

などの練習もできます。また、複合語も、以下のようにすることもできます。

　　教　師：　　　　だ￢いがく
　　学習者：　　　　だ￢いがく
　　教　師：　ペキンだ￢いがく
　　学習者：　ペキンだ￢いがく
　　教　師：ロンドンだ￢いがく
　　学習者：ロンドンだ￢いがく

　文や単語が長いだけで、言えなくなってしまう学習者もいます。そのときは、短いものから徐々に長くするとよいでしょう。文法については、よく「易→難」をスモールステップで徐々に難しくする配慮が必要だと言われますが、それは音声教育において、長くて言えない場合の対応でも同様です。

POINT

- ▶ 学習者にとって、文が長すぎて発話できないこともあることを頭の隅に入れておこう。
- ▶ 学習者がすらすら言えないときは、拡大ドリルやそれを応用したものを使ってみよう。

1　河野俊之(2003)『Teach Japanese－日本語を教えよう－』凡人社、p.72.

TIPS! 68 音声と四技能の関係について考えよう

> 音声だけがよくても、実際コミュニケーションに使えなければ意味がありません。音声の能力が四技能とそれ以外の能力にどう関わるのかについて考えてみましょう。

言語技能を「話す」「聞く」「読む」「書く」の四技能に分けることがよくあります。これらは、下のように分けられます。

		技　能	
		産出	受容
媒体	音声	話す	聞く
	文字	書く	読む

音声の能力が「話す」「聞く」に関わるのは言うまでもありません。まずは、「聞く」について考えましょう。「聞く」過程についての簡単なモデルは、以下の通りです。

(1) 耳に入ってきた音から言語音を取り出す。
(2) 言語音を、さらに、音韻として解析する。
(3) 音韻を脳内の語彙と参照し、語を特定する。
(4) 文法構造の解析処理を行う。
(5) 背景知識を使って理解する。

「話す」過程は、簡単に言うと、この逆の、(5)→(1)になります。このうち、音声能力は、「話す」「聞く」の両方で、(2)に関わり、それぞれの技能を支える非常に重要なものです。
　では、音声能力は、ほかの技能とどのように関わるのでしょうか。

また、「話す」「聞く」の(2)以外の段階については、どのように関わるのでしょうか。

音声能力は単語や文法の能力にも影響します。例えば、知らない単語に出合って、自分で辞書を引くとき、その単語が漢字で書いてあれば、まず、それを仮名に直さなければなりません。それには音声能力も関係します。また、聞いていて知らない単語に出合ったときも正しく聞き取れなければ、やはり辞書を引くことができません。多くの日本語教師が、学習者から「きのう『×××』という言葉を聞いたんですが、どういう意味ですか」という質問を受けたが、その「×××」という単語が日本語に存在していないので、答えられない、という経験をしていると思います。これは、質問した学習者が正しく聞き取れていないからです。

このように、音声能力は日本語能力全体に関わりますが、音声学習能力と日本語学習能力との関係はどうでしょうか。

ちょっと脱線しますが、漢字能力が高い児童は、漢字だけでなく、国語科、そして、いろいろな教科の成績がよいものです。漢字能力があることで読解力や作文能力があり、それによって国語力があり、最終的にさまざまな教科の能力があると考えることもできます。また、漢字能力が高いことが自信になって、さまざまな教科に対して、積極的に取り組めるということもあるでしょう。しかし、そのような漢字能力ではなく、漢字学習能力が教科の成績と関係あるのではないかと思っています。一般に、漢字学習は、教師が関与できる部分は少なく、児童自身の勉強の仕方の工夫や、計画性、やる気、根気等が大きいとされているようです。

効果的な言語学習のために学習者がとる方略のことを学習ストラテジーと言います[1]。その研究は、優れた言語学習者のとる学習ストラテジーを明らかにし、それを優れていない学習者にとらせることで学習が進むという考え方が元にあります。しかし、実際には、優れた言語学習者がとる学習ストラテジーが、優れていない言語学習者にとって、必ずしも効果的ではないということも分かっていま

す。それよりも、優れた学習者は自分に合う学習ストラテジーを探り、積極的に学習を行っているのです[2]。

これは、学習ストラテジーのうちの「メタ認知ストラテジー」と大きく関係します。メタ認知ストラテジーとは、自分の目標が何であるかを意識し、それに対して、自分が今、どういう状態にあるかを知り、目標を達成するためには何が必要で、そのためにはどうしたらいいかを考えているかどうかのことです。例えば、夏休みの宿題について、強制されないと計画が立てられない児童より、自分で計画を立てられる児童のほうが成績がいいでしょう。また、計画が立てられても、きちんと実行できない児童より、計画に基づいてきちんと実行できる児童のほうが成績がいいでしょう。そして、もしも計画通りに実行できていなければ、行動や計画自体を見直したりすることができる児童のほうが、やはり成績がいいでしょう。そして、そのためには、計画通りに実行できているかどうかを考えたり、計画通りに実行できていないならば、その原因が何であり、今後どうすればよいかを考える能力が必要です。

すでに何度も述べているように、発音は、教師が教え込むのが難しいものです。また、自分の現在の能力がどの程度であり、これからどうすればいいのかを学習者自身で考えるのも難しいものです。しかし、音声を習得するには、それらができなければならないし、音声を習得するとは、それらができるようになることでもあります。音声学習能力を高めることで、日本語学習能力が高まり、それによって、日本語能力全体が高まると言えるでしょう。

POINT

- ▶ 音声能力は、四技能を含むさまざまな技能に影響を与える。
- ▶ メタ認知ストラテジーを中心とした音声学習能力を高めることで、日本語学習能力全体が高まる。

1　横溝紳一郎 (2011)『クラスルーム運営』くろしお出版、pp.36-38.
2　宮崎里司編著 (2009)『タスクで伸ばす学習力』凡人社、pp.2-49.

TIPS! 69 教室内外で音声を使用するときの精神面について考えよう

> 学習者は、教室で音声を学ぶ際や、教室外で日本語を使う際に、さまざまな不安を抱くものです。その不安について、教師はどんなことに気を付けるべきでしょうか。

　教師は、学習者のさまざまな不安について心に留めておく必要があります。これは、音声教育に特に当てはまるとも考えられます。学習に集中しなければならないときに、誰かに笑われたらどうしようなどと考えて、学習に集中できなかったり、練習をおろそかにしたりしていたら、学習が進まないのは言うまでもありません。また、実際の場面で、相手に通じないかもしれないことを恐れて、日本語を使う機会を避けていたら、やはり、日本語の学習に影響を与えてしまいます。これらについては、すでに Tips 6 などでも触れていますが、大切なことなので、さらに詳しく考えていきましょう。

　小河原義朗氏は、「発音不安」を「現実の、あるいは想像上の日本語発音場面・発音指導場面において、日本人・教師・クラスメートなどの他者からの発音評価に直面したり、もしくはそれを予測したりすることから生じる不安」と定義し、発音不安が生じる場面として、以下の4場面を挙げています[1]。

　　場面1：母国での日本語クラスにおける発音指導場面
　　場面2：日本国内での日本語クラスにおける発音指導場面
　　場面3：日本国内での日本人とのコミュニケーション場面
　　場面4：日本国内での外国人とのコミュニケーション場面

　場面1, 2では、クラスメートが見ているから恥ずかしく、自分

の発音がクラスメートと比べて下手だと考え、また、発音をどうやって上達させればいいのか分からないことから来る不安を抱いていました。また、場面2では、出身国が異なるクラスメートがいることで、クラスメートからの目をさらに気にすることが分かりました。その一方で、発音を向上させたいという向上心を持っている学習者は、不安を感じていないことが分かりました。

場面3では、発音上達の方法が分からないことから来る不安以外に、自分の発音が日本人に通じないことから来る不安もありました。その一方、自分の発音が日本人に通じないことから、もっとがんばろうという動機づけにつながっている学習者も多いことが分かりました。

場面4では、ほかの外国人の発音と比べることで、自分の下手な発音が露呈されることによる不安があることが分かりました。

このように、発音不安を強く感じる学習者ほど、ほかの学習者と自分の発音とを比較し、他者からの評価を非常に気にしており、発音上達の方法が分からないことから来る不安を抱いていました。

一方、発音学習を楽しいもの、あるいは、必要なものであるととらえ、発音が下手だけれども、だからこそ学習するのだ、などと発音学習の動機づけが高く、自律性が明確な学習者は、発音不安を感じていません。このことから、発音学習への自律性を高める指導が発音不安を解消するための手段の1つだと考えられます。

やる気を引き出すことについては、横溝紳一郎氏もすでに述べています[2]が、ほかに、ARCSモデル[3]を紹介したいと思います。

ARCSモデルとは、教育工学者ジョン・M・ケラーが提唱しているもので、やる気を引き出させるための作戦を考える枠組みのことで、以下の4つの側面からチェックします。

　Attention（注意）：おもしろそうだなあ
　　例：音声の学習はやってみたいと思うものになっているか。
　Relevance（関連性）：やりがいがありそうだなあ

例：音声を何のために学習するのか分かっているか、また、学習のプロセスが楽しいものになっているか。

Confidence（自信）：やればできそうだなあ
例：音声学習のゴールが明確で、達成できそうなものか、また、音声学習の過程で、成功していく経験を積めるか。

Satisfaction（満足感）：やってよかったなあ
例：音声学習について正当な評価が得られたか、また、音声学習の結果をほめられたり、実際に使えたりなど、成果が得られたか。

この枠組みの中で、発音不安を減らす手立てを考えてみると、失敗を恐れる必要はなく、失敗から学ぶことを伝え、失敗しても恥をかかないような教室の雰囲気作りをし、教師はゆっくり落ち着いて構え、焦らないこと、目標をスモールステップにして、それを達成できたかどうかを、教師はもちろん、学習者自身でチェックし、自身の進歩を確認できるようにすること、などが考えられます。また、発音がよくなったことで、教室外で何か達成感・満足感を得る経験が必要だと言えるでしょう。このような過程をサポートしていくことが重要です。

POINT

▶ 学習者の不安を考慮し、それを軽減するようにさまざまな工夫をしよう。
▶ 失敗から学べるような教室の雰囲気作りをしよう。
▶ 学習者が自身の進歩を確認できるようにしよう。

---

1 小河原義朗(1999)「外国人日本語学習者の日本語発音不安」『東北大学文学部言語科学論集』3、pp.13-24.
2 横溝紳一郎(2011)『クラスルーム運営』くろしお出版、pp.39-41.
3 鈴木克明(2002)『教材設計マニュアル―独学を支援するために―』北大路書房、pp.176-179.

TIPS! 70 音声教育はどういう時期に行えばいいのか考えよう

> 紹介した音声教育活動について「対象の学習者のレベルは?」とか、「音声教育はいつやるべき?」と聞かれます。音声教育はどういう時期に行えばいいのでしょうか。

音声教育はいつやったらいいのか、という質問をよく受けます。

入門期担当の先生はおっしゃいます。「いろいろやることが多くて、発音まで手が回らない!」

初級担当の先生はおっしゃいます。「発音の仕方について説明しようとしても、説明の日本語が理解できない!」

中上級担当の先生はおっしゃいます。「悪い癖がついてしまって、直らない!」

それで、私は、思います。「じゃあ、いつやればいいんだよ!」

これら3つのことについて考えてみましょう。

音声教育の時間が取れないということについては、入門期だけでなく、すべての時期で問題となります。確かに、音声教育ばかりを行って、文法、単語、漢字、会話、作文、聴解などの教育を疎かにすることはできません。音声教育の研究者の中には、音声教育の重要性を指摘するあまり、音声教育を何よりも優先するべきであるかのように主張する人もいます。しかし、それは音声教育しか考えていないからで、実際の日本語クラスでは、音声教育より優先するべきこともたくさんあるでしょう。

ただ、ちょっと考えてみましょう。時間配分はどうやって決まるのでしょうか。おそらく、学習項目の重要度で決まるのだろうと思います。しかし、本当に、文法、単語、漢字などのほうが重要なのでしょうか。それらは、すべて、貴重な授業時間の中でそんなに時

間をかけて行わなければ身に付けられないのでしょうか。それらの効率をよくすることで、音声教育の時間を作ることは無理でしょうか。

　ほかに、学習者のニーズがないからということもあります。しかし、学習者のニーズは、コース開始時はともかく、それ以降は、Tips 2, 3で述べたように、授業で音声教育を行っているかどうか、また、効果的に行っているかどうかも大きく関わります。また、能力が向上して、活用の範囲が広がると、もっと勉強したいという気持ちが高まるのは一般的に言えることで、音声にも当てはまります。

　次に、媒介語についてです。文法教育などと照らし合わせて、2つのことを考えてみましょう。

　まず、文法教育では直接法がよく用いられます。そこでは、さまざまな工夫がなされているはずです。音声教育でも、より分かりやすいジェスチャーを考えて実行すること、教師がべらべらと必要以上に説明せず、分かりやすい言葉を選んで説明すること、などが考えられます。また、説明したことを学習者が正しく理解しているかを実際にやらせてみるなどして確認することも重要です。これらは、従来の音声教育のように行き当たりばったりに指導していては、なかなかそうはいきません。そうではなく、前もって、計画的に行うということが前提となりますが、音声教育だけの常識で考えるのではなく、文法教育などの常識から考えることが役立つでしょう。

　また、文法教育では、直接法であっても、媒介語で書かれた文法解説書を学習者が教室内外で読むことがよくあります。それと同様に、発音の仕方などについて媒介語で書かれた解説書を使う方法もあります。ただ、それに適した既製の解説書はあまりないようです。必要に応じて、作っていくことになるでしょう。

　最後に、悪い癖がついてしまって、直らないことについてです。これはいろいろな教師から聞くので、通説となっているようです。しかし、これは本当でしょうか。悪い癖がつく前ならばすぐにできるようになるのでしょうか。

第二言語習得では、言語学習の適性は習得のスピードに影響するだけで、到達できるレベルには影響しないとされています。これは、第二言語習得だけでなく、さまざまな学習に当てはまります。よく、「自分はコンピューターが苦手だから無理だ」などと言ったりしますが、習得に時間はかかるかもしれませんが、きちんとやれば、絶対に一定のレベルに達することができるということです。ただし、遺伝的要因が大きく関係しているものはその限りではなく、例えば、私は、どんなに一生懸命練習しても、ウサイン・ボルト選手のように速く走れるようにはなれないはずです。私の息子も無理でしょう。

　しかし、そこまでのレベルでなくても、走るのが速い子と遅い子がいます。その原因は筋力の違いなどのほかに、走るフォームの問題もあります。しかし、走り方について指導されることは、ほとんどありません。きちんと指導されれば、今よりもかなり速くなるはずです。きちんと指導してもらえないのは、きちんと指導することができる人が少ないからです。音声教育でも同じことが言えるのではないでしょうか。

　よりよい音声教育の方法は、それぞれの時期によって異なることもあるでしょう。すでに何度も述べていますが、言い訳を探すのではなく、よりよい方法を考えていくほうが建設的で、教師としてやりがいがあるはずです[1]。よりよい音声教育の方法を考えて、実践していきましょう。

POINT

- ▶ 音声教育は早ければ早いほどいいと考えられるけれども、いつでなければならないということはないと心にとめておこう。
- ▶ 時期に応じてよりよい方法があると考え、その方法を追究していこう。

1　島宗理(2004)『インストラクショナルデザイン―教師のためのルールブック―』米田出版、pp.18-21.

TIPS! 71 「教材がない」について考えよう

> 音声教育を行わない理由として、適当な教材がないからだという話を聞きます。そのような現状では、どのように対処すればいいのかについて考えてみましょう。

　日本語教育では、「教科書を教える」のではなく、「教科書で教える」のだ、とよく言われます。教科書はあくまでも材料でしかありません。しかし、教師は、「教科書がよくないから教えられない」とか「うまく教えられないのは教科書のせいだ」などと言ってしまいがちです。特に音声教育の場合は、教材が少ないと言われることがあります。

　市販されている音声教育の教材として、以下のようなものがあります(年代順)。

著者・編者	年	タイトル	出版社
国際交流基金編	1978	『日本語はつおん』	凡人社
水谷修・水谷信子	1979	『Aural comprehension practice in Japanese』	ジャパンタイムズ
国際交流基金日本語国際センター編	1989	『発音　改訂版(教師用日本語教育ハンドブック：6』〈カセットテープ付〉	凡人社
田中真一・窪薗晴夫	1999	『日本語の発音教室：理論と練習』	くろしお出版
国際文化フォーラム編	2002	『発音：漢語話者のためのわかりやすい日本語シリーズ』	国際文化フォーラム
河野俊之・串田真知子・築地伸美・松崎寛	2004	『1日10分の発音練習』	くろしお出版
戸田貴子	2004	『コミュニケーションのための日本語発音レッスン』	スリーエーネットワーク

斎藤仁志・吉本恵子・深澤道子・小野田知子・酒井理恵子	2006	『シャドーイング　日本語を話そう！初〜中級編』	くろしお出版
中川千恵子・中村則子・許舜貞	2009	『さらに進んだスピーチ・プレゼンのための日本語発音練習帳』	ひつじ書房
中川千恵子・中村則子	2010	『初級文型でできる　にほんご発音アクティビティ』	アスク出版
吉岐久子	2010	『にほんご発音かんたん』	研究社
赤木浩文・古市由美子・内田紀子	2010	『毎日練習！ リズムで身につく日本語の発音』	スリーエーネットワーク
斎藤仁志・深澤道子・酒井理恵子・中村雅子・吉本恵子	2010	『シャドーイング　日本語を話そう！中〜上級編』	くろしお出版
宮本典以子・大崎伸城	2011	『5分でできるにほんご音の聞きわけトレーニング』	スリーエーネットワーク
インターカルト日本語学校	2011	『やさしい日本語の発音トレーニング』	ナツメ社
戸田貴子	2012	『シャドーイングで日本語発音レッスン』	スリーエーネットワーク

　最近、音声教育の教材は、量的にはかなり増えていますが、質的には、まだまだ問題があります。その理由は以下の通りです。

(1) 音声学的な説明に終始している
　　例えば、文法解説だけでは、文法が身に付かないのと同様です。
(2) ただ単に、例文を繰り返すだけである
　　例文を繰り返すだけでは、音声能力が付くとは限りません。
(3) 練習量が不足している
　　例えば、聞き取り練習の練習問題が、二者択一問題3つだけ等、明らかに練習量が不足しているものもあります。
(4) 教師用指導書がない
　　教師用指導書がないため、指導方法が分からないという声を聞きます。

しかし、日本語について説明し、ただ単にモデルを繰り返すだけであったり、練習量が不足していたりするのは、音声教育の教材に限らないのではないでしょうか。

教師用指導書が付属していないのも、音声教育の教材に限りません。例えば、聴解の教材は、スクリプトや扱われる主な単語や文法項目に関する記述はあっても、具体的な指導方法は説明されていないのがほとんどです。教材の使い方は、確かに、教師用指導書を参考にすることもあるでしょうが、教師が実際に自分で使ってみて、振り返り、改善していくことで初めて身に付いていくものです。

また、適当な教材がないのならば、自作することもできます。いきなり、1冊の教科書を作るのは難しいでしょう。しかし、ふだん補助教材として、プリントなどを自作する教師は多いはずです。音声教育の場合、1回分は50分や90分などではなく、10分や20分など短いことが多く、それほど大変ではないはずです。1回分として、そのプリントを自作し、それを試用してみて、改良を加えたり、違う項目のプリントを作ったりしていきます。そして、それらがたまってきたら、バインダーにとじればよいのです。どのような教材が必要かは、教師がいちばん分かっているはずです。教材がないのを嘆くのではなく、自作してみるといいでしょう。

POINT

▶ 音声教育の教材は、現状、質的にはともかく、量的には必ずしも不足していない。

▶ 適当な教材がないならば、まずは、1回分から自作してみよう。

TIPS! 72 音声学の学び方について考えよう

> 音声教育があまり行われていないのは、教師が「音声学は難しい」と感じていることが原因となっていることもあるようです。音声学は本当に難しいのでしょうか。

「音声学は難しい」と感じている教師が多いようです。しかし、それが、学習者に悪い影響を与える恐れがあります。

子供は、親の嫌いな食べ物を嫌いになる傾向があります。例えば、親が納豆が嫌いならば、食卓にはあまり出ません。子供が食べ慣れない物を嫌いになるのはごく当然のことです。同様に、「音声学は難しい」と感じていることで、音声の指導を避けてしまうことも考えられます。私自身は文法研究が苦手ですが、文法を教えることは避けられません。一方、カリキュラムにない音声の指導を避けるのは決して不可能ではありません。しかし、そうすることで、発音が苦手な学習者が育ってしまう恐れがあります。教師が「音声学は難しい」と思って、避けていてはだめなのです。

なぜ「音声学は難しい」と思ってしまうのでしょうか。現役日本語教師へのインタビュー調査から、以下の理由が分かっています[1]。

(1) ふだん、意識していないことが多い。
(2) 音声学の用語は、ふだんの生活で使わない用語が多い。
(3) 口腔内の構造など、理系っぽい。
(4) 自分で調音の様子を観察できないので、分かりにくい。
(5) 自分で調音の様子を内省できないので、分かりにくい。

まず、(1)、(2)は、音声だけでなく、文法などでも同様ですが、音

声のほうがよりその傾向が強いと言えるかもしれません。文法では、「様態」「伝聞」など、ふだん使う可能性のある、想像しやすい言葉が使われることがよくあるのに対して、音声学では、「軟口蓋」「破擦音」など、あまり使わない言葉が使われることがあります。

(3)は、確かに、医学っぽいと思われるかもしれません。慣れ親しんだ日本語学とは違って、少し近寄りがたい感じもあるでしょう。

(4)、(5)は、私が大きな問題だと考えるものです。日本語教育能力検定試験の「試験Ⅱ」(以前は「聴解問題」)の対策として、子音の口腔断面図を一生懸命に覚えたり、調音点－調音法を即座に言える練習をしたりするというのをよく聞きます。それらは試験対策としては必要ですが、最初からそれをやるのは、音声学の学習ではなく、暗記でしかありません。暗記だけをしても、しくみを理解していなければ、実際の音声教育には生かせないのではないでしょうか。

また、「覚えたのに、忘れてしまった」となってしまうのは、「無理に覚えたから忘れてしまった」のです。しくみを知って、自然に覚えたものは忘れません。難しいと思われがちな専門用語も、文法の「アスペクト」や「ヴォイス」などと比べ、「口の蓋(ふた)」だから「口蓋」であり、前のほうは硬いから「硬口蓋」、奥のほうは軟らかいから「軟口蓋」なので、想像しやすいです。「破擦音」も、破裂のある音が「破裂音」、摩擦のある音が「摩擦音」で、「破裂音」の直後に「摩擦音」が続くので「破擦音」と呼ぶのです。そう考えると、音声学の専門用語の多くは、決して難しくはありません。また、Chapter 4等で扱った国際音声記号も、「なんで覚えなければならないんだ！」と思ってしまいがちですが、それによって、簡潔に正確な音声を想起することができ、便利だから使われるのです。

実は、私は、日本語教育のために必要な音声学の基礎を学ぶのはまったく大したことではないと思っています。それを日本語教育のために必要な文法の基礎を学ぶことと比べて考えてみます。

日本語教育で扱う文法を勉強したい人にお勧めの本として、私がまず思い付くのは、寺村秀夫『日本語のシンタクスと意味　Ⅰ〜Ⅲ』

(くろしお出版)です。これらの本は、A5判、合計1064ページで、初級で扱われる主な文法項目をほぼカバーしています。それにも関わらず、私だけでなく、多くの日本語教師も経験していると思いますが、同書をすでに読破していたとしても、実際に初級を教えるための準備として、参考書等で、文法や語彙について調べるのにほぼ徹夜ということがよくありました。

一方、音声学は、『日本語の音声学』などという教科書を1冊読めば、日本語の音声学を、とりあえず、一通り学ぶことができます。音声学を学ぶための教科書は、200〜300ページ程度です。もちろん、音声学を本格的に研究するためには、それだけではまったく足りませんが、それは、文法などの研究でも同じことが言えるでしょう。このことから、日本語教育のために必要な音声学の基礎を学ぶことも、あまり大したことではないと言えるでしょう。

教科書を無理やり覚えるのではなく、少しずつ実直に自分で確かめながら学習を進めていくしかないと思います。なお、国際音声記号の実際の音声を学ぶには、163ページにも挙げたWEBサイト[2,3,4]が役立つと思います。

POINT

- ▶ 教師が「音声学は難しい」と考えることで、音声の指導を避けてしまう恐れがあることを理解しよう。
- ▶ 音声学の学習は、教科書の内容を無理やり覚えるのではなく、ゆっくり、少しずつ自分で確かめながら進めていこう。

---

1 日本国際教育支援協会(2005)『音声を媒介としたテスト問題によって測定される日本語教員の能力に関する基礎的調査研究』pp.25-34.
2 「国際音声字母」
 http://www.coelang.tufs.ac.jp/ipa/index.htm
3 「A Course in Phonetics」
 http://www.phonetics.ucla.edu/course/chapter1/flash.html
4 「Public IPA Chart」
 http://web.uvic.ca/ling/resources/ipa/charts/IPAlab/IPAlab.htm

TIPS! 73 「私は標準語話者ではないから…」について考えよう

> 日本語の標準語や日本語を母語としない教師が「自分は標準語話者／日本語母語話者ではないから、モデル音声は提示できない」と言うことについて考えてみましょう。

音声教育については、ほかのことを教えるのと比べ、教師がモデルを提示できるかどうかが問題になることがあります。それは音声教育で言うと、モデル音声です。

英語授業実践学の靜哲人氏の研究により、英語教育において、日本人英語教師の音声教育を避ける姿勢と、その本人の発音に対する自信(自己評定)の間には、負の相関があることが明らかになっています[1]。つまり、教師が自分の音声に自信を持てば、音声教育に積極的になり、それにしたがって、いろいろ学ぶことで、音声教育能力も上がるということです。これについて、靜氏は、発音指導に対する姿勢によって、日本人英語教師を、「きちんとした発音」を生徒に求めるかどうかと「きちんとした発音」をその教師自身ができるかできないかで4タイプに分け、そのうち、「きちんとした発音を生徒にも求めないし、自分もできない」タイプが、「きちんとした発音を生徒に求めない」理由について、以下のように厳しく分析しています[2]。

> 「自分にも難しいのだから、生徒にも難しいはずだ」という根拠のない思い込みと、「難しいことを求めると英語嫌いになるだろうから良くない」というオコサマ教と、「自分の苦手分野である発音を話題にすること自体を避けたい」という自己防衛本能である。

意図的な音声教育の時間以外でも、日本語音声のインプットが行われることがあります。例えば、教師が例文を読み上げたり、文法説明を日本語で行えば、それらの音声も学習者にはモデル音声となります。つまり、音声教育を避けようとしても、教師は学習者に対して、モデル音声を提示していることになります。

　私は福岡出身で、いわゆる標準語話者ではありません。ふだんも、日本語の授業や日本人相手に講義をするときや会議等で「ですます体」で話すとき以外は、標準語はあまり使用しません。逆に言うと、ふだんの日本語の授業では、標準語を使用します。

　標準語話者かどうかの判断に最も関わるのは、アクセントだろうと思います。学会発表等で標準語で話したつもりでも、その後で、「河野さんは、どこの出身？　東京や横浜じゃないよね？」等と言われることがあります。例えば、30分の学会発表の中で、1語でも標準アクセントと異なるものがあれば、標準語話者でないことが分かるはずです。

　今はあまり行いませんが、私が標準語のアクセントを身に付けるために、日本語教師になりたてのころ(1990年ごろ)、初級を教える前に家でよく行っていた方法を紹介したいと思います。

　まず、教科書を読み上げます。その後、教科書付属の音声教材を聞き、自分のアクセントや文末イントネーションとの違いがないかを確認します。アクセントが違っているときは、リピートしたり、アクセント辞典で調べたりします。それによって、標準アクセントを覚えていきました。いきなり教科書の音声を聞くのではなく、まず、自分で読み上げることで、自分の持っているアクセントを自覚することができます。辞書形以外の活用形や数詞などは必ずしもアクセント辞典に載っておらず、また、教科書の単語リストにも載っていないこともあるので、教科書の会話文等もすべて読み上げていました。

　読み上げたものを録音することもあります。それを聞くことで、自分が発音しているつもりの音と実際の音との違いに気づくことが

何度もありました。例えば、標準アクセントでは平板型の「山笠が」を、福岡では「やまかさ˥が」のように尾高型で発音します。私は標準語で言うとき、自分では平板型で言っているつもりだったのですが、授業のビデオで聞いてみると、尾高型で言っていて、愕然（がくぜん）としたことがあります。

また、読み上げたものや、実際の授業の発話を聞くことで、ヤマを多くしたり、句末を上げたり、文末イントネーションを極端にする等、教師独特の口調であるティーチャートークを自覚することもできます。

ほかに、私は、ふだん早口で唇をあまり使わない話し方をすると言われることがあるので、それにも注意しました。その人の方言によっては、母音の無声化、鼻濁音等に注意を払うこともあるでしょう。

日本語母語話者ではない教師の場合は、本書で紹介している音声教育の方法を自分で行ってみることで、自身の音声能力を伸ばすといいでしょう。

日本語を教える際に、標準語の音声を教えなければならないのかということについて、いろいろと議論があります。まずは、教師が標準語の音声を完璧に身に付けることは無理だと思いますが、ある程度は身に付けてから、議論するべきだと考えています。

POINT

▶ 教師自身がモデルとなるべき音声を身に付けているかが、音声指導の姿勢に影響することを肝に銘じよう。
▶ 自身の音声教育能力にも役立つので、標準語の音声を身に付けられるように、トレーニングしよう。

1　靜哲人(2011)「英語教員志望学生における発音指導に関するビリーフと自己評定した発音能力の関係」『関東甲信越英語教育学会誌』25、pp1-10.
2　靜哲人(2009)『英語授業の心・技・体』研究社、p.7.

TIPS! 74 音声教育に関する教師のビリーフについて考えよう

> 教材や教授法が開発されても、教師が音声教育に否定的では、よりよい音声教育にはつながりません。音声教育に関する教師のビリーフについて考えてみましょう。

　ビリーフのうち、学習者のビリーフとは、「学習者のそれぞれが、自分の国の文化・社会の中で『学習及び教授のあるべき姿』や『一番身近で心地よく感じる学習方法』などについて持っているイメージ」とされています[1]。

　ビリーフ調査の目的のひとつは、学習にプラスのビリーフを抱かせることです。例えば、「生まれつき、外国語学習のための特別な能力を持っている人もいると思う」学習者が、「自分は特別な能力を持っていないから、どんなに努力しても、日本語が上達しない」と思って、日本語学習にかなり悲観的になってしまう恐れがあります。また、「外国語学習では、繰り返し練習することはあまり大切ではない」と思う学習者は、繰り返し練習することを行わないことで、やはり、日本語が上達しないかもしれません。

　しかし、学習者のビリーフはかなり固定したものであって、変容はなかなか難しいとされています。そこで、最近は、学習者のビリーフを変えさせるのではなく、学習者のビリーフや学び方と教師のビリーフや教え方との違いが注目されています。例えば、「外国語学習では、繰り返し練習することが大切である」と思っている教師が、「外国語学習では、繰り返し練習することはあまり大切ではない」と思っている学習者に対して、有無を言わせず、繰り返し練習に終始する授業を行っていたら、学習を阻害する恐れがあるのは間違いありません。そこで、学習者のビリーフを把握するだけでな

く、教師自身のビリーフも自覚しておくことが必要です。

教師のビリーフは、音声教育に関しても、存在します。

英語授業実践学の靜氏は、英語教育において、世間に蔓延している発音指導についての誤解・曲解として、以下の8つを挙げています[2]。

(1) 日本人英語で十分だ。
(2) 文脈があるじゃないか。
(3) 流暢さが大切だ。
(4) 発音は細かいこと。
(5) 他にやることがある。
(6) 発音指導は母語話者でないと。
(7) 発音より内容だ。
(8) 発音矯正は英語嫌いを作る。

詳しくは同書をご覧いただきたいのですが、これは、日本語教育における音声教育に対する教師のビリーフにも当てはまりそうです。

Tips 2で述べたように、学習者の発音をよくするために教師ができることは、学習者の自身の発音への関心を高めさせることです。そして、そのためには、Tips 3で述べたように質の高い音声教育を行うことが重要です。

しかし、(1)〜(8)のビリーフは、音声教育を行うこと自体を阻害するものです。では、教師のこれらのビリーフがどこでどのように形成されたのかを考えてみましょう。

それは、小学校などを含めた学習経験、英語学習経験、そのほかの外国語学習経験、日本内外で外国人と接した経験など、さまざまな経験が影響しています。そして、多くの場合、自分の経験がそのまま日本語教育にも移行していきます。例えば、自分の英語学習経験の中で、「日本人英語で十分だ」と教師に発言されたり、そのよ

うな授業を行われたら、英語教師は、自分も同じように考え、同じように英語の授業をします。そして、日本語教師は、やはり、同じように「○○人日本語で十分だ」と考えるのです。

私自身が音声教育を重視するのは、中国語を学習しているとき、先生に発音を厳しく教えられ、難しかったけれども、できるようになってうれしかったという経験や、日中辞典を見ながら自分で考えて中国語で言った冗談が中国人の先生に通じてうれしかったことなどが影響しています。逆に言うと、外国語の発音を身に付けてうれしかったり、教科書にない単語を言ってみて通じてうれしかったという経験がなければ、音声教育をしようとは思わなかったのかもしれません。

また、日本語教師になりたてのころに、インドネシア語話者の「シュ」が「ス」となる誤りをうまく矯正できた経験も影響しています。そして、その後も、いろいろ苦労したり、失敗したりしながらも、音声教育を行っていて、学習者ができるようになったり、喜んでくれたりするのがうれしかったという経験もあります。

教師のビリーフも相当固定して安定したものであって変容はなかなか難しいでしょう。すでに長年の経験から、音声教育に否定的なビリーフを持ってしまっている場合は、なぜそのようなビリーフを持っているのかを振り返ってみるとよいでしょう。また、教師として、音声教育の成功体験を持つことが必要だと考えられます。

POINT

- ▶ 音声教育に関してマイナスのビリーフを持っている場合は、その原因を考えてみよう。
- ▶ 教師のビリーフは学習者に影響を与えることを肝に銘じよう。
- ▶ 成功体験によって、ビリーフが変わりうる。

---

1 川口義一・横溝紳一郎(2005)『成長する教師のための日本語教育ガイドブック 下巻』ひつじ書房、pp.129-132.
2 靜哲人(2009)『英語授業の心・技・体』研究社、pp.10-29.

TIPS! 75 音声教育の実践の共有について考えよう

> 音声教育の実践研究はなかなか増えてきません。音声教育の実践研究をどのように進めたらよいのか、また、どのように共有したらいいのか考えてみましょう。

　音声教育の研究として、理論的な研究も大切ですが、それよりも、実践に関するもののほうが重要だと私は考えています。理論的な研究は、実践に伴って必要になったときに行えばよいし、そのほうが効率的だと思っています。

　しかし、音声教育については、実践研究、実践報告、授業報告など、実践の共有がまったく十分とは言えません。

　初級文法については、項目別に、その導入方法について解説するマニュアル本もあり、お世話になった人も多いでしょう。しかし、音声教育にはそれがかなり断片的にしか存在しません。このことから、音声教育については、how to を伝える段階にさえも達していないと言えるかもしれません。その理由として、授業時間、学習時間の制約などのために、文法などの教育が優先され、音声教育がそもそも行われていないということが考えられます。また、行われているとしても、モデル音声のリピートを行い、せいぜい音声学的な説明を行うという方法しかせず、教育実践の how to や情報が必ずしも必要とされていないことも考えられます。つまり、実践を共有する土壌が育っていないのです。

　実践の共有とは、誰が何をしたらよいのでしょうか。また、その目的は何でしょうか。以下、実践の共有のうち、特に、実践研究について取り上げます。

　これまで、音声教育における実践研究では効果測定が求められる

ことが多かったと思います。確かに、音声学では数値を用いて統計処理を行うことが多いのですが、それは音声教育の実践研究において効果測定が容易だということではありません。しかし、教育前後に学習者に対象となる語や文を発話させ、その日本語らしさや誤りの少なさを測定して、教育的効果が上がったと結論付けている研究が多いのが実情です。しかし、「学習終了直後に自然さの向上を求めるべきではない[1]」など、実践の効果を安易に数値で測ることの問題点が指摘されてきています。

　さらに問題となるのは、本来、最も紙幅を割くべきであると思われる、実際に行った実践についてほとんど述べられていないものが多いことです。実践研究は、特に論文や発表等で公表する場合、実践を記述し、それを他者と共有することが重要なのですが、実際に行った実践についてほとんど述べられていなければ、実践を共有することはできません。音声教育の実践研究では、いわゆる数値のみで効果を測定するだけでなく、あるいは、それよりも実践を丁寧に記述することが重要であることを、共通理解として持っておく必要があるでしょう。

　では、実践をどのように記述したらよいのでしょうか。実際に自分のクラスでどのようなことが生じているかを調べるためのデータ収集の方法として、横溝氏は、「a. フィールド・ノート」「b. ティーチング・ログ（教授経緯記録）」「c. ダイアリー」「d. 学習者の内省ダイアリー」「e. 情報書類」「f. 写真」「g. 他者による授業観察」「h. 録音」「i. ビデオ録画」「j. インタビュー」「k. アンケート調査」の11種類を挙げています[2]。どのような実践を行うかによって、どの方法が適しているかが変わります。例えば、音声教育の場合、写真はあまり適していないでしょう。では、どういうときにどの方法を用いたらよいのでしょうか。実践研究を躊躇する大きな原因として、研究の方法が分からないということがあります。しかし、方法は実際にやってみないと学べないものです。とりあえずやってみて、そこから学んでいけばいいのです。まずは、自分の授業を撮影して、

それを見てみることから始めてみてはどうでしょうか。音声教育の場合、文法などと比べて、1回の活動が5分など非常に短時間なので、撮影して、自分で、あるいはほかの教師といっしょに見ることは比較的容易です。

　教師として、「授業力」を高めることは重要です。「授業力」とは「授業をする力そのもの[3]」なのですが、それを高めるためには何が必要なのでしょうか。「授業力」を高めるためには、授業を見る視点を広げることが不可欠ですが、そのためにこそ必要なこととして、「自分を知る」「ほかの人といっしょにやる」「自分から発する」ことが特に重要です。自分の実践を知るためには、ほかの教師の実践と自分の実践がどう違うのかを考えたり、ほかの教師の視点や考え方を知ったりすることで、自分の視点や考え方が見えやすくなります。また、自分から発する際には、自分の考え方自体を振り返ることになります。そう考えると、実践研究をすることで、授業を見る視点が広がり、「授業力」が高まるのは、ごく当然のことでしょう。

POINT

▶ 音声教育の実践を共有することで、授業を見る視点を広げ、「授業力」を高めよう。
▶ 実践を記述する方法はいろいろあるが、まずはやってみないと学べない。

1　松崎寛(2009)「音声教育における実践研究の方法論」河野俊之・小河原義朗編『日本語教育の過去・現在・未来　第4巻　音声』凡人社、pp.98-117.
2　横溝紳一郎(2000)『日本語教師のためのアクション・リサーチ』凡人社、pp.139-180.
3　河野俊之・小河原義朗(2006)『日本語教師のための「授業力」を磨く30のテーマ。』アルク、pp.226-232.

76 音声教育ができる教師とはどういう教師か考えよう

> 文法教育が苦手という教師の声は聞きませんが、音声教育が苦手という声はよく聞きます。どうしたら音声教育ができる教師になれるのか考えてみましょう。

　従来の音声教育では、教師の役割が、学習者にモデル音声を発すること、学習者の音声を評価すること、そして、場合によっては発音の仕方を説明することがすべてになってはいないでしょうか。Tips 7 でも簡単に触れましたが、それを、逆上がりを教えることに置き換えてみます。

　逆上がりができる人であれば、逆上がりのやり方を見せることはできます。また、前方ではなく、上方に向かって力強く蹴り上げることや、鉄棒から胴体を離さないように肘を伸ばさないことを説明することはできます。しかし、だからと言って、逆上がりを教えられるとは言えません。それは、音声教育も同じです。

　青木直子氏は、教師の仕事についてのよくある誤解として、「教える」という教師の行為と「学ぶ」という学習者の行為の関係について、以下のように述べています[1]。

> 「教えたのにできない」とか「教わったけど忘れた」とか言っている人たちは、「教える」という言葉を、おそらく「言う」とか「見せる」とかいう意味で使っているのだと思われます。教授法の授業で学生に「何か教えてください」と言うと、ほとんどの人がこのどちらかか両方やりますから、それが「教える」の一般的な意味なのでしょう。ここには、学習が成立するための認知のプロセスへの視点が欠如しています。学習を引き

起こすためには、まず自分が言ったりやったりしようとしていることが、ある人の学習にとって今ここで必要か、という判断をする必要もありますし、言ったりやったりした後では、相手が聞いたか見たかを見届ける必要もあります。さらに、聞いたり見たりしたことを、相手はどのように理解したのかを知ることも必要です。そして、安心して考えたり練習したりする時間を作ってあげることも大切です。教えるということが、自分のもっている知識を口で説明したり、自分のできることをやってみせるというだけのことであるのなら、教師の仕事は教えることではありません。

つまり、教師の持っている知識を言葉で表現したり、やり方を行動によって披露したりしても、学習者の頭や体に移すことはできないにも関わらず、それが教師の仕事だと思われているのです。文法や単語等を教えることについては、説明したり、手本を見せたりすることと「教える」こととはかなり近いだろうと考えられます。しかし、音声教育では、モデル音声を示したり、発音の仕方を何らかの方法で説明したりしても、正しい音声が習得されないことが多いものです。

モデル音声を発することや、学習者の音声の評価をすることは、日本語教師である必要はなく、日本語母語話者など日本語の発音に問題がない人であれば、誰でもできるはずです。また、発音の仕方を説明するのは、日本語教師でなくとも、音声学を学んだ人ならできるはずです。また、人でなくても、参考書などの説明を学習者が読めばいいとも考えられます。特に、それが学習者の分かる言語で書かれていたら、教師の説明よりも分かりやすいかもしれません。

このように、ただ単に日本語ができる人でもなく、言語学者などでも、参考書でもなく、日本語教師として、何ができれば存在価値があるのかを考えるべきなのです。そして、これは、音声教育だけではなく、文法や単語等を教えるときにも役立ちます。

例えば、文法も、その用法を教師が直接法あるいは媒介語を用いて説明することがよくあります。しかし、これも参考書などの説明を学習者が読んだほうが分かりやすいかもしれません。ただし、知識は付いたとしても、実際にその文法を正しく使えるようになるとは限りません。知識を伝えるだけでなく、実際に使えるようにすることが、生身の人間である教師には求められます。また、これは、例えば作文について、ただ単に、文法や単語、漢字以外に原稿用紙の使い方などを教えるのではなく、内容的にもよりよい作文が書けるようにすることが教師の役割と言えます。

　知識を伝え、練習するだけでなく、実際に使えるようにすることが教師の役割だとして、実際にそれができているでしょうか。音声教育における教師の役割を考え、それをほかの教育にも取り入れることは、教師の役割を考えることに大きく役立ちます。本書ですでに述べていることを実践し、よりよい教師になっていきましょう。

POINT

- ▶ **教師の役割は、モデルを提示したり、知識を与えるだけではない。**
- ▶ **音声教育を通して、生身の人間である、教師の役割を考えてみよう。**

1　青木直子・尾崎明人・土岐哲(2001)『日本語教育学を学ぶ人のために』世界思想社、p.188.

TIPS! 77 音声教育を行う勇気について考えてみよう

> ワークショップなどで音声教育の方法を学んでも、なかなか実行に移さない教師のほうが多いようです。どうしたら音声教育を実行できるようになるのでしょうか。

　自己モニターを活用した音声教育のワークショップ後のアンケートなどで、以下のようなコメントをいただくことがよくあります。

(1) 自分の担当するクラスの学習者は20名なので、模擬授業のように、学習者一人ひとりに対応できない。
(2) カリキュラムがいっぱいいっぱいなので、模擬授業のように、音声教育のみにそんなに時間を取ることができない。
(3) 自分の担当するクラスは、模擬授業のように、発音に関心がある学習者ばかりではないので、いやがられる恐れがある。
(4) 自分の担当するクラスは、模擬授業のように、優秀な学習者ばかりではないので、効果が上がらない恐れがある。

　もっともだと思う部分もあるし、また、音声教育の研究者として、これらを克服する方法を私がもっと開発していくことが必要だとも思っています。
　しかし、その一方で、音声教育を含め、日本語教育が発展しない原因として、教授法の開発が不十分ということではなく、教師が新しい方法について頭で理解するだけで、実行に移せていないということがあるのではないかと思います。その原因として、すでに身に付けている方法を変えるのが面倒だということもあるでしょう。例えば、現在使用している中級教科書から、特に理由もなく変更する

と言われたら、新たに準備をし直さなければならないので、かなり反感を持つでしょう。しかし、そのような手間暇という理由以外に、教師というものは決して失敗してはならないと考えているからではないでしょうか。

　確かに、誰でも、「失敗したらどうしよう」と思います。では、失敗しないようにするにはどうしたらいいでしょうか。それには方法が3つあると思います。1つは、完璧な準備をすることです。戸締りを1人ではなく何人もで何度も確認するなどがそれにあたるでしょう。しかし、日本語の授業の場合は、思いがけないことが起こることもありますので、完璧な準備をしたとしても、失敗を100％避けることはできないかもしれません。2つ目は、思いがけないことがないように、完全にコントロールすることです。例えば、授業で教師が言うべきことを完璧に覚えておいて、それを50分や90分など、授業時間すべてしゃべっていれば、予定通りという意味では、失敗することはありません。しかし、これでは、学習者はほとんど何も身に付けることはできないでしょうから、授業の目標と照らし合わせると、やはり失敗してしまうのは間違いないでしょう。最後に、最も失敗が起こらない方法として「やらない」というのがあります。かなり意地悪な考え方ですが、「やらない」ために、ニーズがない、時間がない、学習者が優秀でない、などの言い訳が生産されているという解釈も成立します。

　ここで、失敗とは何なのかを考えてみます。例えば、野球で言うと、バッターにとっては、最も失敗でないのは、すべてがホームランということだと思います。ほかにも、すべてヒットというのもあります。しかし、そんなことはまず無理です。例えば、4打席のうち、1打席アウトになっただけで、それを「失敗したからだめだ」とはならないと思います。ピッチャーにとっては、1試合27アウトをすべて三球三振に取ることですが、これもまず無理です。ほかにも、ランナーを1人も出さないことですが、例えば、ヒットを2本打たれただけで「失敗したからだめだ」とはならないと思います。

確かに、致命的な大きな失敗はだめかもしれませんが、上のような小さな失敗はするのが当たり前なのではないでしょうか。

　当たり前の失敗を恐れていては、教師の成長、ひいては、日本語教育の発展はないと思っています。授業を改善するためには変化が必要だし、変化には失敗は絶対に付きものです。失敗もしながら、そこから学んでいくことで授業を改善することができるし、教師も成長するものです。

　一方で、他人が作ったものをそのまま教えようとする教師も大勢います。失敗しないためには、他人が作ったものをそのまま他人が考えた方法で教えていけば安心だし、さらに、失敗しても自分を責める人は誰もいません。しかし、それでは、ただのティーチングマシーンであって、自分の存在意義がなくなってしまうのではないでしょうか。それはとても残念なことです。

　既存の方法を大いに参考にすることは絶対に必要ですが、よりよい方法を自分で考え、それをさらに高めるのが教師としての楽しみだと私は思います。例えば、学習者が20名いる自分の授業では自己モニターを活用した音声教育をそのまま行うことが無理だと思えば、できるだけ独学しやすいように、自作教材を与えてみることも可能です。また、音声教育の時間がなかなか取れないならば、ほかに無駄な時間がないかなど、カリキュラムを再検討するということもあってもよいのではないでしょうか。

　Tips 74で、教師として、音声教育の成功体験を持つことが必要だと述べました。しかし、その成功体験は、今までと同じことを繰り返していても得られるものではなく、新しく挑戦して初めて得られるものです。

　Tips 6, 69で述べたように、学習者が音声教育をいやがる原因の1つとして、ほかの学習者に馬鹿にされるのではないかと思うということがあります。それと同様に、教師も、授業で失敗したら、学習者に(陰で)馬鹿にされるのではないかと思ってしまっていないでしょうか。しかし、学習者に馬鹿にされた経験がある教師は、ほと

んどいないでしょう。また、たとえ、教師の教える能力に問題があったとしても、それは教える能力に問題があっただけで、教師という人間が否定されているわけではないのです。授業がうまくいかないと、教師という人間自体が否定されると思い、その言い訳を探してしまっていないでしょうか。そうではなく、何が問題だったのか、そして、その原因は何なのかを探っていけるようになりたいものです。失敗を気にして、教師としての成長の機会を自ら奪ってしまうのは、自分自身に対して非常に残念なことだと思いませんか。

　外国語教授法の1つに、ナチュラル・アプローチがあります。その背景理論の1つに、インプット仮説があります。これは、学習者が現在持っている能力よりも少しだけ高いインプットがあると、習得が促進されるというものです。教師の成長のために、自分が現在持っている能力よりも少しだけ高いインプットの機会を自ら作るには、新しいことに挑戦することが非常に重要です。

　私のライフワークとして、より効果的で、より短時間ででき、より簡単な方法を提供することで、多くの方に少しでも音声教育を実践してみようと思っていただくことがあります。日本語教師に音声教育をやってみようという勇気を持っていただくのに、最も有効だと考えられるからです。それと同時に、教授法や教材の開発だけでなく、直接、教師の背中を押すのに役立つことをやっていきたいと考えています。それについて、まだまだやるべきことはたくさんあって、先は長いと思いますが、私自身も失敗を恐れずにがんばっていきたいと思います。

POINT

- ▶ 音声教育の発展のために重要なのは、教授法の開発などだけではなく、教師自身の成長であることを自覚しよう。
- ▶ 教師は、失敗を恐れない勇気を持ち、失敗から学ぼうとすることが重要であると心がけよう。

本書で扱った9言語の国際音声記号対応表

	両唇音	唇歯音	歯音	歯茎音	後部歯茎音	そり舌音
破裂音	p　b 日中韓　日 英ベタ　英ベタ ポイ　アポイ			t　d 日中韓　日 英ベタ　英ベタ アポイ　アポイ		ʈ　ɖ
鼻音	m 日中韓 英ベタ アポイ	ɱ		n 日中韓 英ベタ アポイ		ɳ
震え音	ʙ			r タ アポイ		
弾き音		ⱱ		ɾ 日　韓 英 ポイ		ɽ
摩擦音	ɸ　β 日　日	f　v 中 英ベタ 英ベ アポイ　ポ	θ　ð 英　英 ア　　ア	s　z 日中韓　日 英ベタ 英ベ アポイ アポイ	ʃ　ʒ 英　英 アポイ　ポ	ʂ　ʐ 中
破擦音			ts 中	ts　dz 日　日	tʃ　dʒ 英　英 イ　ポイ ポイ	tʂ 中
側面摩擦音				ɬ　ɮ		
接近音	w 日　韓 英　タ ア　イ	ʋ		ɹ 英		ɻ 中
側面接近音				l 中韓 英ベタ アポイ		ɭ 韓

　　　　　　　　　　　　日：日本語　英：英語　　　ア：アラビア語
　　　　　　　　　　　　中：中国語　ベ：ベトナム語　ポ：ポルトガル語
　　　　　　　　　　　　韓：韓国語　タ：タイ語　　　イ：インドネシア語

歯茎 硬口蓋音	硬口蓋音	軟口蓋音	口蓋垂音	咽頭音	声門音
	c ɟ ベ	k g 日中韓 日 英ベタ 英 アポイ アポイ	q ɢ ア		ʔ ベタ ア イ
ɲ 日 韓 ベ ポイ		ŋ 日中韓 英ベタ イ	N 日		
			ʀ		
ɕ ʑ 日中韓 日	ç ʝ 日	x ɣ 中 日 ベ ベ ポイ	χ ʁ ア ア	ħ ʕ ア ア	h ɦ 日 韓 英ベタ アイ
tɕ dʑ 日中韓 日 タ					
	j 日 韓 英 タ アポイ	ɰ			
	ʎ ポ	ʟ			

・薄字の音声記号は、日本語にはない音。
・下線の言語は、本表だけでは表せない特殊な音を持つ。詳細は各言語の Tips 参照。

著者　河野 俊之(かわの としゆき)

　横浜国立大学教授。1965年愛知県に生まれ、福岡県北九州市八幡で育つ。名古屋大学大学院中退。専門は、日本語教師養成、音声教育、日本語教育方法論、音声学。主な著書として、『Teach Japanese －日本語を教えよう－』（凡人社）、『1日10分の発音練習』（共著、くろしお出版）、『日本語教師のための「授業力」を磨く30のテーマ。』（共著、アルク）、『日本語教育の過去・現在・未来　第2巻　教師』（共著、凡人社）、『日本語教育の過去・現在・未来　第4巻　音声』（共著、凡人社）、『日本語教師のための音声教育を考える本』（共著、アルク）、『日本語教育能力検定試験に合格するための音声23』（共著、アルク）等がある。

シリーズ監修

當作 靖彦（カリフォルニア大学サンディエゴ校教授／前全米日本語教育学会会長）
横溝 紳一郎（西南学院大学教授／日本語教育学会元理事）

日本語教師のための TIPS 77　第3巻
音声教育の実践

2014年3月3日　　　初版 第1刷発行
2021年8月2日　　　　　　第2刷発行

［著　者］　河野俊之
［監　修］　當作靖彦・横溝紳一郎
［発行人］　岡野秀夫
［発　行］　くろしお出版
　　　　　　〒102-0084　東京都千代田区二番町4-3
　　　　　　TEL: 03-6261-2867　FAX: 03-6261-2879
　　　　　　http://www.9640.jp　E-mail: kurosio@9640.jp
［印　刷］　三秀舎
［装　丁］　松好那名
［イラスト］須山奈津希

© 2014 Toshiyuki Kawano, Printed in Japan
ISBN 978-4-87424-615-3　C3081
●乱丁・落丁はおとりかえいたします。本書の無断転載・複製を禁じます。